Gary Smalley / John Trent
BITTE SEGNE MICH

Gary Smalley / John Trent

Bitte segne mich!

Gottes Segen empfangen und weitergeben

francke

Über die Autoren:
John Trent ist Dozent am Moody Theological Seminary, Präsident von strongfamilies.com und der Autor zahlreicher Bücher zum Thema Ehe und Familie. Er ist verheiratet und hat zwei Töchter.

Gary Smalley ist seit 35 Jahren Seelsorger, Berater, Redner und Buchautor in Sachen Beziehungspflege. Er leitet das Smalley Relationship Center, ist verheiratet, hat drei Kinder, sieben Enkel und lebt in Missouri.

Bibliografische Information Der Deutschen Bibliothek
Die Deutsche Bibliothek verzeichnet diese Publikation in der Deutschen Nationalbibliografie; detaillierte bibliografische Daten sind im Internet über http://dnb.ddb.de abrufbar.

ISBN 978-3-86827-613-8
Alle Rechte vorbehalten
Originaltitel: *The Blessing*
© 1986 by Gary Smalley and John Trent
Published by Thomas Nelson, Inc., Nashville, Tennessee, USA
© 2002/2016 by Verlag der Francke-Buchhandlung GmbH
35037 Marburg an der Lahn
Deutsch von LITERA/Köppl
Überarbeitet von Tabea Tacke; Anne-Ruth Meiß
Umschlagbilder: © fotolia.com / Nadiyka
© iStockphoto.com / epicurean
© shutterstock.com / SFIO CRACHO
Umschlaggestaltung: Verlag der Francke-Buchhandlung GmbH /
Christian Heinritz
Satz: Verlag der Francke-Buchhandlung GmbH
Printed in Czech Republic

www.francke-buch.de

Inhalt

Dieses Buch ist unseren beiden Frauen, Norma und Cynthia, für ihre liebevolle Unterstützung und Ermutigung und vier weiteren Paaren gewidmet, die für uns eine außerordentliche Quelle des Segens waren und dieses Buch erst möglich machten: David und Karen Cavan, Doug und Judie Childress, Jerry und Judy LaBrasca und Steve und Barbara Uhlman.

1. Auf der Suche nach dem Segen

Jeder von uns sehnt sich danach, von anderen akzeptiert zu werden. Laut äußern wir vielleicht: „Mir ist egal, was andere Leute von mir denken." Im Inneren jedoch wünschen wir uns nichts sehnlicher als Vertrautheit und Zuneigung. Ganz besonders gilt dieses Verlangen im Verhältnis zu unseren Eltern. Es spielt für uns eine große Rolle, ob wir die Anerkennung unserer Eltern finden oder sie uns verwehrt bleibt, selbst wenn wir seit Jahren keinen regelmäßigen Kontakt mehr zu ihnen haben. Was sich in unserer Beziehung zu den Eltern abspielt, kann tatsächlich in hohem Maße alle unsere gegenwärtigen und zukünftigen Beziehungen beeinflussen. Das mag übertrieben klingen, doch die Sprechzimmer sind voll von Menschen, die genau mit diesem Problem zu kämpfen haben, so wie auch Bernd und Nele.

Wie Bernds Traum zerplatzte

„*Bitte sag, dass du mich lieb hast, bitte!*" Bernds Worte verloren sich in Tränen, als er sich über die still gewordene Gestalt seines Vaters beugte. Es war spät nachts in einem großstädtischen Krankenhaus. Nur die kalten weißen Wände und das Summen eines Herzmonitors leisteten ihm Gesellschaft. Seine Tränen offenbarten eine tiefe innere Qual und Empfindsamkeit, die seit Jahren an ihm zerrten, seelische Verletzungen, für die es nun keine Heilung mehr zu geben schien.

Bernd war fast über das halbe Land zu seinem Vater ge-

flogen, um einen letzten Versuch zu unternehmen, jahre-
langen Streit und Missverständnisse auszuräumen. Unauf-
hörlich hatte Bernd sich darum bemüht, von seinem Vater
akzeptiert und anerkannt zu werden, doch schien dieses
Ziel immer unerreichbar zu sein.

Bernds Vater war Offizier gewesen. Als Bernd heranwuchs, hegte sein Vater nur den einen Wunsch, dass der
Sohn in seine Fußstapfen treten würde. Mit dieser Vorstellung im Kopf ließ Bernds Vater keine Gelegenheit aus, dem
Sohn Disziplin einzuimpfen, die er brauchen würde, wenn
auch er eines Tages Offizier war.

Worte der Liebe und Anerkennung waren untersagt. Der
Vater spornte Bernd an, Sport zu treiben und Wahlfächer zu
belegen, die ihm die beste Ausrüstung für die Offizierslaufbahn geben würden. Das einzige Lob, das Bernd für eine
sportliche Glanzleistung oder eine gute Arbeit in der Schule zu hören bekam, war eine Lektion darüber, wie er es noch
besser hätte machen können und sollen.

Nach dem Abschluss des Gymnasiums meldete sich
Bernd bei der Bundesmarine. Das war der glücklichste Tag
im Leben seines Vaters. Doch die Freude war von kurzer
Dauer. Bernd wurde wegen schlechter Führung und Miss-
achtung von Befehlen vorgeladen und zurechtgewiesen.
Nachdem er über Wochen hinweg diszipliniert worden war
(unter anderem wegen eines hitzigen Streits mit seinem
Ausbilder), wurde Bernd nicht zur Offizierslaufbahn zuge-
lassen.

Die Nachricht vom Ende der Karriere Bernds bei der Ma-
rine versetzte der Beziehung zu seinem Vater einen tödli-
chen Schlag. Er war zu Hause nicht länger willkommen und
schließlich riss der Kontakt zwischen beiden vollständig

ab. In dieser Zeit kämpfte Bernd mit Minderwertigkeitsgefühlen und litt unter einem Mangel an Selbstbewusstsein. Trotz überdurchschnittlicher Intelligenz übte er eine Reihe von Tätigkeiten aus, die weit unter seinen Fähigkeiten lagen. Dreimal war er verlobt – nur um jedes Mal wenige Wochen vor der Hochzeit die Verlobung wieder zu lösen. Irgendwie fehlte ihm der Glaube, dass ein anderer Mensch ihn wirklich lieben könne.

Damals war sich Bernd noch nicht bewusst, dass er an den üblichen Symptomen eines Menschen litt, der ohne das Gefühl des Segens seiner Familie aufwächst. Der Segen fehlte in seinem Leben so sehr, dass er schließlich professionelle Hilfe suchte.

Ich nahm meine Beratungen mit Bernd auf, nachdem er seine zweite Verlobung gelöst hatte. Als wir seine Vergangenheit aufarbeiteten, erkannte Bernd allmählich sein Bedürfnis nach dem Segen seiner Familie und seiner Verantwortung, sich ernsthaft mit seinen Eltern auseinanderzusetzen. In diesem Zustand kam der Anruf seiner Mutter, dass sein Vater nach einem Herzanfall im Sterben liege.

Bernd machte sich sofort auf den Weg zum Krankenhaus, um seinen Vater zu sehen. Den ganzen Weg über hoffte er auf eine Aussprache und dass ihre Beziehung endlich wieder ins Reine kam. „Ganz sicher wird er mir zuhören. Ich habe ja so viel gelernt. Ich weiß, dass sich die Dinge zwischen uns ändern werden." Bernd sagte sich diese Sätze während der Fahrt immer wieder vor. Aber so sollte es nicht kommen.

Zwei Stunden vor seiner Ankunft fiel Bernds Vater ins Koma. Die Worte, die zu hören sich Bernd so gewünscht hatte – Worte der Liebe und Anerkennung – konnten nun nicht mehr ausgesprochen werden. Sein Vater starb vier Stunden nach Bernds Eintreffen, ohne das Bewusstsein noch einmal wiederzuerlangen.

„Papa, bitte wach auf!" Bernds herzzerreißendes Schluchzen hallte auf dem Krankenhauskorridor wider. Seine Schreie betrauerten nicht nur den physischen Verlust seines Vaters, sondern auch den endgültigen Verlust des väterlichen Segens.

Als Nele von ihrer Vergangenheit eingeholt wurde

Neles Verlust war gänzlich anders, doch Schmerz und Leid durch das Fehlen des Segens trafen sie beinahe genauso tief. Leben ohne Segen führte nicht nur zu Problemen mit ihren Eltern, sondern auch mit ihrem Mann und den Kindern.

Nele wuchs in einem wohlhabenden Vorort einer größeren Stadt auf. In ihren frühen Kinderjahren pflegte ihre Mutter besonders gern den gesellschaftlichen Umgang mit anderen Frauen im Tennisklub. Tatsächlich gewannen diese gesellschaftlichen Zusammenkünfte für Neles Mutter eine überragende Bedeutung, da ihre Ehe alles andere als erfüllt war.

Als Nele noch sehr klein war, steckte ihre Mutter sie in elegante Kleider (das Kind musste drinnen still sitzen und durfte nicht draußen spielen) und nahm sie und ihre ältere Schwester mit zum Tennis. Doch als Nele älter wurde, änderte sich diese Praxis allmählich.

Im Gegensatz zu ihrer Mutter und ihrer älteren Schwester war Nele keineswegs zierlich, sondern ziemlich kräftig und robust. Auch war sie alles andere als die Ruhe in Person. Sie war ein Wildfang mit einer Vorliebe für Spiele im Freien, Tiere aller Art und das Klettern über Zäune.

Man kann sich leicht vorstellen, dass ein solches Verhalten bei einer Tochter, die auf einen späteren Auftritt als Debütantin hin getrimmt wurde, ernsthafte Probleme hervorrief – vor allem, als eine Strumpfbandnatter auf mysteriöse Weise ihren Weg in eine der Gartenpartys ihrer Mutter fand. Niemand konnte beweisen, dass Nele die Schlange in den Garten geschmuggelt hatte, doch von diesem Augenblick an trat eine Veränderung in der Beziehung zu ihrer Mutter ein.

Neles Mutter versuchte verzweifelt, die Irrwege ihrer Tochter wieder zurechtzurücken. Nele wurde ständig zurechtgewiesen, weil sie „unbeholfen" und „träge" sei. Beim Einkaufsbummel wurde sie oft aufgezogen, um sie zur Gewichtsabnahme zu motivieren. „Die wirklich hübschen Kleider sind alle zwei Nummern zu klein für dich. Sie passen deiner Schwester", kritisierte ihre Mutter sie. Schließlich wurde Nele zu einer strengen Diät gezwungen, damit sie von ihrer äußeren Gestalt her für andere vorzeigbar würde.

Nele gab sich große Mühe, ihre Diät einzuhalten und genau so zu werden, wie ihre Mutter sie sich wünschte. Doch trotzdem wurde Nele von ihrer Mutter und ihrer Schwester meist zu Hause gelassen, wenn sie zu gesellschaftlichen Ereignissen gingen. Bald gab es keine Einladungen mehr für solche Anlässe. Eines Tages sagte ihre Mutter zu ihr:

„Du möchtest doch nicht in Verlegenheit kommen wegen deines Aussehens, oder?"

Als Nele zum ersten Mal zur Beratung kam, war sie über dreißig, verheiratet und Mutter von zwei Kindern. Seit Jahren kämpfte sie mit ihrem Gewicht und ihren Minderwertigkeitsgefühlen. Auch ihre Ehe war für sie ein ständiger Kampf.

Neles Mann liebte sie von ganzem Herzen, doch ihre Unfähigkeit, sich angenommen zu fühlen, erzeugte Unsicherheit und Abwehr. Als Folge dieser Überempfindlichkeit fühlte sich Nele jedes Mal bedroht, wenn sie und ihr Mann sich nahe kamen. Unweigerlich schreckte sie bei irgendeiner Kleinigkeit, die ihr Mann tat, zurück und distanzierte sich umso mehr.

Nele fühlte sich wegen der fehlenden Akzeptanz in ihrer Vergangenheit in einer Beziehung nur dann wohl, wenn sie den Partner auf Abstand hielt. Ihre Ehe war für sie sehr wichtig, doch am meisten beschäftigte sich Nele mit ihren Kindern.

Sie hatte zwei Töchter. Das ältere Mädchen war eher kräftig gebaut und sah Nele sehr ähnlich, die jüngere Tochter hingegen war eher zierlich. Die Beziehung zwischen Neles Mutter und diesem jüngeren Kind war für Nele unerträglich und hatte gravierende Auswirkungen auf Neles Gefühle und ihr Verhalten.

Genau wie in Neles Kindheit kümmerte sich ihre Mutter nur um die jüngere, „hübsche" Tochter, während die ältere unbeachtet blieb. Alte Wunden, die für Nele längst der Vergangenheit angehörten, rissen wieder auf bei der Beobachtung ihrer eigenen Kinder. Kummer und Einsamkeit ihrer älteren Tochter waren wie ein Echo von Neles eigenem Unglück.

Unbewusst veränderte sich Neles Haltung gegenüber ihrer jüngeren Tochter. Schon die geringste Unstimmigkeit zwischen den beiden rief einen Zornesausbruch hervor. Bitterkeit und Wut traten an die Stelle echter Zuneigung.

Im tiefsten Herzen war Nele auch zornig auf Gott. Trotz ihrer Gebete hatte sie das Gefühl, er habe weder das Verhältnis zu ihrer Mutter noch ihre gegenwärtigen Lebensumstände verändert. Sie schien dazu verdammt, ihre eigene qualvolle Vergangenheit nochmals zu durchleben. Diese Anklage hatte zur Folge, dass sie den Kontakt zu anderen Christen abbrach und auch nicht mehr betete.

Nele vermisste den Segen, um den sie sich vergeblich so viele Jahre bemüht hatte und worunter letztlich ihre Beziehung zu ihrem Mann, ihren Kindern und auch zu Gott litt.

Unser Verlangen nach Akzeptanz

Für Bernd und Nele hatte die fehlende Akzeptanz durch die Eltern schwerwiegende Folgen. Für Bernd war das Ausbleiben des Segens ein Hauptgrund für das Zerbrechen seiner Verlobung; es hinderte ihn daran, einem anderen Menschen so nahezukommen, dass eine tiefere Bindung entstehen konnte. Bei Nele zerstörte die Unfähigkeit, sich selbst anzunehmen, ihre wichtigsten Beziehungen. Ohne es zu erkennen, waren Bernd und Nele auf der Suche nach dem gleichen Ziel – dem elterlichen Segen.

Bernd und Nele stehen für Menschen, die das Elternhaus *physisch* schon lange verlassen haben, aber *gefühlsmäßig* nach wie vor daran gefesselt sind. Da sie in der Vergangenheit keine Anerkennung durch ihre Eltern erhalten haben, kann in der Gegenwart kein Gefühl echter Annahme durch andere entstehen. In Neles Fall hielt dieser Mangel sie sogar davon ab zu glauben, dass ihr himmlischer Vater sie wirklich liebt.

Manche Menschen werden bei der Suche nach dem Segen, der ihnen zu Hause versagt bleibt, in die Arbeitssucht getrieben, sie werden „Workaholics". Das unablässige Streben nach Bestätigung führt dazu, dass sie nie das Gefühl erreichen, den an sie gestellten Anforderungen gerecht zu werden. Andere ziehen sich zurück und werden teilnahmslos, weil sie die Hoffnung aufgegeben haben, jemals wirklich Anerkennung zu finden. Im schlimmsten Fall kann dieses Verhaltensmuster in chronische Depression münden und sogar zu Selbstmord führen. Bei fast allen Kindern, die den Segen ihrer Eltern nicht mit auf den Weg bekommen, löst dieser Verlust irgendwann in ihrem Leben eine unaufhörliche Suche aus.

Diese Suche nach dem Segen ist keineswegs ein Phänomen unserer Tage, sondern reicht weit in die Jahrhunderte zurück. Tatsächlich können wir schon im Alten Testament einen Menschen finden, dem der Segen seiner Familie entging: ein verwirrter und zorniger Mann mit Namen Esau. Wenn wir das Leben dieses Mannes betrachten, erfahren wir zugleich auch etwas über den Segen und was es bedeuten kann, mit oder ohne diesen aufzuwachsen.

„Segne mich auch, mein Vater!"

Esau war außer sich. War das wirklich geschehen? So mag er sich vielleicht gefragt haben. Nur wenige Stunden zuvor hatte ihn sein Vater zu sich gerufen und eine besondere Bitte geäußert. Wenn Esau, der ältere Sohn, ihm aus frischem Wildbret ein schmackhaftes Mahl zubereite, dann würde der lang erwartete Segen seines Vaters über ihm ausgesprochen werden.

Was war das für ein Segen, auf den Esau schon so lange

gewartet hatte? In biblischen Zeiten war der Empfang des väterlichen Segens für Söhne und Töchter ein Ereignis von großer Bedeutung. Wir entdecken, dass es diesen Kindern das Gefühl gab, von ihren Eltern hoch geachtet zu sein und von diesen eine besondere Zukunft verheißen zu bekommen. An einem wichtigen Punkt in ihrem Leben vernahmen sie Worte der Ermutigung, Liebe und Zuneigung von ihren Eltern.

Wir werden sehen, dass einige Aspekte dieses alttestamentlichen Segens einmalig für jene Zeit waren. Die *Beziehungsebene* dieses Segens findet dagegen auch heute noch Anwendung. Zur damaligen Zeit war der Segen vorwiegend für eine spezielle Gelegenheit vorbehalten. Heute dagegen können die Eltern beschließen, diese Elemente des Segens in das tägliche Leben ihrer Kinder einzubauen.

Bei Esau folgte sein Vater Isaak dem Brauch, bis zu einem besonderen Tag zu warten, um seinem Sohn dann den Segen zu geben. Nun war Esaus Wartezeit endlich vorbei. Die Segenszeit würde beginnen, sobald er die Jagdbeute erlegt und ein besonderes Mahl zubereitet hatte.

Mit den Erfahrungen und dem Geschick eines erfahrenen Jägers war Esau rasch und erfolgreich losgezogen. In kürzester Zeit hatte er ein köstliches Wildbret hergerichtet, wie es nur jemand konnte, der die Kunst des Kochens im Freien beherrschte.

Alles war so geschehen, wie es ihm aufgetragen worden war. Warum nur hatte sein Vater so gezittert, als Esau vor ihm stand? Wie in einem Traum lief die Szene vor seinem inneren Auge immer und immer wieder ab. Eben hatte er das Zelt seines Vaters betreten und ihn begrüßt:

Richte dich auf mein Vater, und iss von dem Wildbret deines Sohnes, dass mich deine Seele segne. Da antwortete ihm Isaak, sein Vater: Wer bist du? Er sprach: Ich bin Esau, dein erstgeborener Sohn. Da entsetzte sich Isaak über die Maßen sehr und sprach: Wer? Wo ist denn der Jäger, der mir gebracht hat, und ich habe von allem gegessen, ehe du kamst, und habe ihn gesegnet? Er wird auch gesegnet bleiben. Als Esau diese Worte seines Vaters hörte, schrie er laut und wurde über die Maßen sehr betrübt und sprach zu seinem Vater: Segne mich auch, mein Vater!
(1. Mose 27,31-34)

Esau wusste nicht, dass jemand sie belauscht hatte, als sein alter und nahezu blinder Vater ihn zu sich gerufen hatte. Rebekka, die Mutter Esaus und seines Zwillingsbruders Jakob, befand sich ebenfalls im Zelt. Sobald Esau aufs Feld hinausgegangen war, um frisches Wildbret zu erlegen, lief sie mit einem listigen Plan zu Jakob, ihrem Lieblingssohn.

Wenn sie sich beeilten, konnten sie eine Ziege aus der Herde schlachten und damit ein leckeres Mahl zubereiten. Außerdem konnten sie Jakob die Kleider seines Bruders anziehen und ihm das Tierfell anlegen, um Esaus raue, haarige Haut an Armen, Händen und Hals vorzutäuschen.

Esaus Kleider anzuziehen war kein Problem, doch was sie nicht nachzuahmen vermochten, war Esaus Stimme, und daran wären sie beinahe gescheitert (1. Mose 27,22). Doch obwohl Isaak ein wenig misstrauisch war, gelang ihr Plan letzten Endes genau so, wie sie es sich erhofft hatten. In 1. Mose 27,22-23 lesen wir: „So trat Jakob zu seinem Vater Isaak ... Und er erkannte ihn nicht, denn seine Hände waren rau wie Esaus, seines Bruders, Hände. Und er segnete ihn." Der Segen, der dem älteren Sohn zugedacht war, ging nun an den jüngeren.

Jahre vorher hatte Esau sein Erstgeburtsrecht für eine Schüssel mit Linsen an seinen Bruder Jakob verkauft (1. Mose 25,29-34). Wie wir später noch sehen werden, war dieses Erstgeburtsrecht ein besonderes Erbrecht, das nur dem Erstgeborenen vorbehalten war. Esau war bereit, dieses Recht ohne einen weiteren Gedanken zu verkaufen, nur um ein momentanes Hungergefühl zu stillen, doch der Verlust des Familiensegens war eine andere Geschichte.

Dass Esau den Segen seines Vaters verlor, war für ihn niederschmetternd. Bei der Entdeckung, dass Jakob ihm den Segen gestohlen hatte, rief er tatsächlich aus: „Hast du denn nur *einen* Segen, mein Vater? Segne mich auch, mein Vater!" (1. Mose 27,39-40), doch es waren nicht die Worte der Wertschätzung und Zuneigung, nach denen er sich sehnte.

Können Sie sich den Schmerz, der in dem Ausruf „Segne mich auch, mein Vater" liegt, vorstellen? Der gleiche schmerzliche Ruf, die gleiche unerfüllte Sehnsucht findet sich heute bei vielen Menschen, die nach dem Segen ihrer Familie verlangen. Männer und Frauen, deren Eltern es aus irgendeinem Grund versäumten, sie mit Worten der Liebe und Zuneigung zu beschenken. Menschen wie Bernd und Nele, Menschen, denen Sie jeden Tag begegnen. Vielleicht auch Sie selbst?

Was bedeutet heute Segen?

Echte Zuneigung und das Gefühl, wirklich angenommen zu sein –, ein unerfülltes Bedürfnis im Leben von Bernd,

Nele und Esau, ein Bedürfnis, das auch bei vielen Menschen heutzutage nicht gestillt wird. Vielleicht haben Sie selbst diese Sehnsucht, oder ein von Ihnen geliebter Mensch verlangt danach. Doch der Segen der Familie vermittelt den Menschen nicht nur die dringend benötigte Bestätigung der eigenen Person, sondern ermöglicht erst den Aufbau enger Beziehungen.

Orthodoxe jüdische Familien verleihen heute wie früher ihren Kindern einen besonderen Familiensegen. Dieser ist dem patriarchalischen Segen sehr ähnlich, den wir in der Geschichte von Esau kennengelernt haben, und bildet einen wichtigen Bestandteil, um Generationen von Kindern ein Gefühl des Angenommenseins zu geben. Doch in unserer Zeit ist er auch zu einer bedeutsamen Quelle des Schutzes für diese Kinder geworden.

Im ganzen Land bieten Sekten unseren Kindern einen falschen Segen an. Religiöse Führer vermitteln ein Familiengefühl und versprechen zumindest anfangs persönliche Aufmerksamkeit, Zuwendung und Bestätigung – ein wichtiges Zugpferd für viele Sekten. Besonders anfällig sind Kinder, die ohne das Gefühl aufwachsen, von den Eltern angenommen zu sein. Pro Jahr sind das Tausende. Doch es ist, als bitte man hungrige Kinder zu einem imaginären Mahl: Geruch und Aroma locken sie zum Tisch, doch nach dem Essen sind sie hungriger als vorher.

Als Eltern können Sie Ihr Kind oder Ihre Kinder mit einer schützenden Rüstung ausstatten. Die beste Antwort auf das Verlangen eines Kindes nach Bestätigung ist, ihm echte Zuwendung entgegenzubringen. Wenn ein Kind daheim echte Zuneigung und Anerkennung findet, verringert isch die Gefahr, dass es bei einer Sekte oder bei falschen Freunden Zuflucht sucht. Echte Zuwendung schöpft ihre Kraft aus dem Segen.

Der Segen ist jedoch nicht nur für Eltern ein wichtiger Schlüssel. Auch für jeden Menschen, der sich einem anderen in einer engen Beziehung nähern möchte, ist Segen von entscheidender Bedeutung.

Einer der bekanntesten Verse der Bibel steht in 1. Mose 2,24: „Darum wird ein Mann seinen Vater und seine Mutter verlassen und seiner Frau anhangen." Es wird viel von der Notwendigkeit gesprochen, seinem Ehegatten anzuhangen. Aber zu wenig ist davon die Rede, dass Menschen ihr Zuhause „verlassen" müssen. Vielleicht liegt der Grund darin, dass die Menschen das Weggehen von zu Hause einfach als physisches Fortgehen betrachten.

In Wirklichkeit bedeutet das Verlassen der Familie weit mehr, als dass wir einen physischen Abstand zwischen unseren Eltern und uns selbst herstellen. Im Alten Testament beispielsweise zogen die Menschen, wenn sie ihre Eltern verließen, höchstens auf die andere Seite des Lagerfeuers in ein neues Zelt! Das Verlassen des Elternhauses bedeutet nicht nur die physische, sondern auch die *emotionale* Trennung.

Es ist bedauerlich, dass die meisten Menschen, denen der Segen ihrer Eltern versagt bleibt, beim Verlassen des Elternhauses mit großen gefühlsmäßigen Schwierigkeiten zu kämpfen haben. Sie haben ihre Eltern vielleicht schon jahrelang nicht mehr gesehen, doch das ungestillte Bedürfnis nach persönlicher Zuwendung kann einen Menschen an sein Elternhaus fesseln, sodass er für dauerhafte Beziehung mit anderen Menschen unfähig ist. Aus diesem Grunde bleiben viele Paare in ihrer Beziehung unerfüllt. Genau das ist bei Bernd und Nele geschehen. Vielleicht befinden Sie sich selbst oder einer Ihrer Lieben in dieser Situation. Grundvoraussetzung für die Lösung dieses Problems und die damit verbundene Befreiung der Menschen für den Aufbau gesunder Beziehungen ist das Verständnis für den Gedanken des Segens.

Eine Reise der Hoffnung und Heilung

Auf den folgenden Seiten werden Sie mehr über das Wesen des Segens entdecken. Wenn Sie selbst Kinder haben, erkennen Sie, wie Sie ihnen den Segen vermitteln können. Darüber hinaus werden Sie erkennen können, ob Ihre eigenen Eltern Sie unter den Segen Gottes gestellt haben. Wer segensreich aufgewachsen ist, wird einen Blick dafür bekommen, wie seine Eltern den Segen übermittelt haben, und empfindet vielleicht den Wunsch, ihnen dafür zu danken.

Und auch dem, der ohne den elterlichen Segen aufwächst, kann geholfen werden. Sie erhalten Einblick in die üblichen Verhaltensmuster von Menschen, denen der Segen vorenthalten wurde. Sie erhalten Anregungen, wie Sie ohne den Segen einer irdischen Familie leben können und werden zu Gottes geistlichem Familiensegen hingeführt, den er jedem seiner Kinder anbietet. Sie dürfen hoffen, dass die lange Suche nach persönlicher Zuwendung ein Ende findet.

Wenn Sie Lehrer sind, kann die Entdeckung des Segens Ihnen zu einem besseren Verständnis Ihrer Schüler verhelfen. Wenn Sie als Berater tätig sind, kann sie Ihnen eine hilfreiche Basis bieten, um Probleme besser zu verstehen und praktische Lösungen zu erarbeiten. Wenn Sie ein geistliches Amt ausüben, gibt sie Ihnen die Möglichkeit, ein Grundbedürfnis jedes Menschen zu begreifen, und liefert Ihnen die Mittel, dieses Bedürfnis zu stillen.

Ich bete darum, dass Sie sich für die folgenden Seiten Zeit nehmen und den Mut haben, eine Reise in die Vergangenheit anzutreten – eine Reise, die zu Hoffnung und Heilung führen kann. Darüber hinaus bete ich dafür, dass Sie bereit sind, einen realistischen Blick auf die Gegenwart zu werfen und die Dinge, die Sie dabei entdecken, in die Praxis umsetzen.

Diese Lektüre beendet vielleicht eine lebenslange Suche oder ermöglicht Ihnen den Anfang einer neuen Beziehung zu Ihren Kindern, Ihrem Ehegatten, Ihren Eltern oder einem engen Freund. Aus ganzem Herzen wünsche ich mir, dass dieses Buch Ihre Beziehung zu Ihrem himmlischen Vater bereichert, wenn Sie mehr darüber erfahren, welche Quelle des Segens er für jedes seiner Kinder sein will.

2. Der Segen: gestern und heute

Was hat es nun mit diesem Segen auf sich, der so wichtig zu sein scheint? Hat er wirklich für uns heute noch eine Bedeutung oder galt er nur für die Zeiten des Alten Testaments? Aus welchen Teilen besteht er? Wie kann ich erfahren, ob ich den Segen empfangen habe oder ob meine Kinder ihn nun erleben?

Wenn ich mit Menschen über den Segen ins Gespräch komme, stoßen wir immer auf diese Fragen. Bei ihrer Beantwortung werden wir fünf wesentliche Beziehungselemente entdecken, die der alttestamentliche Segen enthält. Ob unser Elternhaus ein Ort des Segens ist oder war, finden wir heraus, wenn wir uns diese einzelnen Bestandteile des Segens näher betrachten. In diesem Kapitel werden wir uns ansehen, wie in jüdischen Familien die Kinder mit einem Segen beschenkt werden und warum dies seit vielen Jahrhunderten geschieht.

Segen steht immer im Zusammenhang mit der elterlichen Zuwendung. Bei eingehender Betrachtung des Segens in der Heiligen Schrift habe ich jedoch festgestellt, dass sich seine Prinzipien auf jede enge Beziehung anwenden lassen.

Ehepaare können sie bei der Segnung ihres Partners anwenden. Freundschaften können vertieft und gefestigt werden, indem ein Segenselement mit eingeschlossen wird. In der christlichen Gemeinde angewandt, kann der Segen unseren Brüdern und Schwestern in Christus Wärme, Heilung und Hoffnung bringen, von denen viele ohne den irdischen Segen ihrer Eltern aufwachsen mussten. In einem späteren

Kapitel werden wir sehen, dass dies die eigentlichen Elemente der Beziehung sind, die Gott benutzt, um seine Kinder zu segnen.

Ist der Segen, den wir in unserer Zeit in das Leben unserer Mitmenschen bringen, dem Segen des Alten Testaments gleichzusetzen? Sicherlich nicht. Die grundlegenden Beziehungselemente des Segens bleiben zwar die gleichen, doch enthält die Schrift eine Reihe geistlicher Aspekte des Segens, die für die damalige Zeit einmalig waren.

Einmalige Aspekte des Segens im Alten Testament

Ein Blick in die Geschichte des Alten Testaments zeigt, wie Gott den Familiensegen anwandte, um seine Segenslinie durchgehend in einer Familie bis zur Ankunft Christi herauszustellen.

Gottes Segensbund wurde ursprünglich mit einer einzigen Familie geschlossen und sollte unmittelbar durch die Nachfahren weitergegeben werden. Abrahams Nachkommen empfingen den Segen, den Gott ihnen verheißen hatte (1. Mose 12,2-3). Dies galt Generationen hindurch bis zur Geburt des Messias (Mt 1,2-16). Weil Jesus am Kreuz für alle Menschen gestorben ist, kann nun jede Familie und jedes Familienmitglied durch den Sohn Gottes den Segen erfahren. Dieser Segen kann dann an andere weitergegeben werden.

Eine weitere geistliche Bedeutung von Segen liegt in der Weise, wie Gottes souveräne Entscheidung dargestellt wird. Bei Jakob und Esau und einem anderen Brüderpaar, Ephraim und Manasse, zeigte sich Gottes Souveränität darin, wer zuerst den Familiensegen empfing und wer nicht (1. Mose 49,14; Röm 11-13). Wie wir weiter unten in diesem

Kapitel noch sehen werden, hatte der alttestamentliche Segen auch einen prophetischen Aspekt.

Über die geistliche Bedeutung hinaus hat der Segen immer auch eine zutiefst persönliche Seite, die etwa in dem herzzerreißenden Aufschrei Esaus zum Ausdruck kommt, als er den Segen seines Vaters verliert. Er klagt nicht über den Verlust eines theologischen Begriffes, sondern über die ganz persönlichen Worte seines Vaters, die ihm den Segen verwehren.

Die persönliche, verwandtschaftliche Seite des Segens, die elterliche Liebe und Zuwendung ausdrückt, wird in orthodoxen jüdischen Familien bis heute mit dem Segnen der Kinder weitergeführt. Sie erkannten einerseits die Einmaligkeit der geistlichen und prophetischen Aspekte, den die Patriarchen ihren Kindern mit dem Segen gaben, übernahmen aber andererseits die in der Heiligen Schrift niedergelegten grundsätzlichen Beziehungselemente des Segens, um ihre Kinder zu ermutigen. Auf diese Weise werden Zuwendung und Bestätigung vermittelt, ein Vorgang, der noch immer für Männer und Frauen der heutigen Zeit gilt.

Die Grundelemente des Segens

Welche Elemente sind das, und wie wirken sie zusammen? Ich will nicht behaupten, ein Gartenprofi zu sein, aber ein grundlegendes Verständnis davon, wie eine Blume wächst, kann uns dabei helfen, die einzelnen Bestandteile, die im Segen zusammenwirken, zu verstehen.

Eine Blume kann nur wachsen, wenn sie die notwendigen Komponenten zur Verfügung hat. Jede Blume braucht Erde, Luft, Wasser, Licht und einen sicheren Standort zum

Wachsen, wo ihre Wurzeln nicht ständig herausgerupft werden. Wenn diese fünf Grundvoraussetzungen vorhanden sind, ist es beinahe unmöglich, eine Pflanze am Wachsen zu hindern. Das Gleiche trifft auf die Grundelemente des Segens zu.

Wie eine Blume ihre Grundbedürfnisse hat, so hat auch der Segen fünf Schlüsselelemente. Kommen diese zusammen, können sie bewirken, dass heute in unseren Familien persönliche Zuwendung wächst und gedeiht. Jeder einzelne Teil liefert einen einzigartigen Beitrag, jeder ist beim Spenden des Segens notwendig. In den weiteren Kapiteln werden wir diese fünf Elemente näher betrachten. Hier sollen sie kurz vorgestellt werden.

Eine Definition des Familiensegens, der die fünf Hauptelemente enthält, lautet so:

Ein Familiensegen beginnt mit der *bedeutsamen Berührung*. Er wird fortgeführt mit einer *gesprochenen Botschaft von hohem Wert*, einer Botschaft, die für die gesegnete Person eine *besondere Zukunft* verheißt und einer, die eine *aktive Verpflichtung* fordert, damit der Segen übergeht.

Vereinfacht dargestellt umfasst der Familiensegen also:

– *die bedeutsame Berührung*
– *eine gesprochene Botschaft*
– *die Vermittlung von hoher Wertschätzung*
– *die Verheißung einer besonderen Zukunft*
– *eine aktive Verpflichtung*

Die bedeutsame Berührung

Die bedeutsame Berührung bildete ein wesentliches Element beim Verleihen des familiären Segens zu Zeiten des Alten Testamentes. So war es bei Isaak, als er seinen Sohn segnete. In 1. Mose 27,26 lesen wir, dass Isaak sagte: „Komm her und küsse mich, mein Sohn!" Dies war kein vereinzelter Vorgang. Jedes Mal, wenn in der Schrift ein Segen gegeben wurde, bildete die bedeutsame Berührung einen liebevollen Hintergrund für die Worte, die dann gesprochen wurden. Kuss, Umarmung oder Handauflegen waren ein Teil der Verleihung des Segens.

Die bedeutsame Berührung hat viele segensreiche Wirkungen. Wie wir im nächsten Kapitel sehen werden, ist der Akt der Berührung ein Ausdruck von Wärme, persönlicher Zuwendung, Bestätigung – ja sogar Gesundheit! Für Isaak wie für jeden anderen Menschen, der wahrnehmen möchte, wie der Segen in einem Kind, Ehegatten oder Freund wächst und sich entwickelt, ist die Berührung ein untrennbarer Teil des Segens.

Eine gesprochene Botschaft

Das zweite Element unserer Definition gründet sich auf eine gesprochene Botschaft. In vielen Familien kann man heute nur selten Worte der Liebe und Zuwendung hören. Diese Familien unterliegen dem tragischen Irrtum, dass der Segen einfach durch die Anwesenheit übermittelt werde. Doch dem ist ganz und gar nicht so. Ein Segen erhält sein Gewicht nur dann, wenn er ausgesprochen wird.

Für ein Kind, das auf der Suche nach dem Segen ist, löst Schweigen in erster Linie Verwirrung aus. Kinder, die selbst herausfinden müssen, was ihre Eltern von ihnen halten, versagen bei diesem Test oft im Hinblick auf die Einschätzung von Sicherheit und Wertschätzung. Gesprochene Worte vermitteln dem Zuhörer wenigstens eine Andeutung, dass er oder sie einiger Aufmerksamkeit wert ist. Ich, John, lernte diese Lektion auf dem Fußballfeld.

Als ich in der Schule mit dem Fußballspielen begann, war einer der Trainer der Meinung, ich sei kein großes Talent. Unablässig hackte er auf mir herum. Er nahm sich sogar nach dem Training zusätzlich Zeit, um mich auf meine Fehler hinzuweisen. Nachdem ich eines Tages beim Training einen wichtigen Spielzug verpatzt hatte, baute sich dieser Trainer vor mir auf und stauchte mich nach allen Regeln der Kunst zusammen.

Als er endlich fertig war, schickte er mich beiseite zu den anderen Spielern, die am Rand saßen. Neben mir stand ein drittrangiger Spieler, der nur selten zum Einsatz kam. Ich erinnere mich noch, dass ich mich mit den Worten zu ihm hinüberbeugte:

„Mann, wär' ich froh, wenn er mich endlich in Ruhe ließe." – „Sag' das nicht", antwortete mein Mannschaftskamerad, „wenigstens *redet er* mit dir. Wenn er einmal *aufhört*, mit dir zu reden, dann heißt das, dass er dich aufgegeben hat."

Viele Erwachsene, die zu mir in die Beratungsstelle kommen, deuten das Schweigen ihrer Eltern genau in dieser Weise. Sie haben das Gefühl, in den Augen ihrer Eltern „drittklassige" Kinder zu sein. Ihre Eltern bieten ihnen vielleicht ein Dach über dem Kopf (oder sogar einen Porsche zum Rumfahren), aber ohne ausgesprochene Segensworte fehlt ihnen jede Zusicherung über ihren persönlichen Wert und die elterliche Zuwendung.

Abraham sprach über seinem Sohn Isaak diesen Segen. Isaak sprach einen Segen für seinen Sohn Jakob. Jakob gab jedem seiner zwölf Söhne und zweien seiner Enkel einen mündlichen Segen. Als Gott uns mit dem Geschenk seines Sohnes segnete, da „ward das *Wort* Fleisch und wohnte unter uns" (Joh. 1,14). Gott ist immer ein Gott des gesprochenen Wortes.

„Ich schreie doch meine Kinder nicht an und mach' sie zur Schnecke wie manche Eltern", entgegnen vielleicht einige. Leider ist es so, dass das Fehlen negativer Worte sich nicht in einen gesprochenen Segen übertragen lässt. In einem späteren Kapitel werden wir diesen Mangel an mehreren schmerzlichen Beispielen nachvollziehen.

Die Vermittlung von hoher Wertschätzung

Die bedeutsame Berührung und eine gesprochene Botschaft – diese beiden ersten Elemente führen uns zu den Segensworten selbst, den Worten von hoher Wertschätzung. Etwas zu schätzen heißt, es zu ehren. Tatsächlich ist *dies* die Bedeutung des Verbs „segnen". Im Hebräischen bedeutet das Wort *segnen* wörtlich „das Knie beugen". Dieses Wort wurde benutzt, wenn man einer bedeutenden Persönlichkeit Ehre, ja Ehrfurcht erwies. Heute bedeutet es keinesfalls, dass wir vor einer Person zurücktreten, auf die Knie fallen und den Kopf beugen müssen, um gesegnet zu werden! Dessen ungeachtet sollten Worte des Segens die Anerkennung zum Ausdruck bringen, dass dieser Mensch Achtung genießt und wertgeschätzte Eigenschaften besitzt. In der Heiligen Schrift basiert die Anerkennung darauf, wer diese Menschen sind, und nicht auf dem, was sie leisten.

Bei der Segnung seines Sohnes sagt Isaak: „Siehe, der Geruch meines Sohnes ist wie der Geruch des Feldes, das der Herr gesegnet hat. Völker sollen dir dienen, und Stämme sollen dir zu Füßen fallen" (3. Mose 27,27-29). Hier wird eine Persönlichkeit von hohem Wert gezeichnet! Nicht jeder verdient es, dass sich ganze Nationen vor ihm verbeugen!

Vielleicht haben Sie bemerkt, dass Isaak einen bildhaften Ausdruck gebraucht, um zu beschreiben, welch hohe Wertschätzung sein Sohn bei ihm genießt. Er sagt: „Der Geruch meines Sohnes ist wie der Geruch des Feldes, das der Herr gesegnet hat." Solche Bilder oder Metaphern vermitteln in ausdrucksstarker Weise Zuwendung. Im weiteren Verlauf werden wir nicht nur den Gebrauch dieser Ausdrücke betrachten, sondern auch erfahren, wie sie beim Aussprechen eines Segens angewendet werden. Im Alten Testament bildeten sie einen Schlüssel, um einem Kind, Ehepartner oder Freund hohe Wertschätzung entgegenzubringen – das dritte Element des Familiensegens.

Die Verheißung einer besonderen Zukunft

Ein viertes Element des Segens ist die Art, wie er für die Person, die gesegnet wird, eine besondere Zukunft verheißt. Isaak spricht zu seinem Sohn Jakob: „Gott gebe dir vom Tau des Himmels und von der Fettigkeit der Erde ... Völker sollen dir dienen, und Stämme sollen dir zu Füßen fallen" (1. Mose 27,28-29). Auch in unseren Tagen malen jüdische Eltern ihren Kindern eine vielversprechende Zukunft vor Augen. Eine Geschichte, die mir zu Ohren kam, veranschaulicht dies recht deutlich.

Lea, eine junge jüdische Mutter, spazierte stolz die Straße hinab und schob dabei den Kinderwagen mit ihren Zwillingen vor sich her. Als sie um die Ecke bog, traf sie ihre Nachbarin Sarah. „Meine Güte, hast du hübsche Kinder", rief Sarah entzückt. „Wie heißen sie denn?" Lea deutete nacheinander auf die beiden Kinder und antwortete: „Dies ist Bennie, der Doktor, und das ist Ruben, der Anwalt." Diese Frau glaubte fest an die aussichtsreiche Zukunft ihrer Kinder und an die großen Möglichkeiten, die die beiden vor sich hatten! Isaak glaubte das auch von seinem Sohn und wir sollten diese Botschaft ebenfalls denen vermitteln, die wir segnen wollen.

Allerdings sollten wir einen Unterschied machen zwischen dem Segen Isaaks und der verheißungsvollen Zukunft für heutige Menschen. Isaaks einzigartige Stellung als Patriarch (von Gott bestellter Anführer und Stammvater der Nation Israel) verlieh seinen Worten an Jakob das Gewicht biblischer Weissagung. Diese Stellung galt auch für Jakob im späteren Teil des 1. Buches Mose. Sein Segen für jeden seiner Söhne zeichnete ihre Zukunft genau so, wie sie sich schließlich erfüllte.

Als Eltern oder geliebte Menschen unserer Zeit können wir die Zukunft anderer nicht mit biblischer Genauigkeit voraussagen. Wir können andere jedoch ermutigen und ihnen helfen, sich sinnvolle Ziele zu stecken. Wir können ihnen auch verdeutlichen, dass die Gaben und Charaktermerkmale, die sie besitzen, Eigenschaften sind, die Gott in der Zukunft segnen und nutzen kann.

Die Darstellung grandioser Leistungen in der Zukunft verleiht einem Menschen noch keinen Segen. Wenn solches Vorgehen überhaupt etwas bewirkt, dann höchstens, dass sich unerreichbare Erwartungen vor einem Menschen auftun und echte Zuwendung in weite Ferne rückt. In einem späteren Kapitel werden wir noch sehen, dass Gott selbst oft von unserer Zukunft spricht. Mit großer Ausführlichkeit versichert er uns unendliche Fülle von Segen, die sich in der Beziehung zu ihm entfaltet.

Auch werden wir sehen, dass wir unseren Kindern eine besondere Zukunft mittels biblischer Methode verheißen können. Mit diesem vierten Element des Segens kann ein Kind ein Gefühl der Sicherheit gewinnen und Vertrauen entwickeln, um Gott und anderen Menschen in der Zukunft zu dienen.

Eine aktive Verpflichtung

Das letzte Element des Segens weist auf die Verantwortung hin, die mit dem Aussprechen des Segens einhergeht. Für die Patriarchen standen nicht nur ihre Worte, sondern Gott selbst hinter dem Segen, den sie über ihren Kindern aussprachen. Mehrmals sprach Gott unmittelbar durch den Engel des Herrn zu den Patriarchen und bekräftigte seine aktive Verpflichtung für ihre Familie.

Heutzutage ist es für Eltern besonders wichtig, sich auf den Herrn zu verlassen, dass er ihnen die Kraft und das Durchhaltevermögen schenkt, um den Segen ihrer Kinder zu bestätigen.

Warum ist die aktive Verpflichtung so wichtig, wenn gesegnet wird? Worte allein können den Segen nicht spenden. Sie müssen von der Verpflichtung gestützt werden, alles nur Mögliche zu tun, damit der gesegnete Mensch seine Gaben entfalten kann. Wir können einem Kind sagen: „Du hast das Talent, ein hervorragender Pianist zu werden." Doch wenn wir dem Kind kein Klavier zum Üben zur Verfügung stellen, dann hat unsere mangelnde Unterstützung die Botschaft untergraben.

Wenn es darum geht, Zeit mit den eigenen Kindern zu verbringen oder ihnen dabei zu helfen, eine besondere Fähigkeit zu entwickeln, hören manche Kinder bloß: „Warte bis zum Wochenende." Und danach heißt es wieder: „Warte bis zum *nächsten* Wochenende", und das geschieht so oft, dass sie nicht länger den Worten der Eltern glauben.

Weiter unten werden wir uns mit einem Schlüssel befassen, der sicherlich dabei helfen kann, unseren Kindern gegenüber immer engagiert und ehrlich zu bleiben. Konkret bedeutet dies, unsere Kinder (oder unseren Partner oder Freund) aufmerksam zu beobachten, damit wir lernen, wie wir sie wirklich segnen können. Dieses fünfte Element des Segens, die aktive Verpflichtung, ist von ausschlaggebender Bedeutung, wenn der Segen in unseren Familien weitergegeben werden soll.

Statten Sie eine Blume mit den lebenswichtigen Grundlagen aus, die sie braucht, und Sie können sehen, wie sie wächst! Statten Sie einen Menschen mit den fünf grundlegenden Bestandteilen des Segens aus – der bedeutsamen Berührung, einer gesprochenen Botschaft, hoher Wertschätzung, der Verheißung einer besonderen Zukunft und der Bekräftigung des Segens durch aktive Verpflichtung –, dann kann persönliche Zuwendung in einer Familie blühen und gedeihen.

Um den Segen in der Heiligen Schrift besser zu verstehen, wollen wir unsere Aufmerksamkeit darauf richten, wie er in jüdischen Familien gebraucht wird. Von ihnen können wir viel darüber lernen, wie man wichtige Menschen in unserem Leben segnet.

Segen und jüdisches Familienleben

> Bevor die Kinder gehen können, sollen sie am Sabbat und an den Heiligen Tagen zu ihrem Vater und ihrer Mutter gebracht werden, um ihren Segen zu empfangen.
> Nachdem sie gehen können, sollen sie von sich aus mit gebeugtem Leib und gesenktem Kopf zu ihnen gehen, um den Segen zu empfangen.
> (Aus einem im Jahre 1602 verfassten Buch über jüdisches Familienleben und Bräuche.)

Von den Zeiten des Alten Testaments bis heute ist der Segen ein wichtiges Geschenk, das jüdischen Kindern gemacht wird. Er war in der Tat sogar eine Pflicht der Eltern gegenüber ihren Kindern. Er bildet auch eine regelmäßige Pflicht der Rabbiner gegenüber Kindern am Sabbat, an den Festtagen und heiligen Tagen.

Die ersten jüdischen Familien, denen wir begegnen, sind natürlich in der Heiligen Schrift verzeichnet. Der Brauch, Kinder zu segnen, war aller Wahrscheinlichkeit nach schon Abraham vertraut, bevor ihn Gott aus Ur in Chaldäa fortrief. In ganz Ägypten und dem Mittleren Osten war dieser Ritus verbreitet.

In den alttestamentlichen Zeiten erhielt jedes Kind einer Familie einen allgemeinen Segen. Daneben gab es noch einen besonderen Segen für den Erstgeborenen. Esau, dem wir im ersten Kapitel begegneten, erwartete diesen Segen als erstgeborener Sohn der Familie. In 1. Mose 49 empfing nicht nur der Älteste, sondern jeder von Jakobs zwölf Söhnen einen Segen von seinem Vater. Während zusätzliche *Vorrechte* dem Erstgeborenen vorbehalten blieben, waren die wesentlichen Elemente bei beiden Segen gleich, die wir uns oben schon näher angesehen haben. Woraus bestanden nun die besonderen, zusätzlichen Privilegien, deren sich das erstgeborene Kind erfreuen durfte?

Erstgeborene Töchter hatten das Recht, vor einer jüngeren Schwester verheiratet zu werden. Laban hielt sich an diese Sitte, als er für Jakob die Heirat mit seiner ältesten Tochter Lea arrangierte. Erst als sie verheiratet war, durfte Jakob auch Labans jüngere Tochter Rahel zur Frau nehmen (1. Mose 29,21-30), auch wenn sich das Jakob ganz anders gedacht hatte! Auf alten Tontafeln, die in Syrien gefunden wurden, ist von diesen besonderen Erbrechten für erstgeborene Töchter die Rede.

Erstgeborenen Söhnen wurden noch mehr Vorrechte zuteil. Zunächst stattete sie ihr Segen mit dem *zweifachen* Erbteil jedes anderen Bruders aus (2. Kön. 2,9). Für Esau war das Grund genug, sich auf den Empfang des Segens zu freuen und über den Verlust dieses Segens völlig außer sich zu sein.

Der erstgeborene Sohn wurde außerdem beim Tode seines Vaters zum Oberhaupt der Familie bestimmt. Seine Aufgabe war es dann, geistlicher Anführer der Familie zu sein. Der Erstgeborene genoss also viele besondere Privilegien.

Ein alttestamentliches Gesetz verbot, den ältesten Sohn willkürlich zu übergehen und den Segen des Erstgeborenen auf ein anderes Kind zu übertragen (5. Mose 21,15-17), aber in der Realität wurde es tatsächlich öfter so gehandhabt. Selbst in Jakobs Familie kam das vor. Ruben war der erstgeborene Sohn von zwölf Brüdern, doch es war Joseph, der zweitjüngste, der tatsächlich den Erstgeburtssegen erhielt (1. Mose 48,22). Viele alte Tontafeln bestätigten, dass die Übertragung des Segens von einem auf das andere Kind – egal, ob Sohn oder Tochter – in dieser Zeit durchaus üblich war.

Wie wir bei der Betrachtung der alttestamentlichen Bräuche also gesehen haben, gaben Eltern jedem Kind einen *allgemeinen Segen* mit auf den Weg und bewahrten manchmal einen *besonderen Segen* für den Erstgeborenen. Während der oder die Erstgeborene bestimmte Vorrechte empfangen konnte, die den Jüngeren versagt blieben, waren die Grundelemente bei beiden Formen des Segens die gleichen.

Wenn wir uns mit der Art und Weise der Segensübergabe in jüdischen Familien beschäftigen, führt uns das schließlich in die Zeit des Neuen Testaments, der Zeit der Pharisäer. Damals gab es für beinahe jede Begebenheit Regeln und Vorschriften – das Segnen der Kinder war nur eine von vielen. Um die Zeit von Christi Geburt schrieb der Rabbi Jesus ben Sirach: „Der Segen des Vaters baut den Söhnen Häuser; der Segen der Mutter füllt sie mit Gutem."

Der allgemeine Segen für Kinder blieb bestehen, doch wurde endgültig die Segnung von Söhnen anstatt von Töchtern bevorzugt. Diese Tendenz der damaligen Zeit lässt sich in vielen der hebräischen Kommentare über das Gesetz nachvollziehen.

In einer Erläuterung zum priesterlichen Segen „Der Herr segne dich und behüte dich" (4. Mose 6,24) schrieb ein Rabbi: „Möge der Herr dich mit Söhnen segnen und dich vor Töchtern bewahren, denn sie müssen sorgfältig behütet werden!" In noch stärkeren Worten äußerte sich ein anderer Rabbi: „Was ist die Auslegung der Worte ‚alle Dinge‘ in der Schriftstelle: ‚Der Herr segnete Abraham in allen Dingen‘? Dass er keine Tochter hatte!" In diesen Worten steckte eine Menge Humor, solange man keine Tochter war.

Die Neigung, nur Söhne zu segnen, war durchaus vorhanden, aber oft wurden in einigen jüdischen Familien und bei einigen religiösen Führern auch Ausnahmen von dieser Regel gemacht. Ein anderer Mann, den manche Rabbi nannten, hieß zur gleichen Zeit Söhne und Töchter willkommen, um Gottes Segen zu empfangen. In Markus 10,13-16 lesen wir:

> Und sie brachten Kinder zu ihm, damit er sie berühren sollte. Die Jünger aber fuhren diese Leute an. Als aber Jesus das sah, wurde er unwillig und sagte zu ihnen: „Lasst die Kinder zu mir kommen und hindert sie nicht daran …" Und er herzte sie, legte ihnen die Hände auf und segnete sie.

Jesus wusste, dass kleine Jungen und Mädchen die Elemente des Segens brauchten. In einem späteren Kapitel werden wir sehen, dass seine Segnung der Kinder fast bis ins kleinste Detail eine Parallele zu den wesentlichen Bestandteilen des Familiensegens bildete.

Wenn wir einen Blick auf heutige jüdische Familien und ihre Bräuche werfen, dann erfahren wir, dass in vielen orthodoxen Familien der Segen immer noch wichtig ist. Bei vielen Sabbath-Gottesdiensten werden die Eltern gebeten, ihre Kinder zu einem besonderen Segen mitzubringen. Der Rabbi ruft die Kinder in der Gemeinde nach vorne, um sie zu segnen. Er, der im Namen der Eltern handelt, legt jedem Kind die Hand auf den Kopf und spricht Worte wie: „Möge Gott dich segnen und dich wie Ephraim und Manasse machen."

Dieser Segen stammt ursprünglich aus 1. Mose 48,20, als Jakob die beiden Söhne Josephs segnete, seine Enkel. Lesen Sie von dem Segen, den der Patriarch über die beiden Jungen aussprach: „So segnete er sie an jenem Tage und sprach: Wer in Israel jemanden segnen will, der sage: Gott mache dich wie Ephraim und Manasse." Welch ein Segen! Selbst heute, viele Jahrhunderte danach, wird er in Synagogen und jüdischen Häusern von Eltern für ihre Kinder besonders geschätzt.

Während meiner Nachforschungen über die Frage, wie der Segen in modernen jüdischen Familien weitergegeben wird, hatte ich das Privileg, mit mehreren Rabbis zu sprechen. Bei den Gesprächen entdeckte ich, dass die Erteilung eines Familiensegens noch sehr lebendig ist. Er wird als wichtige Handlung angesehen, um ein Gefühl von Identität, Bedeutung, Liebe und Zuwendung zu vermitteln. Tatsächlich spendet in vielen jüdischen Familien der Vater jedem seiner Kinder einen wöchentlichen Segen. Wenn die zeremoniellen Kerzen angezündet sind, beginnt eine Zeit des Segens.

Dazu gehören auch gemeinsame Mahlzeiten, Küsse, Umarmungen und Handauflegen; das Verwenden von bildhaften Worten aus der Heiligen Schrift, um ein Kind zu loben, und die Bitte an Gott, jedem Kind eine besondere Zukunft zu schenken. Dies sind heute die grundlegenden Bestandteile für das Segnen der Kinder in orthodoxen Familien.

Wenn auch der Segen ein uralter Brauch ist, ermöglicht er doch nach wie vor den Ausdruck echter Zuneigung. Vom Segen für den Erstgeborenen bis zu besonderen Worten der Liebe und Zuwendung für jedes Kind bleibt der Segen Teil des jüdischen Familienlebens auch in heutiger Zeit. Für christliche Eltern, die ihre Hoffnung auf Jesus, den Messias, setzen, und von seiner Liebe leben, kann der Segen noch viel kraftvoller sein.

Mehr über den Familiensegen

Wir haben uns die Grundelemente des Segens angesehen und wie er jahrhundertelang in jüdischen Familien praktiziert und weitergegeben wurde. Nun wollen wir auf die praktische Seite eingehen und jedes der fünf Schlüsselelemente des Segens näher betrachten. Wenn wir mehr über die kraftvolle Vermittlung von persönlicher und elterlicher Zuneigung erfahren, kann uns das helfen, für unsere Kinder, Partner, Brüder und Schwestern in Christus und andere Menschen in unserem Leben zu einer Quelle des Segens zu werden.

Die Lektüre dieses Buches mag manche vielleicht ein wenig entmutigt haben. Beim Lesen über die Schlüsselelemente des Segens haben Sie vielleicht zum ersten Mal erkannt, dass Sie von Ihren Eltern nie auf diese Weise gesegnet worden sind oder dass der Segen kein aktiver Bestandteil Ihres Verhältnisses zu Ihren Kindern ist. Verlieren Sie bitte nicht gleich den Mut. Wenn wir uns die fünf Grundprinzipien des Segens näher anschauen, bekommen Sie praktische Tipps, um für andere zu einer Quelle des Segens zu werden. Im weiteren Verlauf werden Sie auch entdecken, wie Sie dem fehlenden Segen in Ihrem Leben wirksam begegnen können.

Gemeinsam werden wir uns mehrere bekannte Familien ansehen, die ihren Kindern den Segen *vorenthalten*. Wir werden uns ansehen, wie Gott den Mangel an irdischem Familiensegen ausgleicht. Danach werden wir uns mit verschiedenen modernen Familien befassen, die den Segen beispielhaft an Kinder, Partner, Gemeindefamilie und Freunde weitergeben.

Mit diesen Überlegungen wollen wir uns dem ersten Element des Segens, der bedeutsamen Berührung, zuwenden. In diesem ersten Schlüssel zur Vermittlung persönlicher Zuwendung verbirgt sich eine unglaubliche Kraft zur individuellen Segnung.

3. Das erste Element des Segens: die bedeutsame Berührung

Ein kleines vierjähriges Mädchen erschrak eines Nachts heftig während eines Gewitters. Nach einem besonders lauten Donnerschlag sprang sie aus dem Bett, lief über den Flur und riss die Tür zum Schlafzimmer ihrer Eltern auf. Sie krabbelte ins Bett und legte sich in die Arme ihrer Eltern, um Trost und Sicherheit zu finden. „Hab keine Angst, mein Kleines", sagte ihr Vater beruhigend. „Der Herr wird dich beschützen." Das kleine Mädchen kuschelte sich noch dichter an ihren Vater und meinte: „Ich weiß, Pappi, aber grad jetzt brauch' ich jemanden zum Anfassen!"

Wie ehrlich Kinder doch sind! Dieses kleine Mädchen zweifelte nicht an dem Schutz seines himmlischen Vaters, aber sie wusste auch, dass er ihr einen irdischen Vater gegeben hatte, zu dem sie laufen konnte, jemanden, den Gott mit der besonderen Gabe ausgestattet hatte, Trost, Sicherheit und persönliche Zuwendung zu schenken – den Segen der bedeutsamen Berührung.

Das kleine Mädchen hatte Glück. Ihr Vater war bereit, seiner Tochter diesen wichtigen Aspekt des Segens weiterzugeben. Nicht alle Kinder sind so gut dran. Selbst in liebevollen Familien hören die meisten Eltern (ganz besonders die Väter) auf, ihre Kinder in den Arm zu nehmen und zu streicheln, sobald sie in die Grundschule kommen. Wenn die Berührungen aufhören, dann fehlt auch ein wichtiger Teil des Segens, den sie ihren Kindern geben können.

Ein vierjähriges Kind im Arm zu halten, wird in den

meisten Familien akzeptiert. Aber was ist, wenn ein Vierzehnjähriger die Berührung seiner Mutter oder seines Vaters braucht? Oder ein Dreißigjähriger? Oder Ihr Partner?

Auch Erwachsene brauchen die bedeutsame Berührung. Kinder sind jedoch besonders stark betroffen, wenn sie keinerlei körperliche Zuwendung bekommen. Manchmal kann sich das Fehlen einer Berührung so stark auswirken, dass sie ein Leben lang nach Armen greifen, die sie nie umfassen.

„Ich wünsche …" Lisa hatte sich in ihren Sessel zurückfallen lassen, umfasste sich mit den Armen und wiegte sich vor und zurück, während sie diese Worte wiederholte. Lisa war als Patientin neu auf der psychiatrischen Station, wo ich (John) als Assistent tätig war. Immer wenn sie Angst hatte oder traurig war, hüllte sie sich in ihre Arme und schaukelte vor und zurück.

Wir fanden heraus, dass sich Lisa seit ihrem siebten Lebensjahr so verhielt. Damals hatte ihre Mutter sie in einem Waisenhaus zurückgelassen. Lisa versuchte, dem Schmerz und der Wunde zu entgehen, indem sie sich selbst festhielt. Sie hatte sonst niemanden, der sie umfasste. Nur den einen Wunsch hatte sie, dass ihre Mutter zurückkommen möge. Sie brauchte die bedeutsame Berührung so sehr, dass sie sich selbst umarmte und versuchte, ihren Kummer auf diese Weise loszuwerden.

Die bedeutsame Berührung im Alten Testament

In der Heiligen Schrift spielt die Berührung bei der Erteilung des Familiensegens eine wichtige Rolle. Als Isaak Jakob segnete, gehörten eine Umarmung und ein Kuss mit dazu: „Und Isaak, sein Vater, sprach zu ihm: Komm her und küsse mich, mein Sohn!" (1. Mose 27,26).

Das hebräische Wort für „herkommen, näher kommen" ist sehr aufschlussreich. Es wird benutzt für Heere, die in der Schlacht aufeinandergerückt sind. Man gebraucht es ferner, um die sich überlappenden Schuppen der Krokodilhaut zu beschreiben. Es dürfte schon eine Weile her sein, seit Sie das letzte Mal eine Schlacht oder ein Krokodil gesehen haben, aber dieser bildhafte Ausdruck weckt in Ihren Gedanken sicherlich noch die Vorstellung einer ganz engen Verbindung.

Isaak bat seinen Sohn nicht um eine „Tante-Martha-Umarmung". Sie erinnern sich sicher an Tante Martha – die Sie immer in die Backen kniff und Ihnen auf den Rücken klopfte, als wolle sie Sie zum Aufstoßen verleiten? Völlig unbelastet von den gegenwärtigen Tabus, mit denen unsere Kultur einem Mann verwehrt, seinen Sohn zu umarmen, rief Isaak Jakob an seine Seite, um ihn herzlich in die Arme zu schließen.

Diese Umarmung ist umso bemerkenswerter, als Jakob nicht vier, sondern mindestens vierzig Jahre alt war, und noch immer wurde er ermuntert, seinen Vater in die Arme zu nehmen und ihm einen Kuss zu geben. Wie wir im Falle von Lisa gesehen haben und später noch weiter sehen werden, hört unser Bedürfnis nach bedeutsamer Berührung nicht einfach auf, wenn wir in die Schule kommen. Isaak steht für einen Menschen, der dieses Bedürfnis nicht einfach aussperrt. Er war ein Beispiel, dem Eltern, Ehepartner und selbst Freunde in der Gemeinde folgen sollten.

In der Bibel finden wir ein weiteres Beispiel dafür, dass immer auch eine bedeutsame Berührung bei der Segnung mit einbezogen wird. Diesmal geht es um einen Großvater, der sicherstellen will, dass seine Enkel um seine Liebe und Zuwendung wissen. Sehen wir uns diese „anrührende" Szene einmal an:

> *Josef antwortete seinem Vater: Es sind meine Söhne, die mir Gott gegeben hat. Er sprach: Bringe sie her zu mir, dass ich sie segne. Denn die Augen Israels waren schwach geworden vor Alter, und er konnte nicht mehr sehen. Und Josef brachte sie zu ihm. Er aber küsste und herzte sie.*
> *Aber Israel streckte seine rechte Hand aus und legte sie auf Ephraims ... Haupt und seine linke auf Manasses Haupt.*
> (1. Mose 48, 9-10.14)

Jakob (dessen Name in Israel umbenannt worden war) küsste seine Enkel nicht nur und drückte sie fest an sich, sondern legte auch seine Hände auf ihren Kopf. Dieser Brauch des Handauflegens war ein wichtiger Teil vieler religiöser Rituale für die Patriarchen und für Israel. Aus mindestens zwei guten Gründen ist das Handauflegen ein wichtiger Teil des Segens: Zum einen liegt in der Berührung eine symbolische Bedeutung und zum anderen geht vom Handauflegen eine starke körperliche Wohltat aus.

Die mit der Berührung ausgedrückte symbolische Bedeutung

Im Alten Testament spielte das symbolische Bild des Handauflegens eine wichtige Rolle. Diese Berührung war ein anschauliches Bild für die Übertragung von Macht oder Segen von einer Person auf die andere. So wurde beispielsweise im

3. Buch Mose Aaron angewiesen, diesen Brauch bei seinen priesterlichen Pflichten anzuwenden. Am Versöhnungstag sollte er seine Hände auf den Kopf eines Bockes legen, der anschließend in die Wüste hinausgeschickt wurde. Dieses Bild drückt aus, dass symbolisch die Sünden Israels auf das Tier übertragen wurden. Es ist auch ein prophetisches Bild davon, wie Jesus Christus, genau wie das Tier, unsere Sünde an das Kreuz hinauftragen würde. Und auch Elia übertrug seine Vollmacht als Prophet Gottes auf Elisa, indem er ihm die Hand auflegte.

Selbst heute liegt in der symbolischen Bedeutung der Berührung eine starke Kraft. Auch wenn uns das vielleicht nicht bewusst ist.

Eine junge Frau, die ihren Freund an der Hand hält, kann damit anderen signalisieren: „Ich bin vergeben." Zwei Männer, die sich die Hand schütteln, besiegeln vielleicht eine wichtige geschäftliche Transaktion. Ein Geistlicher sagt bei einer Trauung zum Paar: „Wenn ihr euch also frei und rechtmäßig als Mann und Frau erwählt habt, so steckt euch die Ringe an."

Ein guter Ort, um die symbolische Bedeutung der Berührung zu beobachten, sind Flugplätze.

Zum Beispiel ist da die Mutter mit zwei kleinen Kindern, die ein Auge auf die Kleinen hat und dabei gespannt wartet, bis ihr Mann das Flugzeug verlassen hat. Als er kommt und sie sich gegenseitig in den Arm nehmen, ist dies eine von Erleichterung geprägte Umarmung! Sie fasst ihn an der Hand und ohne dass ein Wort gesprochen wird, drückt ihr Gesicht aus: „Endlich hab' ich ein bisschen Unterstützung mit den Kindern!" In einem anderen Fall steht ein jung verheiratetes Paar weit hinter den Passagieren, die darauf warten, an Bord zu gehen. Ihre Umarmung besagt: „Ich werde dich vermissen. Ich wünschte, du müsstest nicht fort."

Ein Bild von höchst eindrucksvoller Kraft beobachtete ich einmal, als eine ganze Familie um den ältesten Sohn herumstand. Der junge Mann war in einer Sondereinheit der Armee und befand sich vor dem Abflug nach Übersee. Alle nahmen ihn immer wieder in die Arme, nur sein Vater nicht. Er legte ihm lediglich die Hand auf die Schulter und tätschelte ihm den Rücken, aber er konnte sich einfach nicht überwinden, seinen erwachsenen Sohn in der Öffentlichkeit zu umarmen. Als es für den jungen Soldaten an der Zeit war, die Maschine zu betreten, streckte ihm sein Vater die Hand entgegen, und ein kräftiges Händeschütteln folgte.

Ich verspürte den Drang, ihm zuzuschreien: „Nimm ihn doch einfach in den Arm!" Nach einem Augenblick umfasste der Vater die Hand seines Sohnes mit beiden Händen. So standen sie einen scheinbar ewig dauernden Moment da und drückten mit dieser Berührung ihren Abschiedsgruß aus. Man könnte hier von einer symbolischen Botschaft sprechen. Selbst wenn dieser Vater es nicht über sich brachte, seinen Sohn zu umarmen, hatte er ihm doch eine ganze Menge damit gesagt. Die Szene war von einer starken Ausdruckskraft. Das Händeschütteln des Vaters sagte laut und deutlich. „Ich habe dich lieb. Bitte, pass auf dich auf. Komm zu uns zurück."

Als Jakob seine Enkel segnete, blieb ihnen der symbolische Akt, wie er ihnen seine Hand auf den Kopf legte, wohl noch lange im Gedächtnis. Doch die Symbolik ist nicht der einzig wichtige Grund für eine Berührung. Grundsätzliche physiologische Veränderungen treten ein, wenn wir uns berühren.

Die bedeutsame Berührung segnet uns körperlich

Können Sie sich vorstellen, dass mehr als ein Drittel der fünf Millionen Tastrezeptoren in unseren Händen zu finden ist? Unsere Hände sind so empfindlich, dass manche Blinden darin unterwiesen werden, ohne Blindenschrift zu lesen, indem sie durch ihre Fingerspitzen sehen! An der Princeton University gibt es ein Versuchsverfahren, durch das Blinde eine bedruckte Seite lesen können, indem die Worte in Vibrationen an ihren Fingerspitzen umgewandelt werden.

Bemerkenswerterweise ist der Vorgang des Handauflegens in den Mittelpunkt modernen Interesses und neuester Forschung gerückt. Zahlreiche Studien über die Wirkung des Handauflegens fanden dabei heraus, dass der Berührende und die Person, die berührt wird, eine physiologische Wohltat erfahren. Wie ist das möglich? In unserem Körper befindet sich der Stoff Hämoglobin, der Farbstoff der roten Blutkörperchen, der den Sauerstoff in das Gewebe transportiert. Während des Handauflegens steigt der Hämoglobinspiegel bei *beiden* Personen an. Bei einer Intensivierung des Hämoglobinspiegels erhalten die Körpergewebe mehr Sauerstoff. Die Zunahme der Sauerstoffversorgung führt einem Menschen mehr Energie zu und kann sogar im Krankheitsfall den Regenerationsprozess unterstützen.

Ganz gewiss haben Ephraim und Manasse nicht gedacht: „Donnerwetter, unser Hämoglobinspiegel schnellt hoch!", als ihr Großvater ihnen die Hand auflegte. Was ihnen jedoch sicherlich von dem Tag ihrer Segnung im Gedächtnis blieb, war die sanfte Berührung des alten Patriarchen.

Umarmungen und Küsse gehörten ebenfalls zur bedeutsamen Berührung, wie sie in der Heiligen Schrift dargestellt ist. Die bedeutsame Berührung ist so gesund, dass wir auf die Worte von Ralph Waldo Emerson hören sollten: „Ich mag nie die Hand geben, wenn nicht der ganze Körper daran beteiligt ist!" Wir wollen nun die tiefen seelischen Bedürfnisse betrachten, die durch eine Berührung als Teil des Familiensegens erfüllt werden können.

Wie würde es Ihnen gefallen, den Blutdruck Ihres Mannes oder Ihrer Frau zu senken? Oder Ihr Kind vor falschen Freunden zu beschützen? Vielleicht sogar Ihr eigenes Leben um zwei Jahre zu verlängern? Klingt wie der Werbespot einer Versicherung, oder? Tatsächlich sind das jedoch alles Ergebnisse neuester Untersuchungen über die unvorstellbare Kraft des Segens, die bei der bedeutsamen Berührung festgestellt wurden.

Jeden Tag stoßen Forscher auf immer neue Entdeckungen über die Bedeutung der Berührung. Wenn es uns ernst damit ist, für andere eine Quelle des Segens zu sein, dann müssen wir diese wichtigen Punkte beachten und in die Praxis umsetzen. Wie wir beim Handauflegen bereits gesehen haben, trifft eine Vielzahl körperlicher Veränderungen ein, wenn wir die Hand ausstrecken und jemanden berühren. Es gibt aber noch weitere, die wir uns nun anschauen wollen.

Manche Pflegeheime sind ein Ort der Verzweiflung, nicht der Hoffnung. Die Insassen sind isoliert und allein, träumen stundenlang vor sich hin und sehnen sich nach einer Familie oder Freunden. In vielen Fällen kann sich ein älterer Mensch eingesperrt fühlen.

Zum Glück versuchen immer mehr Pflegeheime, bewusst auf die Bedürfnisse ihrer Bewohner einzugehen. Fast zufällig wurden Bewohner eines Pflegeheims mit denen eines örtlichen Tierheims zusammengebracht. Zuerst war diese Begegnung nur als eine Art Freizeitbetätigung für die älteren Leute gedacht. Bald jedoch traten bemerkenswerte Resultate auf. Diejenigen, die sich um ein Tier kümmerten, das sie berühren und halten konnten, lebten nicht nur länger als Bewohner ohne Tier, sondern waren auch mit einer größeren Lebensfreude erfüllt.

Was hatte sich verändert? Die Tiere mussten immer noch ins Tierasyl zurückgegeben werden und auf ein neues Herrchen oder Frauchen warten und für viele der älteren Menschen gab es nach wie vor keine Familienbesuche. Doch die wenigen Stunden, in denen sie jemanden – und sei es auch nur ein Tier – hatten, das sie berühren und lieb haben und mit dem sie reden konnten, schenkte den Bewohnern neues Leben und neue Energie. Für gewöhnlich denken wir nicht unbedingt an ein verlassenes Haustier, wenn wir von einer Quelle des Segens sprechen, aber für diese Menschen waren es verborgene Engel.

Wie kamen diese körperlichen Veränderungen zustande? Untersuchungen belegen, dass eine Berührung tatsächlich den Blutdruck eines Menschen senken kann. Niedriger Blutdruck ist jedoch ein wichtiger Gesundheitsfaktor. Aber damit nicht genug. Eine Studie der Universität von Los Alamos ergab, dass zur Aufrechterhaltung der seelischen und körperlichen Gesundheit Männer und Frauen täglich acht bis zehn bedeutsame Berührungen brauchen!

Die Studie kam zu dem Schluss: Wenn gestresste Männer ihre Frauen mehrmals täglich in den Arm nehmen, wird dies ihre Lebensdauer um beinahe zwei Jahre erhöhen! Gar nicht davon zu reden, wie sehr ihre Ehe profitieren würde. Es liegt klar auf der Hand, dass wir die Menschen in unserem Umfeld und uns selbst durch die bedeutsame Berührung körperlich segnen können. Aber die Berührung bewirkt noch weit mehr als das.

Die bedeutsame Berührung segnet unsere Beziehungen

Eine andere Studie zeigt, dass die Berührung eine wichtige Rolle dabei spielt, welches Bild wir von jemandem haben. Bibliothekspersonal einer Hochschule wurde von Forschern gebeten, der Hälfte der Studenten bei der Rückgabe ihrer Bibliothekskarten die Hände zu geben. Anschließend wurden die Studenten um eine Stellungnahme zur Bibliothek gebeten. Diejenigen, denen man die Hand gegeben hatte, berichteten von weit positiveren Erfahrungen als diejenigen, die ohne ein Händeschütteln die Bibliothekskarten abgegeben hatten!

Ein Arzt führte eine eigene Untersuchung über die Wirkung kurzer Berührungen durch. Bei der Hälfte seiner Patienten im Krankenhaus setzte er sich, als er zur Visite kam, aufs Bett und berührte sie am Arm oder Bein. Bei den übrigen Patienten stand er nur neben dem Bett und führte so sein Gespräch über ihr Befinden.

Vor der Entlassung aus dem Krankenhaus verteilten die Schwestern an jeden Patienten einen kurzen Fragebogen, in dem die Behandlung bewertet werden sollte, die sie erhalten hatten. Insbesondere sollten sie angeben, wie viel Zeit ihnen der Arzt ihrer Ansicht nach gewidmet hatte. In Wirklichkeit hatte er in jedem Zimmer genau gleich viel Zeit verbracht, doch diejenigen, auf deren Bett er gesessen und die er berührt hatte, glaubten, der Arzt sei doppelt so lange bei ihnen gewesen wie bei denen, die er nicht berührt hatte!

Daran wird deutlich, dass selbst unbedeutende Berührungen tatsächlich eine dauerhafte Erinnerung hinterlassen können.

Schon kleinen Gesten können bewirken, dass Sie von anderen mit einem neuen Blick angeschaut werden. Manchmal kann selbst die geringste Berührung Liebe und Aufmerksamkeit vermitteln: wenn Sie z. B. ein Kind an der Schulter fassen, das vor Ihnen geht, wenn Sie beim Warten in der Schlange Ihren Partner bei der Hand nehmen oder dem anderen kurz durch die Haare fahren.

Eine Journalistin der „New York Times" interviewte einmal Marilyn Monroe. Sie kannte Marilyns Vergangenheit und wusste darum, dass sie in ihrer Kindheit von einer Pflegefamilie zur anderen weitergegeben worden war. Die Journalistin fragte Marilyn: „Hatten Sie je bei einer der Pflegefamilien das Gefühl, geliebt zu werden?"

„Einmal", erwiderte Marilyn, „als ich sieben oder acht war. Die Frau, bei der ich lebte, war dabei, sich Make-up aufzutragen, und ich schaute ihr zu. Sie war in fröhlicher Stimmung, und so wandte sie sich mir zu und betupfte meine Backen mit ihrer Puderquaste. Für diesen einen Augenblick lang fühlte ich mich von ihr geliebt."

Marilyn hatte Tränen in den Augen bei der Erinnerung an diesen Augenblick. Warum? Die Berührung dauerte nur wenige Sekunden und lag viele Jahre zurück. Außerdem erfolgte sie in einer beiläufigen, spielerischen Weise und stellte keinen Versuch dar, besondere Wärme und Bedeutung zu vermitteln. Doch bei aller Geringfügigkeit war diese Geste so, als habe man einen Eimer voller Liebe und

Geborgenheit auf das ausgetrocknete Leben eines kleinen Mädchens gegossen, das sich vor Sehnsucht nach Zuneigung verzehrte.

Vor allem Eltern sollten wissen, dass der Verzicht auf Berührungen ihre Kinder nach echter Zuwendung hungern lässt – manchmal so stark, dass es sie in die Arme irgendeines Menschen treiben kann, der nur allzu bereitwillig ist, ihnen die Zärtlichkeit zu geben, die sie so vermissen.

Männer und Frauen mit häufig wechselnden Beziehungen haben Forschern berichtet, dass ihre sexuellen Aktivitäten nichts anderes sind als ein Weg, um ihr Verlangen nach Berührung und Geborgenheit zu stillen. Interviews mit Frauen, die drei oder mehr unerwünschte Schwangerschaften hinter sich hatten, ergaben, dass die überwältigende Mehrheit sich durchaus bewusst sei, dass sexuelle Aktivität ein Preis ist, der dafür bezahlt werden muss, umarmt und festgehalten zu werden. Die Berührung vor dem Verkehr war weit beglückender als der Verkehr selbst.

Bei Kindern ist die Berührung durch Mutter und Vater wichtig. In einem späteren Kapitel werden wir uns damit befassen, wie ein alleinerziehender Elternteil dazu beitragen kann, die mangelnde Berührung durch den fehlenden Partner zu ersetzen. In jedem Fall können Berührungen jedoch ein Kind davor bewahren, die Erfüllung dieses Bedürfnisses am falschen Ort zu suchen.

Wenn wir das körperliche und seelische Verlangen unserer Kinder, Partner oder nahestehender Freunde nach der bedeutsamen Berührung ignorieren, verweigern wir ihnen einen wichtigen Teil des Segens – mehr noch, wir ignorieren eine biblische Richtlinie, die unser Herr Jesus selbst bei der Segnung anderer festlegte.

Jesus und der Segen der bedeutsamen Berührung

Wie bereits erwähnt, war Jesus ein Vorbild für das Segnen anderer. Wir wollen uns noch einmal die Verse ansehen, die davon berichten, wie er die Kinder berührte.

> *Und sie brachten Kinder zu ihm, damit er sie berühren sollte. Die Jünger aber fuhren diese Leute an. Als aber Jesus das sah, wurde er unwillig und sagte zu ihnen: Lasst die Kinder zu mir kommen und hindert sie nicht daran; denn Menschen wie ihnen gehört das Reich Gottes. Wahrlich, ich sage euch: Wer das Reich Gottes nicht empfängt wie ein Kind, der wird nicht hineinkommen. Und er herzte sie, legte ihnen die Hände auf und segnete sie.*

Ganz sicher war die bedeutsame Berührung ein Teil der Segnung Jesu für die Kinder. Von Zuschauern umringt und von seinen Jüngern abgeschirmt hätte Jesus zweifellos den Kindern auch aus einer gewissen Entfernung zuwinken oder sie überhaupt nicht beachten können. Beides tat er nicht. Er „herzte sie, legte ihnen die Hände auf und segnete sie". Jesus vermittelte der Menge nicht einfach eine geistliche Lektion. Hätte er das beabsichtigt, dann hätte er hierfür lediglich ein einzelnes Kind in den Mittelpunkt der Gruppe stellen können, wie er es bei einer anderen Gelegenheit tat (Mt 18,2). Jesus bewies, dass er um das echte Verlangen eines Kindes wusste und es stillen wollte.

Für Kinder werden Dinge zur Wirklichkeit, wenn sie berührt werden. Haben Sie je Disneyland besucht und den Blick im Gesicht eines kleinen Kindes gesehen, wenn es Goofy oder Donald Duck wahrhaft gegenübersteht? Selbst wenn das Kind zu Anfang ängstlich ist, wird es schon bald den Wunsch haben, die Disney-Figur anzufassen. Das gleiche Prinzip bewirkt, dass Kinder lange Schlange stehen, um den Nikolaus zu sehen und anzufassen (die gleichen Kinder, die für gewöhnlich keine fünf Minuten still sitzen können).

Jesus war ein Meister darin, Liebe und persönliche Zuwendung zu vermitteln. Das geschah auch, als er diese Kleinen segnete und auf den Arm nahm. Doch bei einer anderen Gelegenheit zeigte sich seine Empfindsamkeit, Menschen zu berühren, noch viel deutlicher, nämlich als er das Verlangen eines erwachsenen Mannes nach bedeutsamer Berührung stillte. Ein Mann, dem durch das Gesetz verwehrt war, jemals wieder andere Menschen zu berühren. Wir lesen von diesem Ereignis in Markus 1,40-42:

> Und ein Aussätziger kam zu ihm; der kniete vor ihm nieder und bat ihn: Wenn du willst, so kannst du mich reinigen. Und er hatte Erbarmen mit ihm und streckte die Hand aus, rührte ihn an und sagte zu ihm: Ich will es tun; sei rein! Und sogleich verschwand der Aussatz und er wurde rein.

Die Berührung eines Aussätzigen war unvorstellbar. Die Kranken waren aus der Gesellschaft verbannt und die Menschen vermieden ihre Nähe um jeden Preis. Tatsächlich warfen sie sogar Steine auf Aussätzige, die trotzdem näher kamen! In der Parallelstelle bei Lukas wird uns berichtet, dass dieser Mann „voller Aussatz" war. Mit ihren eiternden, von schmutzigen Bandagen bedeckten Wunden waren Aussätzige die letzten Menschen, die jemand berühren wollte. Doch das Erste, was Christus für diesen Menschen tat, war die Berührung.

Noch bevor Jesus mit ihm sprach, streckte er die Hand

aus und *berührte* ihn. Können Sie sich diese Szene vorstellen? Wie muss sich dieser Mann danach gesehnt haben, dass ihn jemand berührt und ihn nicht mit Steinen wegscheucht! Jesus hätte ihn zuerst heilen und dann anrühren können. Doch er erkannte das tiefste Bedürfnis dieses Menschen, deshalb streckte Jesus seine Hand aus, noch ehe er die Worte der körperlichen und geistlichen Heilung aussprach.

Ich kenne eine Person, die den Schmerz, nicht berührt zu werden, hätte verstehen können. Sie hieß Doro und verbrachte ihr ganzes Leben damit, nach bedeutsamer Berührung zu verlangen. Ich erfuhr von Doro durch einen Lehrer für Rhetorik an einer Universität. Es handelt sich um einen Mann Anfang sechzig, der ein bekennender Christ ist. Fast fünfundzwanzig Jahre lang war dieser Mann eine starke Ermutigung für Studenten innerhalb und außerhalb seiner Vorlesungen. Viele junge Männer und Frauen glaubten an Christus als ihren Erlöser durch sein ruhiges Vorleben göttlicher Grundsätze. Doros Leben aber hatte sich weder durch sein beispielhaftes Leben noch durch mitreißende Worte verändert, sondern durch einen einzigen Akt der Berührung.

Während des ersten Tages seiner Einführungsvorlesung über die Kunst der Rede ging dieser Professor durch den Raum und veranlasste die Studenten, sich vorzustellen. Jeder Student sollte auf die Fragen antworten: „Was gefällt mir an mir selbst?" und „Was gefällt mir nicht an mir?" Fast versteckt im Hintergrund des Raumes saß Doro. Ihr langes rotes Haar hing ihr ums Gesicht und verdeckte es beinahe ganz. Als Doro an der Reihe war, herrschte nur Schweigen im Raum. Der Lehrer, der dachte, sie habe vielleicht seine

Frage nicht verstanden, schob seinen Stuhl in ihre Nähe und wiederholte ruhig seine Frage. Wieder eisiges Schweigen.

Endlich richtete sich Doro mit einem tiefen Seufzer in ihrem Stuhl auf, schob die Haare zurück und enthüllte dabei ihr Gesicht. Eine Seite ihres Gesichts war beinahe ganz von einem großen, unregelmäßigen Muttermal bedeckt – annähernd so rot wie ihr Haar. „Das", sagte sie, „sollte Ihnen zeigen, was mir an mir nicht gefällt."

Von Mitgefühl erfüllt, lehnte sich dieser großartige Professor zu ihr hinüber und nahm sie fest in die Arme. Dann gab er ihr einen Kuss auf die Wange mit dem Feuermal und sagte zu ihr: „Das ist ganz in Ordnung, meine Liebe, Gott und ich glauben trotzdem, dass Sie schön sind."

Doro weinte fast zwanzig Minuten lang hemmungslos. Bald sammelten sich andere Studenten um sie und versuchten sie zu trösten. Als sie endlich wieder sprechen konnte und sich die Tränen aus den Augen getupft hatte, wandte sie sich an den Professor: „Ich habe mir so sehr gewünscht, dass mich jemand in den Arm nimmt und das zu mir sagt, was Sie gesagt haben. Warum nur konnten meine Eltern das nicht? Meine Mutter wollte nicht einmal mein Gesicht berühren."

Bei Doro war, wie beim Aussätzigen, unter den äußeren Narben eine große innere Qual versteckt. Dieser eine Akt bedeutsamer Berührung bildete für Doro den Beginn der Heilung von jahrelangem Leid und Einsamkeit und öffnete ihr eine Türe, hinter der sie zu ihrem Erlöser fand.

Wenn wir Menschen sein wollen, die andere segnen, dann steht eines fest: So wie Isaak, Jakob, Jesus und selbst dieser Professor sollten wir die bedeutsame Berührung in den Kontakt zu geliebten Menschen einbeziehen. Dieses Element kann das Fundament für den zweiten wesentlichen Aspekt des Segens legen – die gesprochene Botschaft.

4. Das zweite Element des Segens: eine gesprochene Botschaft

Worte haben eine unglaubliche Kraft, uns seelisch aufzurichten oder niederzuwerfen. Dies trifft besonderes zu, wenn es darum geht, familiäre Zuneigung zu schenken oder zu gewinnen. Viele Menschen erinnern sich deutlich an lobende Worte, die sie vor vielen Jahren von ihren Eltern hörten, manchmal sogar an das, was die Eltern bei dieser Gelegenheit anhatten!

Daher sollte es uns nicht überraschen, dass der Dreh- und Angelpunkt des Familiensegens eine *gesprochene* Botschaft ist. Abraham *sprach* den Segen für Isaak. Isaak *sprach* ihn für seinen Sohn Jakob. Jakob *sprach* ihn für jeden seiner zwölf Söhne und zwei seiner Enkel. Esau war so aufgeregt, als er zum vermeintlichen Empfang seines Segens hereingerufen wurde, weil er schon viele Jahre darauf gewartet hatte. In der Bibel gewinnt ein Segen erst dann seinen Charakter, wenn er ausgesprochen wird.

Die Macht des gesprochenen Wortes

Wenn Sie selbst Kinder haben, dann haben diese das starke Bedürfnis, von Ihnen einen gesprochenen Segen zu *hören*. Wenn Sie verheiratet sind, muss Ihr Mann oder Ihre Frau regelmäßig Worte der Liebe und Wärme von Ihnen *hören*. Täglich treffen Sie mit Menschen zusammen, seien es Freunde, Mitarbeiter oder jemand aus Ihrer Gemeinde, die sich nach einem Wort der Ermutigung sehnen.

Durch die ganze Heilige Schrift hindurch zieht sich die Macht und Bedeutung des gesprochenen Wortes. Gleich zu Anfang „sprach" Gott, und die Welt entstand (1. Mose 1,3). Als er uns seinen Sohn schickte, um uns seine Liebe zu verkünden und seinen Heilsplan zu vollenden, da war es sein Wort, das „Fleisch wurde und unter uns wohnte" (Joh 1,14). Gott ist immer ein Gott, der seinen Segen durch gesprochene Worte erteilt.

Im Jakobusbrief sind es drei Wörter, die unsere Aufmerksamkeit erregen und auf die Macht und Bedeutung des gesprochenen Wortes hinweisen. Alle drei veranschaulichen die Fähigkeit des Wortes, Beziehungen herzustellen oder zu zerbrechen, die Fähigkeit zu segnen oder zu fluchen.

Einmal wird unsere Zunge als „Zaum" dargestellt, der zum Lenken der Pferde benutzt wird (Jak 3,3). Wenn man das Maul eines Pferdes mit einem Zaum lenkt, dann bewegt sich das ganze Tier in die Richtung, in die man es haben will.

Das zweite Bild illustriert den gleichen Grundgedanken auf etwas andere Weise. Hier ist es ein „ganz kleines Ruder", das ein großes Schiff lenkt (3,4). Diese Ausdrücke verweisen auf die Art, in der gesprochene Worte einen Menschen oder eine Beziehung lenken und steuern können.

Eltern, Ehegatten oder Freunde können diese Macht der Zunge zum Guten einsetzen. Sie können ein Kind von Schwierigkeiten wegsteuern oder einen Freund, der eine wichtige Entscheidung zu treffen hat, beraten. Sie können mit Worten der Ermutigung anderen dienen und Lob aussprechen. Doch diese Macht kann auch missbraucht werden, was manchmal tragische Auswirkungen hat.

Dies zeigt uns nun das dritte Bild. Es veranschaulicht nur allzu deutlich, dass gesprochene Worte sich tief im Leben eines Menschen einbrennen können und oft die Richtung für die Zukunft dieses Menschen bestimmen. Lesen wir von dieser gewaltigen Macht, die eine gesprochene Botschaft haben kann:

So ist auch die Zunge ein kleines Glied und richtet große Dinge an. Siehe, ein kleines Feuer, welch einen Wald zündet's an! Auch die Zunge ist ein Feuer, eine Welt voll Ungerechtigkeit; ... sie setzt den Lebenskreis in Flammen. (Jak 3,5-6)

Wie ein Waldbrand können sich Worte tief in unser Herz einbrennen. Die zerstörerische Kraft feuriger Worte kann in der Tat Auswirkungen auf unser ganzes Lebens haben.

Lassen Sie uns die Geschichte vom gemeinen Maik hören. In Wirklichkeit heißt er natürlich nur Maik, aber seine Familie fing an, ihn so zu nennen, als er gerade anfing zu krabbeln. Warum „gemeiner Maik"? Als kleines Kind konnte Maik furchtbar zupacken und wenn jemand ihm etwas wegnehmen wollte, dann fauchte er böse und hielt den Gegenstand auf Biegen und Brechen fest. Der von der Familie geprägte Spitzname begann humorvoll, um seine unglaubliche Zähigkeit beim Festhalten von Dingen zu charakterisieren. Doch was als Spitzname begann, wurde weit mehr: Er wurde zu seiner Lebensweise.

Heute befindet sich der „gemeine Maik" in einem Staatsgefängnis in Arizona. Es ist wirklich traurig, wie Kinder ihren negativen Spitznamen gerecht werden können. Bei Maik war dies sicherlich der Fall und das führte sein Leben auf einen tragischen Kurs.

Vielleicht werden Sie immer noch von schädlichen Worten verfolgt, die Sie von Eltern, Ihrem Partner oder einem engen Freund zu hören bekamen (oder negative Worte, die wir zu uns selbst gesagt haben). Worte, die sich von Zeit zu Zeit in Ihren Gedanken festsetzen und Ihr Leben in eine Richtung weisen, die Sie nicht einschlagen wollen. In diesem Fall sollten Sie nicht die Hoffnung verlieren. Wenn Sie mehr über den Segen lernen, können Sie damit beginnen, Worte zu hören und zu sprechen, die Ihr Leben in eine neue, wohltuende Richtung weisen.

Jeder von uns sollte sich über die Macht gesprochener Worte im Klaren sein. Wir sollten aber auch bedenken, wie gewaltig das *Fehlen* gesprochener Worte wirken kann.

Geläufige Ausreden: „Ich sag's ihnen morgen."

Die meisten Eltern lieben ihre Kinder von Herzen und wollen das Beste für sie. Wenn es jedoch darum geht, Worte der Liebe und Wärme zu sprechen – Worte des Segens –, dann haben sie es mit einem weit größeren Hindernis zu tun als der Versuchung, negative Worte auszusprechen.

In vielen Familien treibt sich ein Dieb um, der sich oft mit Begriffen wie „Erfüllung", „Leistung" und „Erfolg" tarnt. Tatsächlich stiehlt dieser Dieb unseren Kindern die kostbare Gabe echter Zuwendung und hinterlässt Verwirrung und Leere. Der Name dieses Schurken ist *Zeitnot*, sie kann Eltern so auf Trab halten, dass sie nie dazu kommen, einen Segen auszusprechen, selbst Eltern, die ihre Kinder wirklich lieben."

Heutzutage machen viele Eltern Überstunden und ein „Familienabend" ist ungefähr so selten wie die Erscheinung des Halleyschen Kometen. Dies führt dazu, dass es einem Babysitter namens *Schweigen* überlassen bleibt, das Selbstbild eines Kindes zu formen. Das Leben ist derart hektisch, dass für viele Eltern der „richtige Zeitpunkt" zum Aussprechen eines Segens nie kommt.

Segensworte sollten schon im Kreißsaal ausgesprochen werden und ein ganzes Leben lang anhalten. Doch der „Zeitmangel" und das Motto des heimtückischen Diebes „Morgen habe ich Zeit, es ihnen zu sagen" rauben heute Kindern einen Segen, den sie dringend benötigen.

„Ach, so schlimm ist das doch nicht", entgegnen Sie vielleicht. „Sie wissen, dass ich sie lieb habe und dass sie etwas Besonderes sind, *ohne* dass ich es ihnen sage." Wirklich? Bei vielen Menschen, die ich berate, wünschte ich, dass diese Erklärung zuträfe. Ihnen hat das Schweigen ihrer Eltern nämlich etwas ganz anderes vermittelt als Liebe und Bestätigung.

Wir wollen uns einmal näher ansehen, was in Familien geschieht, in denen gesprochene Segensworte fehlen. Wir werden erkennen, dass Schweigen tatsächlich eine Botschaft vermittelt und wie eine klare Ansage kann auch das Schweigen den Kurs im Leben eines Menschen bestimmen. Doch das ist nicht der Weg, den die meisten Eltern sich für ihre Kinder wünschen. Bei vielen beeinflusst das Schweigen jede Beziehung und führt entweder in Arbeitssucht oder extremen Rückzug.

Was geschieht, wenn wir anderen Segensworte vorenthalten?

Menschen und Beziehungen leiden gleichermaßen, wenn

keine Worte der Liebe, Ermutigung und Unterstützung – Worte des Segens ausgesprochen werden. Nehmen Sie als Beispiel eine Ehe.

Ein Seelsorger erzählte von einem Ehepaar, das vor einigen Jahren bei ihm zur Beratung war. Die beiden Eheleute waren seit über zwanzig Jahren verheiratet, doch ihre Probleme hatten sich so zugespitzt, dass sie nun an Scheidung dachten. Er fragte den Mann: „Wann haben Sie Ihrer Frau das letzte Mal gesagt, dass Sie sie lieben?" Der Mann starrte ihn an, schlug die Arme übereinander und erwiderte: „Ich habe meiner Frau am Hochzeitstag gesagt, dass ich sie liebe, und das gilt so lange, bis ich es widerrufe!"

Wenn in einer Ehe ein gesprochener Segen verweigert wird, dann wirkt das unerfüllte Bedürfnis nach Sicherheit und Liebe wie eine Säure und zerfrisst eine Beziehung.

Nicht nur Ehen, auch einzelne Menschen – vor allem Kinder – leiden unter dem Fehlen eines gesprochenen Segens. Ohne Worte der Liebe, Zuwendung und Ermutigung steuern Kinder beim Heranwachsen auf zwei Wege zu, von denen jeder zu ungesunden Extremen führt. Zum Beispiel Lars. Er schlug den Weg ein, der unter dem Motto steht: „Streng dich mehr an, dann bekommst du vielleicht den Segen."

Der Weg zum Workaholic

Lars wuchs in einer Familie auf, in der niemals ein positives Wort fiel. Tatsächlich wurde überhaupt kaum etwas gesagt. Seine Eltern schienen viel zu sehr mit ihrer Karriere oder der dauernden „Umgestaltung" des Hauses beschäftigt, um viel zu reden. Doch es gab eine Ausnahme, als Lars noch ein Junge war.

Am Ende eines Halbjahres in der Grundschule erhielt Lars ein Zeugnis mit lauter hervorragenden Noten. Zum ersten Mal, soweit er zurückdenken konnte, sprachen seine Eltern offen ein Lob aus. Endlich hatte er das Gefühl, jemand zu sein.

Wie ein Verhungernder, der über einen Laib Brot stolpert, dachte Lars, er habe den Schlüssel entdeckt, wie er Worte der Zuwendung zu hören bekommen könnte: *durch gute Noten.* Für Zuwendung lohnte es sich, Stunden im Zimmer zuzubringen (während die Nachbarskinder direkt vor seinem Fenster draußen spielten), nur um am Ende eines Schulhalbjahres ein paar Worte der Zustimmung zu hören. Dieses Arbeiten auf ein überragendes Zeugnis hin dauerte die ganze Schulzeit über an.

Das einzige Problem bei Lars war, dass sein Bedürfnis nach Worten der Zuwendung auch darüber hinaus anhielt. Demzufolge trug er seine Motivation, „denen zu zeigen, dass ich jemand bin", unmittelbar auf den Markt. Selbstverständlich wurde er schon sehr früh ein „perfekter" leitender Angestellter – was im Klartext nichts anderes bedeutete, als dass er ein engagierter „Workaholic" war, ständig getrieben von dem Drang nach immer mehr Leistung.

Warum nun dieser Drang und das unstillbare Bedürfnis nach Leistung? Dazu genügt ein Blick auf Lars' Elternhaus, wo kein Segen ausgesprochen wurde – ausgenommen bei einigen spektakulären Leistungen. Auch wenn Lars es nie zugeben würde – obwohl er es in seinem Inneren immer wusste –, wenn er mit einem neuen Wagen in die Einfahrt seiner Eltern bog, bedeutete das doch, dass er immer noch jemand war – oder nicht? Und spätestens wenn er das heißbegehrte Eckbüro bekäme, würden sie es gewiss sehen – oder etwa nicht?

Lars war in die Falle gelaufen, in der so viele Männer und Frauen landen, die nie den elterlichen Segen empfangen haben. Leistungen konnten das fehlende Gefühl von persönlicher Zuwendung nicht ausfüllen. Für immer war Lars gezwungen, einen Handel mehr abzuschließen, ein Produkt mehr zu verkaufen, ein Weiterbildungsseminar mehr zu besuchen. An einem frühen Punkt seines Lebens blieben Worte der Liebe und Zuwendung unausgesprochen. Das führte dazu, dass seine Suche nach Zuwendung ihn immer an der Tür der Gehetzten stehen ließ.

Ein Schlüssel, um Ordnung in Lars' private Welt zu bringen, fand sich erst, als er sich endlich mit dem verlorenen Segen auseinandersetzte. Bis zu diesem Zeitpunkt war seine Suche nach Aufmerksamkeit und Bestätigung ein Rennen auf dem einsamen Weg zum Erfolg gewesen, der vom Weg des Lebens wegführt.

Der Weg des Rückzugs
Viele Menschen, denen es versagt bleibt, Worte des Segens zu hören, schlagen einen anderen Weg ein. Sie steuern in die umgekehrte Richtung. In der Überzeugung, dass sie nichts tun können, um Worte der Liebe und Anerkennung zu hören, geben sie auf und versinken in Teilnahmslosigkeit und Depression. Am Ende dieses Wegs kann eine furchterregende und doch lockende Klippe sein.

Ein klassisches Beispiel für ein Kind, das auf diesen Weg geriet, findet sich in einem vor einigen Jahren gedrehten Film. Zu Beginn sehen wir mehrere Kinder, die auf den

Schulbus warten. Die Sonne bescheint einen kalten Januarmorgen. Schnee bedeckt die ländliche Gegend wie eine prächtige weiße Decke.

Alle Kinder sind für das Winterwetter dick eingepackt, und einige formen Schneebälle und werfen sie gegen einen Zaun. Andere lachen und schwatzen und stampfen mit den Füßen, um sich warm zu halten. Alle außer Roger.

Roger steht am Rand der Gruppe ganz für sich allein und starrt auf den Boden. In den nächsten Augenblicken bekommt man das Gefühl, Roger sei unsichtbar. Mehrere Kinder laufen aufgeregt redend direkt an ihm vorbei; andere drängen sich um ihn, als der Bus endlich kommt. Doch Roger schaut nicht ein einziges Mal auf und die anderen Kinder richten nie das Wort an ihn, nehmen ihn überhaupt nicht wahr.

Die Kinder stürzen los, um zu sehen, wer als Erster in den Bus steigt. Sie sind froh, aus der Kälte wegzukommen, und setzen sich glücklich auf ihre Plätze – alle außer Roger. Als Letzter besteigt er den Bus mit müden Schritten, als koste ihn jede Stufe eine ungeheure Anstrengung. Er hält kurz an und schaut erwartungsvoll in die Gesichter der anderen Kinder, doch keiner winkt ihm, sich zu ihm zu setzen. Mit einem Seufzer lässt er sich auf den Sitz hinter dem Fahrer fallen.

Das Geräusch der Druckluft aus dem hydraulischen System des Busses ist zu hören und die Tür schließt sich mit einem dumpfen Stoß. Der Fahrer wirft einen Blick hinter sich, um zu sehen, ob alles in Ordnung ist, dann rollt er langsam vom Randstein weg auf die Landstraße. Nach wenigen Kilometern lässt Roger plötzlich seine Bücher fallen und taumelt hoch. Direkt neben dem Fahrer versucht er, an einem Metallpfosten Halt zu finden. In seinen Augen liegt ein wilder, unbestimmter Blick. Erschrocken über das kranke Aussehen fragt der Busfahrer: „Bist du in Ordnung? Fehlt dir was? Kind, was ist los?" Roger gibt keine Antwort und halb aus Hilflosigkeit, halb aus Sorge steuert der Fahrer zum Straßenrand und öffnet die Türe. Als Roger die Stufen hinuntergeht, stolpert er und stürzt in den Schnee. Am Ende der Eingangsszene sehen wir den Busfahrer, wie er sich über Rogers Körper beugt und herauszufinden versucht, was passiert ist. Als die Kamera wegschwenkt, hören wir in der Ferne das nahende Heulen einer Ambulanz, doch irgendwie wissen wir, dass sie zu spät kommt.

Diese Szene spricht jeden an, der sich darum bemüht, anderen Segen zu spenden. Dem Film liegt die wahre Geschichte eines Jungen zugrunde, der tatsächlich eines Tages auf dem Schulweg starb. Über die Gründe wurde viel gerätselt. Ärztliche Unterlagen gaben keinen Hinweis auf Probleme bei Roger oder seiner Familie. Selbst die Autopsie lieferte keinen Anhaltspunkt für seinen Tod. Erst nachdem ein interessierter Lehrer sich mit dem Hintergrund von Rogers Schule und Familie befasste, stieß man auf Gründe für seinen Tod.

Dieser Lehrer entdeckte, dass Rogers Leben systematisch ausgelöscht worden war wie von einer Schreibtafel. In den ersten Schuljahren hatte er gute Leistungen gezeigt, bis zu Hause Probleme auftraten. Die Ehe seiner Eltern war in die Brüche gegangen und ein neuer, immerzu beschäftigter Stiefvater hatte nie Zeit für ihn. Jede Aufmerksamkeit, die Rogers Mutter ihrem Sohn widmete, erweckte dessen Ärger, und so beschränkte er die gemeinsame Zeit mit dem Kind. Roger liebte seine Mutter, doch bald war sie entweder so beschäftigt oder von ihrem neuen Mann so eingeschüchtert, dass sie Roger überhaupt nicht mehr beachtete. Als sei er von einem Platz neben dem Kamin vertrieben worden, blieb Roger nur noch der schmerzenden Kälte der Gleichgültigkeit überlassen.

Als Reaktion auf die häusliche Situation ließen Rogers Leistungen in der Schule nach. Hausaufgaben wurden entweder zu spät oder gar nicht abgeliefert. Seine Lehrer hatten seine geistige Abwesenheit bald satt und überließen ihn sich selbst. Er fing an, sich in der Schule von den anderen Kindern zurückzuziehen und verlor so die wenigen Freunde, die er einmal gehabt hatte. Roger suchte nicht das Gespräch mit seinen Mitschülern und bald versuchten es die anderen Kinder auch nicht mehr. Langsam aber sicher zog er sich in eine Welt des Schweigens zurück.

Innerhalb weniger Monate hatte Roger jeden und alles, was für ihn von Wert war, verloren. Ohne einen Ort der Zuflucht, ohne Worte der Aufmunterung fühlte er sich wie eine Null. Das empfindsame Kind konnte diese Qual auf Dauer nicht ertragen.

Roger wurde nicht durch Krankheit, nicht durch Verletzung getötet. Er starb an den fehlenden Worten der Liebe und Zuwendung. Roger widerstand dem peinigenden Schweigen solange er konnte. Letzten Endes wirkte das Ausbleiben eines gesprochenen Segens durch die Familie und Freunde wie ein tödliches Krebsgeschwür. Monatelang verfolgte es seinen Kurs und zerfraß am Ende seinen Lebenswillen. Er starb im Schnee, in dem Glauben, vollkommen allein und unerwünscht zu sein.

Haben Worte oder auch ihr Fehlen *wirklich* so viel Macht? Salomo glaubte das. Als schleudere er uns eisiges Wasser ins Gesicht, holt er uns auf erschreckende Weise in die Realität zurück: „Tod und Leben stehen in der Zunge Gewalt" (Spr 18,21).

Wenn wir darum ringen, Familienangehörigen oder Freunden gegenüber Worte der Liebe und Zuneigung auszusprechen, soll uns ein anderes Zitat aus den Sprüchen Salomos ermutigen:

Weigere dich nicht, dem Bedürftigen Gutes zu tun, wenn deine Hand es vermag. Sprich nicht: Geh hin und komm wieder; morgen will ich dir geben –, wenn du es doch hast (Spr 3,27-28).

Wenn wir unseren Mund auftun können, um zu reden, dann haben wir auch die Fähigkeit, den Segen durch gesprochene Worte zu vermitteln. Wir sollten uns dazu entscheiden, Worte der Liebe und Zuwendung auszusprechen und nicht unser Kind, den Partner oder Freund auf später vertrösten.

Warum fällt es so schwer, Worte des Segens auszusprechen?

Wenn gesprochene Worte der Liebe und Zuwendung so wichtig sind, warum werden sie dann so selten geäußert? Hier einige Antworten von Menschen, die bei mir zur Beratung waren:

- *„Ich will nicht das Ich meines Kindes aufblähen."*
- *„Ich fürchte, wenn ich sie lobe, nutzen sie mich aus und machen ihre Arbeit nicht fertig."*
- *„Miteinander reden ist viel zu sehr wie Arbeit. Ich arbeite den*

ganzen Tag und dann verlangt sie von mir, dass ich auch noch die ganze Nacht arbeite, indem ich mit ihr spreche."

- *„Ich weiß einfach nicht, was ich sagen soll."*
- *„Wenn man Kinder lobt, ist das wie bei Parfüm. Ein bisschen ist okay, aber wenn man zu viel aufträgt, dann stinkt es."*

Dass so viele Menschen zögern, ihre Kinder und andere mit Worten der Liebe und Zuwendung zu segnen, liegt wohl daran, dass ihre Eltern sie selbst auch nie gesegnet haben.

Hüten Sie sich vor Familienregeln

Wenn Sie selbst nie Worte der Liebe und Zuwendung gehört haben, wenn also in Ihrer Familie die Regel galt, dass liebevolle Worte besser unausgesprochen bleiben, dann werden Sie es schwer haben, diese Regel zu brechen und selbst Worte des Segens auszusprechen.

In jeder Familie gibt es gewisse „Regeln": Was in der Familie gegessen und was nicht gegessen wird; welche Sendungen angesehen werden und welche langweilig sind oder überhaupt nicht infrage kommen; worüber man reden kann und was besser nie angesprochen wird; wen wir nach Hause einladen und wer auf keinen Fall eine Einladung bekommt.

In manchen Fällen können sich Familienregeln als hilfreich erweisen, wenn sie sich beispielsweise an biblischen Regeln orientieren, wie etwa „Man soll die Sonne nicht über seinem Zorn untergehen lassen". Familienrichtlinien dieser Art können von Generation zu Generation weitergegeben werden. Doch nicht alle Regeln verdienen es, beibehalten zu werden.

Manche Gewohnheiten können eine Familie eher kaputtmachen. Wie in Stein gemeißelte Worte kann eine zerstörerische Familienregel von den Eltern auf die Kinder übergehen, bis endlich jemand das qualvolle Schema zerbricht, wie dies im Falle von Grit geschah.

Als Grit heranwuchs, hing im Wohnzimmer der Familie ein einfaches Poster, das Grits Großvater gehört hatte und auf dem das „Familienmotto" geschrieben stand. Das Poster sah nicht sonderlich eindrucksvoll aus und trug die Botschaft: *Erhebe dich.* Nur zwei Wörter – und doch hatten sie in drei Generationen von Grits Familie zu Kränkungen beigetragen.

Ursprünglich gehörten diese beiden Wörter zu einem längeren Satz, einem Leitspruch, der ungefähr so lautete: „Nimm niemandem etwas weg. Erhebe dich und kämpfe darum." Dieser Slogan mochte zur Pionierzeit hilfreich gewesen sein, doch in den menschlichen Beziehungen in Grits Familie richtete er nur Schaden an. Das zeigte sich deutlich bei Grits Vater.

Grits Vater war durch die von *seinem* Vater vertretene Haltung „Niemals einen Fingerbreit nachgeben" beeinflusst worden. Sätze wie „Es tut mir leid" oder „Du hast recht" kamen in seinem Wörterbuch nicht vor. Ebenso fehlten Worte wie „Ich liebe dich" oder „Kannst du mir verzeihen?", die in einem Kampf oder Streit nicht nützlich waren. Die Befolgung der Familienregel „Niemals einen Fingerbreit nachgeben und sich erheben, um für sein Anliegen zu kämpfen" brachte zwar Grits Vater beruflich voran, doch im Umgang mit Frau und Kindern führte sie ihn in eine Sackgasse.

Grits Eltern stritten sich ständig. Jeder wusste vorzüglich über die Fehler des anderen Bescheid und gab bei Auseinandersetzungen keinen Zentimeter nach. Als Grits vier Geschwister nach und nach so alt waren, dass es ihnen nicht mehr passte, von ihrem Vater „Befehle entgegenzunehmen", beteiligten sie sich ebenfalls an der Schlacht. Bald lebten sieben Menschen unter demselben Dach, die alle der Familienregel „Erhebe dich und kämpfe" und ihren logischen Konsequenzen „Kampf um meine Rechte" und „Lieber sterb' ich, als dass ich nachgebe" folgten. Diese Situation blieb bestehen, bis Grit zum Glauben kam.

Das Erste, was Grit nach ihrer Bekehrung bemerkte, waren diese beiden Wörter „Erhebe dich". Sie dachte daran, wie Jesus sein Leben geführt hatte und wie sehr sie es satt hatte, ihrem Familienmotto zu folgen. Nach und nach fing Grit an, die Familienregel zu brechen. Mitten in einem Streit sagte sie plötzlich: „Tut mir leid, du hast recht. Kannst du mir verzeihen?", und beendete damit die Auseinandersetzung. Mit der Zeit sagte sie sogar: „Ich hab' dich lieb, Mama, ich hab' dich lieb, Papa", und umarmte sie fest, ehe sie zur Schule ging.

Grits Vater hatte von seinen Eltern niemals den Segen eines guten Wortes empfangen, nur ein Poster, das um ein Haar seine Ehe und Familie zerstört hätte. Doch im Verlauf der nächsten zwei Jahre erlebte er durch seine Tochter diesen Segen.

Bedeutsame Berührungen, Worte von hoher Wertschätzung, das Bild einer hoffnungsvollen Zukunft und die Verpflichtung, ihn zu lieben, ganz gleich um welchen Preis – all dies waren Werkzeuge, die die bestehende Familienstruktur veränderten.

Familienregeln sterben nur schwer, doch man kann sie brechen. Grits jüngere Schwester war von Grits verändertem Leben so angetan, dass auch sie sich Christus zuwandte. Bald folgte Grits älterer Bruder. Und das Poster an der Wand fing an zu vergilben. An einem Weihnachtsfest nahm ihr Vater, als neu bekehrter Christ, das Poster von der Wand.

Welches Zeugnis für Gottes Macht, selbst die schwierigsten Familienregeln zu zerschlagen! Und welche Hilfe für Grits Familie, dass sie nun eine neue Familienregel hatten, der sie folgen konnten! Sie sind nun innerlich frei, um ungezwungen Worte des Segens auszusprechen – weil ein einziges Kind den Mut aufbrachte, den Kampf gegen eine schädliche Regel aufzunehmen.

Wie Segensworte in die Praxis umgesetzt werden

Segensworte werden in unseren Familien und persönlichen Beziehungen in die Praxis umgesetzt, wenn wir uns dazu entschließen, offen zu sprechen, anstatt uns zu verschließen. Gute Absichten reichen nicht aus; um einem Kind, Partner oder Freund den Segen zuteil werden zu lassen, braucht es gute Worte.

Manchmal weiß man nicht, wie man sich positiv ausdrücken soll. Wie wir im nächsten Kapitel sehen werden, sind es nicht irgendwelche Worte, sondern Worte von hoher Wertschätzung, die bei einem Menschen haften bleiben und den Segen vermitteln. Das sind Worte von der Art, wie man sie oft am Schluss eines Familientreffens hören kann.

Fast jeder von uns hatte schon die Gelegenheit, an einem Familientreffen teilzunehmen. Eine Gemeinsamkeit bei all diesen Veranstaltungen ist, dass zunächst jeder eifrig über dieses Rezept, jenen Fußballverein, dieses Buch und jenen Film, den man sich ansehen sollte, debattiert. Doch am Ende des Treffens geschieht etwas. Wenn nur noch eine Stunde bleibt, bis die Familienmitglieder sich wieder verabschieden, werden ganz plötzlich bedeutsame Worte gesprochen.

Ein Bruder sagt vielleicht unter vier Augen zu seiner Schwester: „Ich glaube, dass mit deiner Ehe wieder alles ins Reine kommt. Ich werde für dich beten." Eine Tante erklärt ihrer Nichte: „Ich bin immer stolz auf dich gewesen. Ich weiß, dass die Schule dir viel abverlangt, aber ich weiß, dass du's schaffen kannst. Ich glaube an dich." Oder eine Tochter meint: „Schau dich um, Mama. Wir haben uns nicht schlecht entwickelt, was? Das haben wir dir und Papa zu verdanken."

Gesprochene Worte – oftmals müssen wir erst dem Druck der Zeit ausgesetzt sein, bevor wir die Dinge sagen, die uns am Herzen liegen.

Im nächsten Kapitel erfahren Sie mehr über Worte von hoher Wertschätzung, die Menschen in besonderer Weise segnen können. Aber zögern Sie nicht, die Zeit läuft so schnell davon. Bitte lassen Sie keinen wichtigen Menschen aus Ihrem Leben verschwinden, ohne dass er das zweite Element des Segens, die gesprochenen Worte, vernommen hat.

5. Das dritte Element des Segens: die Vermittlung von hoher Wertschätzung

Linas Eltern hatten sich jahrelang erfolglos darum bemüht, Kinder zu bekommen. So kannte ihre Freude keine Grenzen, als sie erfuhren, dass sie ihr erstes Kind erwarteten. Während der Schwangerschaft und Geburt schien alles völlig normal, bis sie die Reaktion des Arztes nach der Geburt bemerkten. Als Lina ihnen zum ersten Mal überreicht wurde, sahen sie, dass sich ihr linker Arm unterhalb des Ellbogens nicht entwickelt hatte.

Im Kreißsaal gab es viele Tränen und während ein Test nach dem anderen durchgeführt wurde, herrschte große Sorge. Ärzte und Spezialisten versuchten, das Ausmaß der körperlichen Schäden zu ermitteln. Linas Eltern wussten nicht, wie sie auf die ängstlichen Fragen von Verwandten und Freunden reagieren sollten.

Zwei Tage später konnten die Ärzte Linas Eltern einige ermutigende Mitteilungen machen. Bei all ihren Untersuchungen fanden sie keinerlei weitere Anzeichen für medizinische oder physische Probleme. Lina war anscheinend, abgesehen von ihrem linken Arm, ein völlig normaler, gesunder Säugling.

Nachdem die Ärzte gegangen waren, setzten sich Linas Eltern im Gebet zusammen. Sie dankten Gott, dass ihre Tochter keine anderen ernsthaften Probleme hatte. Aber sie beteten noch um etwas anderes, was für ihre Tochter von unschätzbarem Wert war. Lina war in die Arme ihrer Mutter gebettet und so beteten sie im Krankenzimmer darum, dass ihre Liebe zu Lina sie für jeden möglichen Mangel an körperlichen Fähigkeiten entschädigen sollte. An jenem Morgen beschlossen sie, Lina darin zu ermutigen, all das zu werden, was Gott für sie wünschte, trotz aller Probleme, die sie selbst und Lina auf diesem Weg zu bewältigen hätten.

Jahre sind vergangen seit dem Gebet von Linas Eltern im Krankenzimmer. Lina ist inzwischen neunzehn und besucht eine größere Universität. Doch es ist etwas Besonderes an Lina, was die Aufmerksamkeit von ihrem leeren Ärmel ablenkt, vor allem, wenn man sie eine wunderbare Melodie auf dem Klavier spielen hört – mit nur einer Hand.

Lina musste sich in den neunzehn Jahren ihres Lebens mit ungeheuren Problemen herumschlagen: Das Starren, Kichern und die taktlosen Fragen ihrer Mitschüler; Ängste und Unsicherheit; Fragen und Sorgen. Auf der anderen Seite empfing Lina in allen Kämpfen des täglichen Lebens, die sich daraus ergaben, dass sie behindert war, eine kostbare und machtvolle Gabe von ihren Eltern: die Gewissheit einer hohen Wertschätzung und bedingungslose Liebe.

„Meine Eltern versuchten die Tatsache, dass ich anders bin als andere, nicht vor mir zu verbergen", erzählte mir Lina. „Sie waren mir gegenüber sehr realistisch. Doch ich wusste immer und sie sagten mir das auch immer wieder, dass ich ihr größter Schatz sei. Sie waren meine größten Fans, ob ich nun Softball zu spielen versuchte oder mein Vater mir das Autofahren beibrachte. Sie beteten für mich und dachten an das Beste, auch wenn ich mürrisch war und mit Gott wegen meiner Behinderung haderte. Ohne jeden Zweifel kommt meinen Eltern ein großes Verdienst zu, weil sie mir geholfen haben, das zustande zu bringen, was ich nun erreicht habe."

Zweifelsohne gebührt ihnen große Anerkennung dafür, dass sie sich entschieden haben, ihre Tochter trotz ihrer körperlichen Behinderung als ganzen, vollkommenen Menschen anzunehmen. Linas Eltern sind Realisten. Sie haben die durchaus echten Probleme nicht verschleiert, vor die ihre Tochter gestellt war. Doch neunzehn Jahre lang vermittelten sie ihr Segen, indem sie Lina mit Worten hoher Wertschätzung und bedingungsloser Liebe überschütteten.

Wertschätzende Worte

Etwas „wertschätzen" bedeutet, ihm eine große Bedeutung beizumessen. Im Hebräischen ist die ursprüngliche Bedeutung von Segnen „die Knie beugen". Dieses Grundwort wird von einem Menschen gebraucht, der sein Kamel niederknien ließ, damit er aufsteigen konnte (1. Mose 24,11). Im Verhältnis zu Gott nahm das Wort die Bedeutung „mit gebeugten Knien anbeten" an. Sich vor jemandem verbeugen drückt auf bildhafte Weise die Wertschätzung vor diesem Menschen aus. Es gilt also das Prinzip: Jedes Mal, wenn wir jemanden segnen, messen wir ihm hohen Wert bei. Ich will dies an einem Beispiel aus meiner (Garys) Familie veranschaulichen.

Ich möchte, dass Gott in meinem Leben von höchstem Wert ist. Er ist mein bester Freund und die Quelle meines Lebens. Wollte ich dies auf einer von 1 bis 10 reichenden Skala eintragen, würde ich Gott mit „10" bewerten, also mit dem höchsten Wert. Unmittelbar unter meiner Beziehung zum Herrn käme meine Beziehung zu meiner Frau Norma. Menschlich gesprochen ist sie mein bester Freund und ich liebe und schätze sie in einer Weise, die direkt unterhalb von Gott liegt, etwa bei „9,5". Dann kommen meine Kinder. Jedes von ihnen liebe ich inständig und während weder sie selbst noch Norma sich dessen bewusst sind, dass ich sie auf einer unterschiedlichen Ebene liebe, würde ich sie, gleich hinter Norma, mit „9,4" einstufen. Ich liebe sie keinesfalls weniger, aber in meiner Wertschätzung kommen sie unmittelbar hinter meiner Beziehung zum Herrn und zu meiner Frau.

Ich will aber ehrlich sein. Es gibt durchaus Zeiten, da meine Gefühle zu den Kindern vielleicht auf „6,4" oder sogar „4,2" zurückgehen – vor allem, wenn wir in unserem engen Wohnmobil campen und es die ganze Woche über regnet. Da ich sie jedoch bei „9,4" lieben und wertschätzen möchte, versuche ich ständig, ihren Wert dorthin zu befördern, wo er hingehört. Das Gleiche gilt für Norma. Ich möchte sie in keiner Weise kränken oder ihren Wert mindern. Wenn ich ihr wirklich einmal wehtue, beschließe ich daher sofort, ihren Wert auf „9,5" anzuheben. Was hat das alles mit dem Segen zu tun?

Dieses Prinzip ist so wichtig, dass ich es nochmals wiederholen will. Wenn wir jemanden segnen, dann entscheiden wir damit, dass er oder sie einen hohen Wert besitzt. Dies drückt der Psalmist im 103. Psalm aus, wenn er sagt: „Lobe den Herrn, meine Seele, und was in mir ist, seinen heiligen Namen!" Wenn wir Gott loben, dann messen wir ihm hohe Wertschätzung bei. Er ist würdig, dass wir vor ihm „die Knie beugen".

In der Heiligen Schrift werden wir oft aufgefordert, den Herrn zu loben und zu preisen, aber es werden auch viele Beispiele von Menschen genannt, die andere Menschen segnen (5. Mose 33,1.2; Jos 14,13; 2. Sam 6,18 und weitere). Dabei wurde der Person, die sie segneten, ein hoher Wert beigemessen. Sie erkannten ihn oder sie als einen ganz besonderen Menschen an.

Diese Wertschätzung entspricht genau dem, was die alttestamentlichen Patriarchen taten, wenn sie ihren Kindern den Familiensegen erteilten. Sie maßen ihnen einen hohen Wert bei. Wir tun das Gleiche beim Segnen unserer Kinder, Partner oder Freunde. Jeder Mensch braucht heute den Segen, um sich wirklich geliebt und bestätigt zu fühlen. Dieser Gedanke von Wertschätzung einem anderen Menschen gegenüber spielt eine so große Rolle, dass ich der Ansicht bin, er sollte endgültig in jeder gesunden menschlichen Beziehung zu finden sein.

Wertschätzung in alttestamentlichen Familien

Im Alten Testament lassen sich immer wieder Spuren von Liebe und Wertschätzung finden. Wir erkennen das in den Worten, die Isaak zu Jakob sprach: „Siehe, der Geruch meines Sohnes ist wie der Geruch des Feldes, das der Herr gesegnet hat ... Völker sollen dir dienen, und Stämme sollen dir zu Füßen fallen" (1. Mose 27,27-28).

Würde man heutzutage Kindern sagen, dass sie „wie ein Feld riechen", dann würden sie das wahrscheinlich eher nicht als Kompliment auffassen! Doch Jakob wusste, was sein Vater meinte. Denken Sie einmal daran, wie Sie über Land fahren und den Duft von Heu oder frisch gemähtem Weizen in sich aufnehmen. Ganz besonders dann, wenn morgens der Tau auf der Erde liegt, oder nach einem Regenschauer ist der Geruch eines frisch gemähten Feldes so belebend wie eine Gebirgsquelle. Davon sprach Isaak vermutlich.

Er stellte seinen Sohn auch als eine Persönlichkeit dar, die in hohem Maße die Achtung anderer genießt, seine eigene Familie eingeschlossen. Er war sogar jemand, der es verdiente, dass ihm andere Stämme „zu Füßen fallen", so hoch war sein Wert.

Heute sind Verbeugungen vor Würdenträgern alles andere als beliebt. So ungefähr die Einzigen, die wissen, wie man sich verbeugt, sind Dirigenten. Die meisten von uns müssten wohl erst stundenlang üben, wenn wir bei einem König zur Audienz geladen wären. In den Tagen Isaaks war das Verbeugen ein Ausdruck von Achtung und Ehrerbietung, der in Gegenwart einer einflussreichen und herausragenden Persönlichkeit erwartet wurde.

Jakobs Vater wollte zum Ausdruck bringen, dass er seinen Sohn für wertvoll hielt, für jemanden mit hohem Ansehen hielt. Kinder unserer Zeit brauchen genau das: Sie sollen diese Botschaft von ihren Eltern hören. Lina empfing sie von ihren Eltern, und dies ließ sie trotz körperlicher Behinderung aufblühen.

Bildhafte Worte, um anderen Wertschätzung entgegenzubringen

Viele Eltern haben erhebliche Probleme damit, ihren Kindern zu sagen, dass sie wertvoll sind. Wie wir im letzten Kapitel gesehen haben, kann der richtige Augenblick für eine wichtige Botschaft in der Hektik des Alltags untergehen. Manche Eltern raffen sich zum obligatorischen „Ich habe dich lieb" während eines Urlaubs oder am Flughafen auf; doch es klingt steif und förmlich.

Andere Kinder hören vielleicht gelegentlich ein lobendes Wort, aber nur, wenn sie eine gute Leistung vorweisen können. Wenn Worte der Wertschätzung an die Leistung und das Verhalten eines Kindes geknüpft werden, verlieren sie viel von ihrer Kraft.

Wir brauchen einen besseren Weg, um anderen Wertschätzung zu vermitteln und die wertvollen Eigenschaften und Charakterzüge eines Menschen unabhängig von seiner Leistung und seinem Verhalten anzuerkennen. Im Familiensegen liegt ein Schlüssel, der selbst die Mauern überwinden kann, die Menschen gelegentlich um sich errichten. Wir finden diesen Schlüssel in der Weise, wie in der Bibel Worte als Bilder verwendet werden.

Wir benutzen solche Bilder ständig im Alltag, auch wenn uns das nicht bewusst ist. Ich will Ihnen das an einem Beispiel vor Augen führen, an das ich (John) mich lebhaft erinnere.

Vor einiger Zeit ging ich mit einem guten Freund essen. Wir saßen in einem malerischen Kellerlokal, wo man erst eine Treppe hinuntergehen muss, um die Eingangstür zu erreichen. Von unserem Tisch aus konnten wir die zum Restaurant führende Treppe sehen.

Während wir auf unsere Mahlzeit warteten, bemerkten wir oben an der Treppe ein ungefähr zweijähriges Mädchen. Es hielt die Hand von jemandem fest, den wir bis jetzt noch nicht ganz sehen konnten. Was wir erblickten, waren zwei riesige Tennisschuhe und eine massige Hand, in der die des kleinen Mädchens lag. Beim Heruntergehen konnten wir immer mehr von dem Riesen erkennen, der seinem Töchterchen die Treppe herunterhalf.

Als sie am Fuß der Treppe angelangt waren und die Tür zum Restaurant öffneten, da erschien ein bekannter

Basketballspieler. Mit seinen einsneunzig und annähernd zweieinhalb Zentnern füllte dieser Riese fast die ganze Tür aus! Als sie an unserem Tisch vorbeigingen, ließen seine Schritte den Boden erzittern und die Teller auf unserem Tisch klappern. Mein Freund lehnte sich zu mir herüber und meinte: „Junge, Junge, das ist vielleicht ein Bulle!"

Der Begriff „Bulle" ist in diesem Zusammenhang eine Metapher. Der Sportler besaß weder Hörner noch ein Fell und während er für ein menschliches Wesen als recht massig gelten kann, bleibt sein Gewicht selbst hinter einem halbwüchsigen Bullen weit zurück. Doch bei dem Wort Bulle – er konnte das natürlich nicht hören – begriff ich sofort, was mein Freund ausdrücken wollte: Ein besonders großer Mensch ging an unserem Tisch vorbei! Jede Metapher fängt eine gefühlsmäßige Empfindung ein, die mit der buchstäblichen Bedeutung des Wortes nicht viel zu tun hat.

Wir wollen nun einen Blick in die Heilige Schrift werfen und den Segen betrachten, mit dem Jakob drei seiner Söhne bedachte. Jeder Einzelne ist ein ausgezeichnetes Beispiel dafür, wie Metaphern als ein Mittel eingesetzt werden können, um einen Menschen wertzuschätzen.

Worte eines weisen Mannes

Juda ist ein junger Löwe ... Wie ein Löwe hat er sich hingestreckt und wie eine Löwin sich gelagert. Wer will ihn aufstören? Naphtali ist ein schneller Hirsch, er gibt schöne Reden. Joseph wird wachsen ... wie ein Baum an der Quelle.
(1. Mose 49,9.21. 22)

Jakob benutzte bei jedem seiner Söhne ein anderes Bild, um den Segen zu vermitteln. Wir lesen: „Und das ist's, was ihr Vater zu ihnen geredet hat, als er sie segnete, einen jeden mit einem besonderen Segen" (1. Mose 49,28).

Juda wird als „junger Löwe" charakterisiert. In der Bibel veranschaulicht der Löwe Stärke und war gleichzeitig ein Symbol des Königtums im frühen Nahen Osten. In diesem bildhaften Ausdruck wurden Führungsqualitäten und Charakterstärke beschrieben, die Juda zugeschrieben wurden.

Seinen Sohn Naphtali bezeichnete Jakob als „schnellen Hirsch". Er benutzte Anmut und Schönheit dieses sanften Tieres, um die künstlerischen Fähigkeiten seines Sohnes zu beschreiben, der seine Worte in Schrift und Sprache wohl zu gebrauchen wusste.

Joseph schließlich wurde ein „Baum an der Quelle" genannt. Diese Metapher brachte zum Ausdruck, wie Josephs unwandelbares Vertrauen in den Herrn dazu führte, dass er seiner Familie einen Zufluchtsort schuf. Jakobs Bild birgt eine ähnliche Botschaft in sich wie einer der ersten Hinweise auf Jesus in Psalm 1,3: „Der ist wie ein Baum, gepflanzt an den Wasserbächen, der seine Frucht bringt zu seiner Zeit, und seine Blätter verwelken nicht. Und was er macht, das gerät wohl."

Jeder von Jakobs Söhnen war ein Individuum und jeder empfing einen persönlichen Segen, den ihr Vater in einem Bild ausdrückte.

Ehe wir nun vielleicht voreilig unser Kind oder unseren Ehegatten einen Löwen, schnellen Hirsch oder Frucht bringenden Baum nennen, müssen wir erst noch ein wenig mehr über Metaphern erfahren. Zu diesem Zweck wollen wir uns einem Buch des Alten Testaments zuwenden, das voll ist davon.

Metaphern und Bilder lassen sich in jeder menschlichen Beziehung verwenden, um hohe Wertschätzung auszudrücken. Nicht nur in einer Beziehung zwischen Eheleuten lassen sich diese Grundsätze anwenden, sondern auch dann, wenn wir Kinder segnen. Sehen wir uns aber zunächst einmal an, wie das Paar, von dem in diesem biblischen Buch die Rede ist, Worte der Liebe, der Zuwendung und des Lobpreises austauscht. Dabei werden wir vier Schlüssel für die Vermittlung von hoher Wertschätzung entdecken.

Vier Schlüssel zur Vermittlung von hoher Wertschätzung

Im Hohelied Salomos haben wir Gottes Darstellung von dem idealen Umwerben und einer vollkommenen Ehe vor uns. Darin preist das Liebespaar einander mit Bildern und Metaphern mehr als achtzigmal in acht kurzen Kapiteln. Sie hatten sich so unendlich viel mitzuteilen, wie hoch sie einander und ihre Beziehung schätzten.

Wir wollen nun zunächst einen Blick auf ihre Hochzeitsnacht werfen. Nur selten wird die Hochzeitsnacht eines Paares für die Nachwelt aufgezeichnet, doch diese hier ist es wert, dass man sich ihrer erinnert. Es ist der liebevolle Bericht einer gottgefälligen Beziehung.

Siebenmal preist Salomo seine Braut (die biblische Zahl der Vollkommenheit). Für ihn war sie makellos schön. Er beginnt seinen Lobpreis mit den Worten: „Siehe, meine Freundin, du bist schön! Siehe, schön bist du! Deine Augen sind wie Taubenaugen hinter deinem Schleier" (Hohelied 4,1).

Die Verwendung eines alltäglichen Gegenstandes

Was Salomo hier versucht – und was kluge Eltern beim Segnen ihrer Kinder tun –, ist das Einfangen eines Charakterzuges oder einer Eigenschaft in einem Gegenstand des täglichen Lebens. In unserem Falle beschreibt er ihre Augen als *Taubenaugen*. Die sanfte, scheue und zärtliche Natur dieser Geschöpfe entsprach offenbar der Art seiner Braut. Durch den Gebrauch eines bekannten Gegenstandes konnte Salomo weit mehr Bedeutung weitergeben als mit Worten allein. Gesprochene Worte beinhalten meist nur den buchstäblichen Sinn, doch eine Metapher kann oft mehrere Dimensionen umfassen. Die Braut wird jedes Mal beim Anblick einer Taube daran erinnert, wie ihr Mann sie ansieht und schätzt.

Schauen wir uns einmal an, wie die Eltern eines jungen Mädchens einen Gegenstand aus dem alltäglichen Leben beim Segnen ihrer Tochter benutzen und welche Auswirkungen das auf ihr Leben hat. Nele wurde kurz vor Weihnachten geboren. Als sie heranwuchs, sagten ihre Eltern immer wieder zu ihr: „Vergiss nie, du bist Gottes besonderes Weihnachtsgeschenk für uns, eine kostbare Gabe, weil du für uns etwas ganz Besonderes bist." Um ihre Gefühle zum Ausdruck zu bringen, liegt jedes Jahr an Weihnachten ein kleines Päckchen unter dem Christbaum, das an Neles Eltern adressiert ist. Jedes Jahr darf Nele das Päckchen öffnen. Drinnen liegt ihr Bild als Baby! Darüber, welchen Einfluss diese Bezeichnung und die Wertschätzung ihrer Eltern auf sie haben, sagt Nele Folgendes:

„Oft gab es Zeiten, da fühlte ich mich in keiner Weise als etwas Besonderes. Doch eine Situation blieb mir besonders im Gedächtnis hängen. Das war an meinem dreißigsten

Geburtstag und ich kämpfte mit meinem Alter. Als ich den Tiefpunkt erreicht hatte, erhielt ich mit der Post von meinen Eltern ein Päckchen. Darin befand sich eine in Glanzpapier eingewickelte Schachtel und drinnen lag mein Babyfoto und ein Brief von meinen Eltern. Ich wusste immer, dass ich für sie etwas Besonderes war. Aber an jenem Tag hatte ich es dringend nötig, dass mir dies gesagt wurde. Es war nicht einmal Weihnachten, aber als ich nun wieder las, ich sei ihr spezielles ‚Weihnachtsgeschenk' und für sie etwas Besonderes – selbst an meinem dreißigsten Geburtstag –, da wurde mein Herz von Liebe und Wärme erfüllt."

Die Übereinstimmung des Charakterzuges mit dem gewählten Gegenstand

Immer wieder gebraucht Salomo Worte, die die gefühlsmäßige Bedeutung der Eigenschaft, die er preisen will, anschaulich machen. Uns mögen diese Worte vielleicht fremd sein, doch seiner Braut waren sie vertraut. Lesen Sie zum Beispiel seinen Lobpreis für die Geliebte ein paar Verse weiter.

Salomo betrachtet seine Braut und sagt: „Dein Hals ist wie der Turm Davids, mit Brustwehr gebaut, an der tausend Schilde hängen, lauter Schilde der Starken" (Hld 4,4).

Welches Bild sucht Salomo hier für seine unsichere, schüchterne Braut in ihrer Hochzeitsnacht? Hoch über der Altstadt Jerusalems ragte der Turm Davids auf. Ein Bauer, der vor der Stadt draußen arbeitete, konnte dieses eindrucksvolle Bauwerk sehen, wenn er sich von seiner Arbeit aufrichtete. Weit mehr als die Höhe des Turmes beeindruckte ihn jedoch das, was sich an diesem Turm befand.

In Friedenszeiten hingen dort die Kriegsschilde von Davids „starken Männern". Sie waren Davids tapferste Krieger und die Anführer seiner Truppen. Der Anblick der in der Sonne glänzenden Schilde war für jemanden, der sich außerhalb des Schutzes der Stadtmauern aufhielt, zutiefst beruhigend. Wenn der Bauer wieder aufblickte und sah, dass die Schilde abgenommen waren, dann wusste er, dass es höchste Zeit war, sich in die Stadt und ihre schützenden Mauern zu begeben! Gefahr herrschte im Land.

Der Vergleich Salomos, in dem er den Hals seiner Braut mit dem Turm Davids gleichsetzt, ergibt so einen besonderen Sinn. Im Alten Testament bedeutete der Hals eines Menschen seine Erscheinung *und* Haltung. Deshalb nannte Gott das ungehorsame Israel ein „halsstarriges Volk" (2. Mose 33,5). Für Salomo boten Friede und Sicherheit, wie sie der Turm Davids darstellte, ein kraftvolles Bild, um seine Liebe zu seiner Braut auszudrücken. Er pries damit die Art, wie sie sich hielt, voller Wohlgefallen und Sicherheit.

Mit einem Beispiel aus heutiger Zeit wollen wir nun nachvollziehen, was wir bisher über den Gebrauch von Bildern und Metaphern gelesen haben. Eine Mutter, der ich die Bedeutung des Segens verdeutlicht hatte, erkannte, wie hilfreich und beschützend sich ihre älteste Tochter im Umgang mit den kleineren Geschwistern verhielt. Sie beschloss, über einen schöpferischen Weg nachzudenken, auf dem sie ihrer Tochter Worte von hoher Wertschätzung vermitteln könnte.

Als Erstes sah sie sich nach etwas aus dem täglichen Leben um, das die gleichen Eigenschaften aufwies – der erste Schlüssel für die Verwendung von Metaphern. Dabei fiel ihr Blick auf die Familienkatze, die sich um ihren jüngsten

Wurf kümmerte. Sie säugte und pflegte ihre Jungen mit der ganzen Hingabe einer liebevollen Mutter. Die Sorge dieser Katzenmutter war ein wunderbares Bild für die emotionale Seite von Sorge und Schutz – der zweite Schlüssel für die Verwendung von Bildern und Metaphern.

Sie führte ihre Tochter an eine Stelle, wo sie die Katzenmutter mit ihren Jungen sehen konnte, und sagte: „Mein Liebes, ich bin so stolz auf dich. So wie du dich um deinen kleinen Bruder und deine Schwester kümmerst, erinnerst du mich an unsere Katze." Die Tochter strahlte bei diesen Worten ihrer Mutter. Das Mädchen hatte oft beobachtet, wie die Katze ihre Jungen versorgte, und wusste daher genau, was ihre Mutter ausdrücken wollte. Durch den Gebrauch eines alltäglichen Gegenstands wurde das Lob der Mutter viel anschaulicher als durch ein einfaches Kompliment.

Bilder befreien

Salomo bewirkte durch die Verwendung von Bildern und Metaphern noch weitaus mehr: nämlich die Fähigkeit, die Abwehr unsicherer Menschen zu überwinden und ihnen hohe Wertschätzung entgegenzubringen. Zunächst wollen wir uns ansehen, wie eine Metapher eine verunsicherte Person ermutigen kann. Wir können das bei Salomos Braut erkennen. Wenn jemand einen Menschen liebt, der Mühe hat, sich selbst anzunehmen, ist dies eine wertvolle Hilfe.

Wie die meisten jungen Frauen, die unerwartet einem tapferen jungen König begegnen, war die Sulamitin wegen ihrer äußeren Erscheinung verunsichert. Als sie Salomo zum ersten Mal trifft, sagt sie: „Seht mich nicht an, dass ich so braun bin; denn die Sonne hat mich so verbrannt" (1,6).

Doch nachdem sie nur kurze Zeit in Salomos Nähe verbrachte, nennt sie sich selbst „eine Blume in Saron und eine Lilie im Tal" (2,1). Was für eine Veränderung! Wie kam es dazu?

Gegen ihren Willen fand Salomos Bildersprache ihren Weg durch die Schutzmauer seiner Braut hindurch. Hätte Salomo nur gesagt: „Du bist hübsch", dann hätte ihre Unsicherheit wohl eine Menge Gründe gefunden, warum diese schlichte Feststellung nicht wahr sein könne: „Vielleicht sieht er schlecht." – „Ich wette, er war drei Monate auf der Jagd, und ich bin die erste Frau, die ihm über den Weg läuft." – „Vielleicht hat ihm mein Vater etwas gezahlt, dass er das sagt." Aus den gleichen Gründen wehren auch heute verunsicherte Menschen Komplimente ab. Doch Bilder und Metaphern können unsere Aufmerksamkeit trotz unserer inneren Abwehr erregen.

Wir hören nachdrücklicher auf ein Lob, wenn es in ein Bild verpackt ist. Das ist einer der Gründe, warum Jesus Bilder benutzte, um durch Gleichnisse seine Botschaft zum Ausdruck zu bringen. Diese ausführlichen Lektionen am Objekt hielten die Aufmerksamkeit seiner Zuhörer wach, auch wenn sie, wie im Falle der Pharisäer, eigentlich nicht hören wollten, was er sagte!

Jesus wusste um die Wirkung von Bildern und Metaphern auf Menschen, die sich fürchten. Er sprach davon, dass er der gute Hirte sei, der über die Herde wacht; der wahre Weinstock, der geistliche Lebenskraft schenkt, und das Brot des Lebens, das geistliche Nahrung spendet. Durch die Verwendung alltäglicher Gegenstände konnte er die Mauern von Unsicherheit und Misstrauen durchbrechen, die diese Menschen umgaben, denn Geschichten enthalten einen Schlüssel zu unserem Herzen, der einfachen Worten fehlt.

Woher wissen wir nun, dass bestimmte Bilder wirklich Salomos Braut erreicht und berührt haben? Dazu muss man sich nur ansehen, wie sich ihre Haltung im Laufe ihres Ehelebens veränderte.

Zu Anfang ihrer Liebe betrachtete sie die Beziehung eher unsicher und besitzergreifend. Diese Gefühle werden deutlich in den Worten: *„Mein Freund ist mein, und ich bin sein"* (2,16).

Im weiteren Verlauf ihrer Geschichte nach der Hochzeit, als sie in seiner Liebe an Sicherheit gewinnt, hat sich ihre Betrachtungsweise in eine einfühlsame und doch kraftvolle gewandelt. Als sie verheiratet ist, sagt sie an die Hofdamen gewandt: *„Mein Freund gehört mir, und ich gehöre ihm"* (6,3). Diese Feststellung zeigt schon ein wenig mehr Sicherheit.

Schließlich sagt sie sogar: *„Meinem Freund gehöre ich, und nach mir steht sein Verlangen"* (7,11). Diese Aussage enthüllt weit mehr Sicherheit als ihre Meinung über die Beziehung kurz vor der Hochzeitsnacht. Warum? Der Hauptgrund liegt in der Weise, wie bestimmte Bilder des Lobes und hoher Wertschätzung einer verunsicherten Frau Sicherheit geben. Mehr als fünfzigmal drückte Salomo seine hohe Wertschätzung für seine Braut mit dem Gebrauch von Metaphern aus. Eltern und Freunde können davon auch heute noch beim Lob einer unsicheren Person wirksam Gebrauch machen.

Darüber hinaus können Bilder auch bei Menschen eingesetzt werden, die vielleicht nicht unsicher, aber abweisend sind gegenüber dem, was wir ihnen sagen möchten.

Ich (Gary) hatte ein junges Paar zur Beratung, das über

lange Zeit hin heftige Auseinandersetzungen führte. Das Verhältnis zwischen Florian und Brigitte war inzwischen so gespannt, dass die beiden sogar eine Trennung in Betracht zogen. Beim Betreten des Sprechzimmers waren sie wütend und abweisend. Beide saßen mit verschränkten Armen da und blickten geradeaus, als wollten sie zum Ausdruck bringen: „Nun versuch doch mal, mich umzustimmen. Ich hab' diese Ehe sowieso satt."

Florian war ein robuster Mann, der sich gern im Freien aufhielt. Mit seiner Familie war er aus der Stadt gezogen, um seinem geliebten Jagd- und Angelsport nachzugehen. Die vierzig Kilometer, die er täglich zur Arbeit fahren musste, machten ihm nichts aus, solange er draußen in der Natur wohnen konnte. Zuerst hatte ihn seine Frau gerne auf seinen Wanderungen begleitet, doch bei zwei kleinen Kindern ging er nun allein zum Campen.

Brigitte war ein zierliches Stadtmädchen mit einer Vorliebe für gesellschaftliche Beziehungen und Kontakte. Nach dem Umzug von der Stadt aufs Land fuhr sie eine Stunde bis zur nächsten Freundin. Ihre einzige Gesellschaft den Tag über waren ihre zwei kleinen Kinder. Brigitte liebte ihre Kinder innig, doch die Isolierung von all ihren Freunden und ein Ehemann, der in jeder freien Minute zum Angeln oder Jagen ging, hatten sie verbittert und missmutig gemacht.

Nachdem ich mir über eine Stunde lang die gegenseitigen Anschuldigungen angehört hatte, malte ich ihnen ein Bild auf, das ihnen die Augen für eine völlig neue Sichtweise des anderen öffnete.

„Ich möchte Ihnen beiden zum Abschluss unseres Treffens ein Bild vor Augen führen, das mir beim Zuhören in den Sinn gekommen ist. Sie, Florian, könnte ich mir als Gemälde an der Wand vorstellen, auf dem ein mächtiger Rothirsch mit weit ausladendem Geweih abgebildet ist. Stolz stehen Sie neben einem Gebirgsfluss mit Ihrer Hirschkuh und den neugeborenen Kitzen im Hintergrund und blicken über den Wald hinweg. Der rechteckige Rahmen um das Gemälde ist schwer, aus altem Holz gefertigt.

Sie, Brigitte, sehe ich als eine zarte, wunderschöne Wildblume in leuchtenden Farben, mit feinen Pinselstrichen verfeinert. Ihr Gemälde hat eine matte Oberfläche und der Rahmen um das Oval ist schmal, glänzend weiß bemalt, ein schöner Anblick.

Sie beide sind wunderschöne Gemälde, obwohl Sie so verschieden aussehen, doch Sie nehmen die Schönheit im Gemälde des anderen nicht wahr. Tatsächlich versuchen Sie dauernd, es zu übermalen, damit es mehr wie Ihr eigenes aussieht. Ich möchte, dass Sie in dieser Woche nach der Schönheit Ausschau halten, die in jedem Ihrer beider Gemälde liegt. Nächste Woche werden wir uns wieder zusammensetzen und darüber sprechen."

Kaum zu glauben, welchen Unterschied eine Woche bewirken kann. Der Gebrauch dieser einen Metapher brachte dem Ehepaar eine Reihe von Erkenntnissen. Anstatt weiter zu versuchen, das Gemälde des anderen nach dem eigenen zu verändern, begannen sie wirklich, die Schönheit im Leben des anderen zu suchen, und entdeckten dabei von neuem die Anziehungskraft, die sie beide zu Anfang einmal zusammengeführt hatte. Anstatt sich nur zu streiten, fingen sie an, im Umgang miteinander mehr Geduld aufzubringen und dadurch die Einzigartigkeit des anderen zu erkennen und wertzuschätzen.

Die Verwendung eines Bildes oder einer Metapher kann uns helfen, Mauern zu überwinden, egal ob wir es mit abweisenden Menschen zu tun haben oder mit verunsicherten, und ihnen so Wertschätzung entgegenzubringen.

Bilder decken das Potenzial eines Menschen auf

Ein vierter Grund für den Gebrauch von Metaphern ist das Offenlegen von noch verdeckten Charakterzügen eines Menschen. Jesus tat dies, als er Simons Namen in Petrus umänderte (Petrus heißt im Griechischen wörtlich „Fels"). Petrus handelte ganz bestimmt nicht wie ein starker und sicherer Fels, als er Jesus den Weg zum Kreuz ausreden wollte, als er im Garten Gethsemane einschlief oder als er Jesus dreimal verleugnete. Doch Jesus kannte das Herz von Petrus und nach der Auferstehung wurde Petrus zu dem Fels, als der er bezeichnet wurde. In einem aktuellen Beispiel sehen wir, wie sich ähnliches bei einer jungen Frau in meiner Gemeinde ereignete.

Vor einigen Jahren ließ sich der Mann dieser jungen Frau von ihr scheiden, weil er eine Geliebte hatte. Sie blieb mit zwei kleinen Kindern zurück, ohne eine Berufsausbildung zu haben. Sie musste einen schweren Kampf nach dem anderen durchstehen. Heute hat sie eine gut bezahlte Arbeit, die ihr noch Zeit für die Kinder lässt und die Mittel für die finanziellen Grundbedürfnisse garantiert. Als ich sie fragte, was in diesen ersten, schwierigen Jahren ihre größte Hilfe war, sagte sie: „Der Herr war sicherlich die größte Quelle der Hilfe, als Jack uns verließ, aber vom menschlichen Gesichtspunkt aus möchte ich auf meinen Vater verweisen. Jedes Mal, wenn ich die Abendschule hinschmeißen oder sonst wie aufgeben wollte, sagte er zu mir: ‚Du schaffst es, Jenni. Du bist mein Fels von Gibraltar. Ich weiß, dass du's schaffst.' Damals fühlte ich mich ganz und gar nicht wie ein Fels. Meine ganze Welt schien einzustürzen. Aber es half mir, dass er mich so bezeichnete. Er schenkte mir die Hoffnung, dass ich's vielleicht doch schaffen würde." Wir können anderen die gleiche Hoffnung geben, wenn wir ihre Fähigkeiten beschreiben, Fähigkeiten, die sie womöglich selbst gar nicht sehen oder die ihnen vielleicht nicht einmal bewusst sind.

Wenn wir ein Bild mit einer Botschaft von hoher Wertschätzung verbinden, multiplizieren wir unsere Botschaft um das Tausendfache. Im nächsten Kapitel werden wir uns mit dem vierten Hauptelement des Segens befassen. Aufs Engste verknüpft mit Worten hoher Wertschätzung ist eine Botschaft, die für die gesegnete Person eine ganz besondere Zukunft verspricht.

6. Das vierte Element des Segens: die Verheißung einer besonderen Zukunft

„Wie kann jemand, der so unscheinbar und hässlich ist wie du, nur so ein hübsches Kind haben?", meinte Marks Mutter grinsend, als sie ihren Enkelsohn auf den Armen wiegte. Die meisten Beobachter hätten den Eindruck gehabt, diese Worte sollten als schlechter Scherz beiseitegewischt werden. Doch Mark trieben sie die Tränen in die Augen.

„Hör auf!", erklärte er nachdrücklich. „Was anderes habe ich von dir nie zu hören bekommen. Ich habe Jahre gebraucht, bis ich davon überzeugt war, dass ich weder unscheinbar noch hässlich bin. Was denkst du denn, warum ich so lange nicht mehr heimgekommen bin? Ich will das nie wieder von dir hören."

Marks Mutter war sprachlos. Tränen stiegen ihr in die Augen. Sie hatte ihre Worte doch wirklich nur scherzhaft gemeint. Aber zum ersten Mal hatte eines ihrer Kinder den Mut, sich ihr zu widersetzen. Über Jahre hinweg hatte diese Mutter, ohne sich über die Folgen ihrer Worte im Klaren zu sein, ihre Kinder damit aufgezogen, dumm, dick oder hässlich zu sein. Es stellte sich heraus, dass sie selbst von ihrer Mutter erbarmungslos aufgezogen worden war, als sie ein Teenager war.

Welche Zukunft malen unsere Worte?
Bei Vorhersagen über ihre Zukunft nehmen Kinder alles wörtlich, vor allem, wenn sie diese Worte von ihren Eltern

hören, schließlich sind sie die wichtigsten Menschen in ihrem Leben. Daher ist die Vermittlung einer besonderen Zukunft für ein Kind ein besonders wichtiger Teil des Segens. Wenn ein Mensch tief im Inneren fühlt, dass die Zukunft voller Hoffnung ist und dass man sich darauf freuen kann, dann kann das die Haltung dieses Menschen zum Leben enorm beeinflussen. So geben wir unseren Kindern, Partnern oder Freunden ein helles Licht mit auf den Lebensweg.

Haben Sie je in einer dunklen Nacht im Wald gezeltet? Wenn ja, dann wissen Sie wahrscheinlich, wie es ist, wenn man vom Lagerfeuer weg in die Nacht hineingeht. Nach wenigen Schritten scheint es, als habe die Nacht Sie verschluckt. Dreht man sich um und geht wieder zum Feuer zurück, dann ist das weit beruhigender als das Umherirren in der Dunkelheit.

Worte, die eine besondere Zukunft verheißen, sind wie ein Lagerfeuer in einer finsteren Nacht. Anstatt ein Kind ins Dunkle hineinstolpern zu lassen, leuchten sie auf einem Pfad, der Hoffnung und Sinn verspricht.

Kinder lenken ihre Schritte auf den für sie dargestellten positiven Weg, wenn sie etwa folgende Sätze hören dürfen: „Gott hat dir ein mitfühlendes Herz gegeben. Ich wäre nicht überrascht, wenn du eines Tages mal vielen Menschen helfen würdest." Oder: „Du kannst ausgezeichnet helfen. Wenn du groß bist und einmal heiratest, wirst du für deine Frau – oder deinen Mann – und deine Familie sicherlich eine große Hilfe sein." Auf der anderen Seite trifft auch das Gegenteil zu.

Wenn Kinder nur Worte vernehmen, die Probleme in ihren Beziehungen oder persönliche Unzulänglichkeiten voraussagen, dann kann dies durchaus dazu führen, dass sie einen schmerzvollen Weg einschlagen, wie er ihnen vorgezeichnet wurde. Das kann Ergebnis von Aussagen folgender Art sein: „Du solltest eher darauf hoffen, dass du einmal jemanden findest, der sich um dich kümmert, wenn du älter bist. Du bist so unverantwortlich, dass du nie selbstständig etwas zustande bringst", oder „Warum machst du dir die Mühe, so viel zu lernen? Irgendwann heiratest du ja doch und gibst dann die Schule auf."

Wenden wir uns noch einmal der Familie von Mark zu und sehen wir uns an, was dort passiert. Jahrelang hatte Marks Mutter ihren Kindern immer wieder ein negatives Bild von ihrer Zukunft vor Augen gemalt. „Niemand wird sich mit einem solchen Dickwanst wie dir verabreden wollen!", meinte sie mit lautem Gelächter – ihre Tochter krümmte sich innerlich. „Du kannst Geometrie genauso gut abwählen. Das ist etwas für kluge Köpfe", pflegte sie zu bemerken – und ihr jüngster Sohn warf den Bleistift hin und gab es auf, sich weiter um die Lösung des vor ihm liegenden mathematischen Problems zu bemühen; gleichzeitig hasste er sich selbst dafür, dass er aufgab.

Aus der Sicht der Mutter waren das leichtfertig hingeworfene Worte. Den Kindern aber raubten sie leider einen wichtigen Teil des Segens, die Hoffnung auf eine besondere Zukunft, nach der sich jedes Kind sehnt.

In Marks Familie nahm den Kindern die Aussicht, unscheinbar hässlich oder dumm zu sein, ihr gesundes Selbstbewusstsein. Der jüngste Sohn schmiss die Schule hin, nachdem er in der vorletzten Klasse sitzengeblieben war. Schließlich war er ja „nie intelligent" gewesen. Marks ältere Schwester vernachlässigte ihr Äußeres so sehr, dass kein Junge an einer Verabredung mit ihr interessiert war. Nun ja, sie wusste ohnehin, dass sie „hässlich" war.

Mark reagierte genau umgekehrt auf das ihm vorgezeichnete negative Zukunftsbild. Er wurde der „Superstreber" der Familie. Sein ganzer Lebensstil gründete sich auf extreme Arbeitssucht und Erfolg – alles nur in dem Versuch, seiner Mutter zu beweisen, dass ihre Prognosen falsch gewesen waren.

Rechnet man die unglaublichen Lasten zusammen, die den Kindern dieser Familie auferlegt wurden, dann wird klar, welch verheerende Wirkung die Darstellung einer negativen Zukunft haben kann. Sie erkennen aber auch, warum beim Segen in der Bibel so großer Wert auf die Verheißung einer besonderen Zukunft für jedes Kind gelegt wird.

Die Verheißung einer besonderen Zukunft in den Familien im Alten Testament

Im Alten Testament skizzierte das vierte Element des Segens eine besondere Zukunft für die Kinder. Wir erkennen das beim Lesen der Worte, die Isaak zu Jakob sprach:

> *Gott gebe dir vom Tau des Himmels und von der Fettigkeit der Erde und Korn und Wein die Fülle. Völker müssen dir dienen, und Leute müssen dir zu Füßen fallen. Sei ein Herr über deine Brüder, und deiner Mutter Kinder müssen dir zu Füßen fallen. Verflucht sei, wer dir flucht; gesegnet sei, wer dich segnet.*
> (1. Mose 27,28-29)

Als Isaak diese Worte aussprach, lag der Segen für seinen Sohn noch weit in der Zukunft, Jakob war nicht umringt von Menschen, die sich vor ihm verbeugen wollten, und er besaß weder Land noch Herden, die der Herr hätte segnen können. Doch die Darstellung einer sich erfüllenden Zukunft war ein machtvolles Geschenk. Das Bild gab ihm die Sicherheit, dass er etwas zu erwarten hatte.

Eine Generation später empfing Jakobs Sohn Juda einen Segen, der ihm eine besondere Zukunft verhieß. Jakob segnete ihn mit den Worten: „Juda, du bist's! Dich werden deine Brüder preisen. Deine Hand wird deinen Feinden auf dem Nacken sein, vor dir werden deines Vaters Söhne sich verneigen" (1. Mose 49,8).

Wie er ihn von seinem Vater empfangen hatte, so gab Jakob diesen Teil des Segens nun weiter. Dieser Segen sprach von einer besonderen Zukunft, die erst in ferner Zeit Wirklichkeit würde, doch sie brachte Juda mit jedem Jahr, das verging, eine besondere Hoffnung.

Wie wir schon in Kapitel 2 gesehen haben, waren die Worte dieses Patriarchen von prophetischem Charakter. Wir als Eltern können die Zukunft unserer Kinder nicht mit biblischer Genauigkeit voraussagen, aber wir können ihnen Hoffnung schenken und eine Richtung weisen, zu der auch die Ermutigung und das Setzen sinnvoller Ziele gehört. Unsere Kinder können damit beginnen, auf diese Ziele hin zu leben und damit in einer unsicheren Welt Sicherheit erlangen.

In orthodoxen jüdischen Familien und Gottesdiensten ist der Wunsch nach einer besonderen Zukunft für jedes Kind stets vorhanden; in der Synagoge sagt der Rabbi häufig zu kleinen Jungen:

Möge dieses kleine Kind zum Manne heranwachsen. So wie er in den Bund eingetreten ist, möge er in das Studium der Thora eintreten, in das Hochzeitsgemach und in ein Leben guter Taten.

In manchen jüdischen Familien ist das Segnen der Kinder auch mit Worten verbunden, die eine besondere Zukunft zeichnen. Ich konnte solch einen Segen bei einer Familienfeier miterleben, als ich dort zu einem Fest eingeladen war. Bei meinem Eintreffen waren beinahe vierzig Leute versammelt, die ein üppiges Mahl vorbereitet hatten und nun auf die Segnung warteten. Mit Großeltern, Eltern und ihren Kindern hatten sich drei Generationen zu diesem speziellen Anlass zusammengefunden.

Vor der Feier versammelte das Familienoberhaupt – in diesem Falle war es der Großvater – die ganze Familie um sich, bevor das Essen aufgetragen wurde. Er ließ alle Männer und ihre Söhne auf der einen Seite des Wohnzimmers stehen, die Frauen und ihre Töchter auf der anderen Seite. Dann ging er herum, legte jedem Einzelnen die Hand auf den Kopf und sagte zu jedem der Männer: „Möge Gott dich in reichem Maße segnen und möge er dich machen wie Ephraim und Manasse." Und zu jeder der Frauen sprach er: „Möge Gott dich in reichem Maße segnen, und mögest du wachsen, um wie Rebekka und Sara zu werden."

Vom ältesten Kind bis zum jüngsten Enkel versprach diese Zeit des Segens eine besondere Zukunft für jeden Einzelnen im Raum. Der Segen, weit entfernt von einem bedeutungslosen Ritual, erfüllte jeden mit dem sehnlichen Wunsch nach einem glücklichen Leben.

Förderung der besten Eigenschaften bei den gesegneten Menschen

Die Verheißung einer besonderen Zukunft für ein Kind, den Partner oder einen Freund kann dazu beitragen, das Beste in seinem Leben herauszufinden. Sie gibt ihnen eine positive Richtung, in die sie steuern können, und erfüllt sie mit Hoffnung. Wir können das in unserer eigenen Beziehung zum Herrn sehen. Hören Sie, in welch wunderbaren Worten der Prophet Jeremia uns der besonderen Zukunft versichert, die wir in unserer Beziehung zu Gott haben: „Denn ich weiß wohl, was ich für Gedanken über euch habe, spricht der Herr: Gedanken des Friedens und nicht des Leides, dass ich euch gebe das Ende, des ihr wartet" (29,11).

Auch Jesus gab sich große Mühe, seinen zweifelnden Jüngern die Gewissheit zu geben, dass sie mit ihm eine besondere Zukunft hatten. Während ihres letzten gemeinsamen Passahmahls verkündete er ihnen, dass ihr Leben und ihre Zukunft mit seinem Tod keineswegs zu Ende war. In Johannes 14,2-3 lesen wir:

Im Hause meines Vaters sind viele Wohnungen – wenn's nicht so wäre, hätte ich's euch nicht gesagt, denn ich gehe ja hin, um die Stätte für euch bereitzumachen. Wenn ich nun hingehe und die Stätte für euch bereitmache, will ich wiederkommen und euch zu mir nehmen, damit ihr seid, wo ich bin.

Immer wieder gibt Gott uns in der Bibel die Gewissheit einer besonderen Zukunft mit ihm. Sein geschriebenes Wort ist allerdings nicht der einzige Weg, auf dem er uns diese Botschaft mitteilt. In der gesamten Schöpfung finden wir Bilder geistlicher Wahrheiten, Bilder, die uns zeigen, wie wichtig es ist, geliebten Menschen eine besondere Zukunft zu weisen.

Wer einmal beobachtet hat, wie eine Raupe sich verpuppt und als Schmetterling aus dem Kokon schlüpft, der kennt ein solches Bild. Die Raupe gehört wahrscheinlich nicht zu den „Top 10 der schönsten Geschöpfe" der Welt. Doch sie hat die Fähigkeit, sich in einen wunderschönen Schmetterling zu verwandeln, der diese Liste anführt. Was hat das alles mit Segen zu tun? Worte, die eine besondere Zukunft für ein Kind, den Partner oder Freund verheißen, können im Leben der Betroffenen Auslöser für eine Verwandlung sein.

Worte haben tatsächlich eine solche Verwandlungskraft. Der eigentliche Ausdruck für die Verwandlung einer Raupe in einen Schmetterling ist das griechische Wort *metamorphosis*. Paulus benutzte dieses Wort im Römerbrief, das wir mit „umgewandelt, verändert" übersetzen. Als Paulus an die Gemeinde in Rom schrieb, war er sich durchaus im Klaren darüber, dass die Welt eine ungeheure Macht hatte, die Heiligen in ihren Bann zu ziehen. Um dem entgegenzuwirken, fordert er die jungen Gläubigen auf: „Ändert euch durch Erneuerung eures Sinnes, damit ihr prüfen könnt, was Gottes Wille ist, nämlich das Gute und Wohlgefällige und Vollkommene" (Röm 12,2).

Was bedeutet das, „sich ändern durch Erneuerung des Sinnes"? Ein Kommentator des Neuen Testamentes erläutert den Begriff folgendermaßen: „Da die Menschen durch die Aktion des Geistes verändert werden, ist es daher wichtig, das Denkorgan zu erneuern!" Das heißt mit anderen Worten, dass gottgefällige Gedanken und Denkmuster die Fähigkeit besitzen, uns in Gott wohlgefällige Frauen und

Männer umzuwandeln, damit wir nicht in die unvollkommene Form der Welt gepresst werden.

Kinder sind mit den Fähigkeiten ausgestattet, all das zu sein, was Gott für sie geplant hat. Es ist, als lege der Herr sie eines Tages auf unsere Türschwelle und wir als Eltern sind zu Verwaltern ihrer Gaben bestellt. In den Jahren, welche die Kinder in unserer Familie verbringen, können sich die Worte, die wir zu ihnen sprechen, wie ein Kokon um sie herumlegen. Was wir sagen, formt und entwickelt ihre Gedanken und Denkmuster. Liebevolle Worte, die in eine besondere Zukunft weisen, helfen den Kindern, sich in positiver Weise zu verändern und zu entwickeln. Im vorigen Kapitel haben wir gesehen, wie dieses hoffnungsvolle Bild ihrer Zukunft der jungen Lina half.

Trotz ihrer körperlichen Behinderung gaben Linas Eltern ihrer Tochter seelischen Rückhalt und die Gewissheit einer besonderen Zukunft, die vor ihr lag. Als sie aus dem Kokon des Elternhauses schlüpfte und in die Welt hinausging, strahlte ihre Liebe zu Gott und zu ihren Mitmenschen so hell wie die Farben bunt leuchtender Schmetterlingsflügel.

In anderen Familien können die Worte, die im Laufe der Entwicklung die Kinder einhüllen, Wachstum und positive Veränderung eher hindern als fördern, wie es in der Familie von Tobias der Fall war.

„Du bist ein Dummkopf und wirst immer einer bleiben." Tobias' Vater sagte diese Worte zu ihm auf dem Weg zur mündlichen Abiturprüfung – einer Prüfung, die sein Vater ignorierte. Es war weder das erste noch das letzte Mal, dass Tobias diese Äußerung von seinem Vater hören musste. Bis zum Tod seines Vaters waren das die einzigen

Kommentare, die Tobias im Hinblick auf seine Zukunft mit auf den Weg bekam.

Als Tobias bei mir zur Beratung erschien, hatte er gerade eine leitende Stellung in einer großen Versicherungsgesellschaft verloren. Auf den ersten Blick war das kaum zu glauben. Tobias war außergewöhnlich intelligent und begabt. Er war ein hervorragender Redner und besaß das Charisma, das viele erfolgreiche Geschäftsleute auszeichnet. Doch in weniger als einem Jahr, nachdem er in dieser Gesellschaft eine führende Position übernommen hatte, ruinierte er selbst alles.

Tobias tat alles, nur um diese Position zu erreichen. Doch kaum war er eingestellt, da schien sich sein Ehrgeiz zu verflüchtigen. Er war verantwortungslos und nachlässig gegenüber seinen Mitarbeitern und innerhalb von sechs Monaten stand er auf der Straße.

Welcher Faktor wirkte nun in Tobias' Leben wie ein Anker, der ihn nach unten zog und davon abhielt, die ihm von Gott geschenkten Gaben voll zu entwickeln? Vier Worte waren es: „Du bist ein Dummkopf." Selbst acht Jahre nach dem Tod seines Vaters gingen sie Tobias immer wieder durch den Kopf und hüllten ihn ein wie ein Kokon, aus dem er als unsicherer und gescheiterer Mensch ohne Verantwortungsbewusstsein hervorging. Tobias war auf der Suche nach der Zuwendung, die ihm versagt geblieben war. Er sehnte sich nach Worten des Segens.

Ein physikalisches Gesetz besagt, dass ein Gewässer nie über das Niveau seiner Quelle ansteigen kann. Ein ähnliches Prinzip lässt sich auf Tobias und viele andere anwenden. Wenn ein Vater oder eine Mutter einem Kind vor Augen hält, dass sein Wert im Leben gering ist, dann wird dieses Kind es schwer haben, sich über diese Worte hinaus zu erheben. In einer Untersuchung über Väter und ihre Töchter wurde festgestellt, dass die Errungenschaften dieser Frauen im Leben in direktem Verhältnis dazu standen, in welchem Maße sie von ihren Vätern angenommen worden waren. Wer seine Kinder wirklich segnen will, der gewährt ihnen auch den Spielraum zum Wachsen, indem er ihre Fähigkeiten fördert und ihnen den Weg in eine verheißungsvolle Zukunft weist.

Wir wollen uns ein weiteres Bild aus der Natur ansehen, das illustriert, was beim Segnen unserer Kinder geschieht.

Stellen Sie sich eine typische Körperzelle als einen Kreis vor. An der Außenseite dieses Kreises befinden sich viele kleine Rezeptoren. Wir könnten diese Rezeptoren als kleine Quadrate darstellen, die beinahe wie Zähne an einem Rad aussehen. Zum leichteren Verständnis wollen wir uns die Rezeptoren als winzige rechteckige Menschen vorstellen.

Um die Zelle herum treiben das Hormon „Harry" und das Enzym „Ethyl". Sie möchten gerne diesen Rezeptoren die Hände schütteln, beziehungsweise sie aktivieren. Tatsächlich besitzt eine große Zahl dieser Hormone und Enzyme die Fähigkeit, einen Rezeptor zu erfassen, das heißt anzudocken, doch einige haben die besondere Fähigkeit, die Aktivität einer Zelle zu stimulieren. Das ist so ähnlich, wie wenn jemand auf Sie zutritt und Ihnen so heftig die Hand schüttelt, dass Ihr ganzer Körper vibriert. Diese Stimulierung wird „positive Kooperationsfähigkeit" genannt. Sie bringt nicht nur diesen einen Rezeptor zum Vibrieren – und damit zu intensiverer Arbeit –, sondern regt auch alle anderen Rezeptoren ringsum dazu an, stärker zu vibrieren und intensiver zu arbeiten!

Andere Hormone und Enzyme wirken in negativer Weise. Hat Ihnen schon einmal jemand derart die Hand gequetscht, dass Sie vor Schmerz regelrecht zusammengezuckt sind? Das geschieht bildlich, wenn sich diese Hormone und Enzyme an einen Rezeptor andocken. Sie bringen aber nicht nur diesen Rezeptor zum Stillstand und zur Einstellung seiner Arbeit, sondern auch alle anderen.

Worte, die einem Kind eine hoffnungsvolle Zukunft versprechen, wirken wie positive Hormone, die sich an ein Kind andocken. Sie stimulieren tatsächlich alle möglichen positiven Gefühle und Entscheidungen eines Kindes, die sein Wachstum und seine Entwicklung fördern. Positive, ermutigende Worte können ein Kind dazu bringen, an einer speziellen Begabung zu arbeiten, sich die Übernahme eines Amts in der Schule zuzutrauen, vielleicht sogar anderen Kindern den Glauben nahezubringen. Aber genau wie die negativen Hormone die Zellaktivität zusammenbrechen lassen, kann ein kritisches, negatives Zukunftsbild das seelische, physiche und geistliche Wachstum eines Kindes hemmen.

Wie Worte einer besonderen Zukunft in die Tat umgesetzt werden

Wir wissen jetzt, wie wichtig es für unsere Kinder ist, dass wir ihnen Worte mit auf den Weg geben, die ihnen eine besondere Zukunft weisen. Um jedoch sicherzugehen, dass wir das Prinzip nicht nur verstehen, sondern es in die Tat umzusetzen wissen, werden wir uns zwei praktische Wege ansehen, wie unsere Botschaft zu denen gelangt, die gesegnet werden sollen. Dazu gehen wir erst einmal zwei Schritte zurück.

Beständigkeit in der Vergangenheit

Unbeständigkeit in der Vergangenheit kann dazu führen, dass ein Mensch nicht bereit ist, unseren Worten über die Zukunft Glauben zu schenken. Wenn wir es ernst damit meinen, unseren Kindern eine Botschaft für eine hoffnungsvolle Zukunft mitzugeben, müssen wir dem Beispiel unseres Herrn folgen. Seine Beständigkeit in der Vergangenheit wirkt wie ein starker Grund, auf dem Worte einer besonderen Zukunft festen Halt finden.

In der ganzen Heiligen Schrift bildet seine Beständigkeit in der Erfüllung seiner Worte die Grundlage für den Glauben an Gottes Wort. In Psalm 105,5 lesen wir: „Gedenket seiner Wunderwerke, die er getan hat, seiner Zeichen und der Urteile seines Mundes." Und in Psalm 33,9 schreibt der Psalmist: „Denn wenn er spricht, so geschieht's; und wenn er gebietet, so steht's da."

Weil Gott sich in der Vergangenheit als zuverlässig erwiesen hat, besitzen seine Worte einer verheißungsvollen Zukunft für uns Glaubwürdigkeit in der Gegenwart. Der gleiche Grundsatz gilt für unseren Wunsch, denen, die wir segnen wollen, eine besondere Zukunft zu verheißen. Unsere Glaubwürdigkeit in der Vergangenheit hat einen unmittelbaren Einfluss darauf, wie unsere Worte in der Gegenwart aufgenommen werden. So wie beispielsweise bei Tim.

Tim war Vertriebsdirektor einer großen Handelskette. Seine Position brachte es mit sich, dass er jeweils eine Woche in der Stadt arbeitete, in der er mit seiner Familie lebte, die nächste Woche über aber unterwegs war. Dazu kamen Vertriebskonferenzen und andere auswärtige Termine, sodass er im Schnitt einunddreißig Wochen im Jahr von zu Hause fort war. Sein Arbeitspensum war enorm.

Tim hatte daheim zwei Kinder, die mit großer Liebe an ihrem Papa hingen. Die ganze Woche über bedrängten sie ihre Mutter mit der Frage: „Kommt Papa heute heim?" Wenn Papa dann wirklich heimkam, war er vom Reisen und von seinem aufreibenden Job so müde, dass er nicht mehr die Energie aufbrachte, mit seinen Kindern kostbare Zeit zu verbringen.

Tim bemühte sich sehr, seinen Kindern eine besondere Zukunft „auszumalen". Das einzige Problem war, dass er selbst in seiner eigenen Welt das nie befolgte. Er hatte die große Tierliebe seiner Tochter bemerkt und sagte gelegentlich zu ihr: „Sabine, wir werden dir ein Pferd kaufen, damit du reiten und es selbst versorgen kannst. Vielleicht kannst du eines Tages sogar Tierärztin werden." Sein Sohn war für sein Alter äußerst sportlich, und zu ihm sagte er: „Matthias, du hast wirklich das Zeug für einen Basketballspieler. Lass mir ein bisschen Zeit zum Ausruhen, dann gehen wir in den Park und ich werde dir ein paar Würfe beibringen." Doch dann vergingen einige Tage und für Tim war es wieder Zeit zur Abreise. Irgendwie blieb nie genug Zeit, die ganzen Fragen zu regeln, etwa was für ein Pony Sabine bekommen und in welchem Stall es untergebracht werden sollte, und es gab auch keinen freien Nachmittag für ein paar Würfe mit Matthias, dem potenziellen Basketballer.

Nach neun Jahren Außendienst erkannte Tim endlich, dass er seine Reisetätigkeit drastisch reduzieren müsste, wenn er seine Ehe und sein Familienleben nicht aufgeben wollte. Tim nahm sogar eine Gehaltskürzung in Kauf, um in eine Abteilung zu wechseln, in der er nicht mehr von zu Hause fort musste. Eines der ersten Dinge, die er unternahm, war, seine Tochter mit einem Pony zu überraschen –

nur hatte Sabine jetzt nach neun Jahren kein Interesse mehr an Pferden. Genauso wenig wollte Matthias jetzt noch mit seinem Vater ein Basketballspiel besuchen. Tims Kinder hatten seine leeren Versprechungen satt. Er hatte seine Glaubwürdigkeit entgültig eingebüßt. Inzwischen hatten sie ihre eigenen Freunde, die Beziehung zu ihrer Mutter, völlig neue Hobbys und den sicheren Eindruck, dass jegliche Zukunft, die sie haben würden, ihren Vater nicht mit einschloss.

Diese Geschichte fand allerdings noch ein gutes Ende. Tim liebte seine Frau und die Kinder wirklich und gab sich die größte Mühe, bei seiner Familie wieder Verlorenes zurückzugewinnen. Es dauerte fast zwei Jahre, doch endlich hatte sich Tim bei seinen Kindern eine neue Glaubwürdigkeit aufgebaut, die ihnen die Garantie gab, dass er wirklich das Beste für ihre Zukunft wollte. Interessanterweise begann Sabine sogar wieder ein gewisses Interesse an Tieren zu zeigen, und Matthias grub seinen Basketball aus den Tiefen des Schrankes aus.

Vielleicht haben auch Sie sich in der Vergangenheit gegenüber denen, die Sie segnen wollen, nicht gerade als beständig und zuverlässig erwiesen. Heute ist der erste Tag ihres restlichen Lebens und Sie können damit beginnen, an Ihrer Glaubwürdigkeit zu arbeiten, damit auch Ihre Worte, die Ihren Kinder eine vielversprechende Zukunft voraussagen, verlässlich sind. Engagieren Sie sich täglich im Leben Ihrer Kinder und Ihres Partners. Seien Sie zuverlässig und glaubwürdig. Nur dann werden unsere Worte über eine besondere Zukunft wirklich Beachtung finden.

Verpflichtung in der Gegenwart

Wir (Garys Familie) saßen alle um den Tisch und genossen die Mahlzeit, die meine Frau Norma zubereitet hatte. Wir sprachen über unseren Tagesablauf und führten eine lebhafte Unterhaltung, als Kari sich wie aus heiterem Himmel an ihre Mutter wandte und folgende Frage stellte: „Mama, könntest du dir je vorstellen, dass du dich von Papa scheiden lassen würdest?" In dem Augenblick, als die Frage im Raum stand, war alles still, und Norma verschluckte sich beinahe. „Kari!", sagte sie entsetzt, „du weißt, dass ich mich niemals von deinem Papa scheiden ließe."

Sie verstummte und überlegte eine Weile und dann setzte sie mit einem Augenzwinkern hinzu: „Totschlagen schon eher, aber Scheidung niemals!" Nachdem wir aufgehört hatten zu lachen, stellten wir fest, warum Kari ihre Frage vorgebracht hatte. Das Schuljahr war erst zwei Monate alt und bereits bei zwei Schulkameraden hatten die Eltern die Scheidung eingereicht. Was Kari an jenem Abend fragte, war nichts anderes, als was jedes Kind wissen will – egal, ob es seinen Eltern diese Frage offen stellt oder sie nur still in seinem Herzen bewegt: „Wirst du in der Zukunft einmal da sein, wenn ich erwachsen bin, oder wird einer von euch mich dann verlassen?"

Vor Kurzem hatte ich (John) ein junges Ehepaar zur Beratung, das sich unablässig stritt. Ich hatte darum gebeten, dass die gesamte Familie erscheine, damit ich ein besseres Bild von dem gewinnen konnte, was zwischen diesen Menschen vorging. Das bedeutete, dass an der Sitzung auch ein elfjähriger Junge und ein sechsjähriges Mädchen teilnahmen. Ich begann die Sitzung, indem ich meine erste Frage an das Mädchen richtete. Kinder sind ja so grundehrlich, selbst wenn ihre Eltern zögern, allzu sehr ins Detail zu gehen.

„Was stört dich denn am meisten an der Streiterei deiner Eltern?", fragte ich. Den größten Schmerz und die tiefste Unsicherheit bereiteten ihr nicht die Lautstärke der Auseinandersetzung oder die Worte, die sie sich gegenseitig an den Kopf warfen. Ihre größte Sorge war, wie sich aus der verblüffenden Antwort ergab: „Jedes Mal, wenn mein Papa auf meine Mama wütend ist, zieht er den Ehering herunter und wirft ihn fort."

Kinder haben eine unglaublich scharfe Wahrnehmungsgabe und dieses Mädchen war keine Ausnahme. Während ihr Vater sagte, es sei „keine große Sache", war seine Gewohnheit, den Ehering abzuziehen und ihn irgendwo im Haus hinzuschmeißen, eine laute und deutliche Botschaft. Jedes Mal empfand dieses kleine Mädchen, dass seine Zukunft mit den Eltern zusammen – die größte Quelle der Sicherheit, die ein Kind besitzt – in Gefahr war.

Worte einer hoffnungsvollen Zukunft für ein Kind können zu Asche zerfallen, wenn der Vater oder die Mutter sich aus einer Beziehung entfernt. In einem späteren Kapitel werden wir sehen, wie schwierig es für manche Kinder ist, sich gesegnet zu fühlen, wenn sie ein Elternteil durch Scheidung oder Tod verloren haben – und auch, wie ein einzelner Elternteil dazu beitragen kann, diese Lücke auszufüllen. Für die Verheirateten unter Ihnen besteht ein sehr wichtiger Teil der Verheißung einer besonderen Zukunft für Ihre Kinder darin, an Ihrer gegenwärtigen Verpflichtung gegenüber Ihrem Ehepartner bewusst festzuhalten.

Ein richtungsweisendes Licht

Gott sei Dank haben viele Menschen erkannt, wie wichtig es ist, ihren Kindern, Partnern oder Freunden eine aussichtsreiche Zukunft vorzuzeichnen. Sie wissen, wie man Worte des Segens als Hilfe für andere benutzt, damit sie die vielen Gaben einsetzen, die Gott für sie bereithält. Selbst wenn ein solcher Mensch sich „mit dem Lernen schwertut".

Maria kämpfte sich mühsam durch ihre ersten Schuljahre. Wenn ihre Klassenkameraden für eine Schulaufgabe eine halbe Stunde brauchten, dann war Maria eine Stunde später mit Sicherheit erst halb durch. Ihre Eltern erhielten sogar die entsetzte Nachricht des Lehrers, dass Maria in die Gruppe der „Lernbehinderten" versetzt werden solle.

Doch selbst diese Mitteilung hielt Marias Eltern nicht davon ab, ihr eine großartige Zukunft zu verheißen. Sie wussten zwar, dass sie sich in der Schule schwertat, aber gleichzeitig kannten sie auch die vielen positiven Eigenschaften ihrer Tochter.

Ihre Eltern bedrängten Maria nicht, sich zu beeilen oder schneller zu lesen, sondern lobten sie für ihr systematisches Arbeiten und dass sie bis zum Schluss an einer Aufgabe blieb. Sie bemerkten auch, dass Maria offensichtlich die Gabe besaß, ihre jüngeren Schwestern und die Nachbarskinder mit Worten zu ermutigen und ihnen Dinge auf eine Weise zu erklären, die sie verstanden. Sie sprachen ihr Mut zu, diese Talente zu fördern, und ließen sie im Kindergottesdienst mitmachen, wo sie den Kleinen mit ihren Gaben dienen konnte.

Eines Morgens erklärte Maria ihren Eltern nach dem Kindergottesdienst, dass sie später einmal Lehrerin werden wolle. Sie hätten darauf mit einem Lachen reagieren können und der Bemerkung „Und was willst du nächste Woche werden?" oder „Nun Maria, sei doch bitte realistisch" – vor allem, nachdem es gerade erst die Halbjahreszeugnisse gegeben hatte und Maria immer noch das Schlusslicht ihrer Klasse bildete. Doch Marias Eltern blickten über die schlechten Noten hinaus und erkannten das Talent ihrer Tochter, das Gott ihr gegeben hatte.

Anstatt sie auszulachen, hoben sie diese Gaben hervor und ermutigten sie. Sie sagten ihr, wenn sie bereit sei, auf diesem Wunsch zu bestehen, könnte sie eines Tages Lehrerin werden. Dies war das Bild einer Zukunft, von der nur wenige „Lernbehinderte" träumen dürfen und die ihnen wohl nur in den wenigsten Fällen von ihren Eltern verheißen wird.

Maria kämpfte sich Jahr um Jahr durch die Schule. Ihre Eltern mussten in der Grundschule für Nachhilfeunterricht bezahlen und in der Mittelstufe speziellen Leseunterricht finanzieren. Als Maria beschloss, die Oberstufe des Gymnasiums zu besuchen, brauchte sie vier Jahre bis zur Abschlussprüfung. Doch trotz allem bestand Maria ihr Abschlussexamen für das Lehramt an Grundschulen.

Während für viele ihrer Kollegen der Abschluss nur der Beginn der Stellensuche bedeutete, hatte Maria bereits eine Arbeit. Sie hatte ihre Lehrtätigkeit als Referendarin an einer Grundschule so hervorragend gemacht, dass der Rektor sie gebeten hatte, sich für seine Schule zu bewerben.

An ihrem Abschlusstag gebührte drei Menschen die Ehre. Maria verdiente großes Lob dafür, dass sie sich Tag für Tag abgemüht hatte, um ihr Ziel, Grundschullehrerin zu werden, zu erreichen. Große Anerkennung steht auch ihren Eltern zu, weil sie sie zur Umsetzung ihres Traums ermutigt und den Traum ihrer Tochter dadurch gefördert hatten, dass sie ihr eine hoffnungsvolle Zukunft wiesen – selbst wenn die Zeugnisse Maria als „lernbehindert" abstempelten.

Spenden Sie lieben Menschen in Ihrem Leben einen Segen, der ihnen eine besondere Zukunft verspricht? Haben Ihre Eltern sich die Zeit genommen und sich die Mühe gemacht, Ihnen als Teenager die Hoffnung auf ein strahlendes Morgen vor Augen zu malen? Wo immer der Segen erteilt oder empfangen wird, werden auch Worte einer besonderen Zukunft gesprochen, Worte, die das vierte Element des Segens bilden.

7. Das fünfte Element des Segens: eine aktive Verpflichtung

Die meisten Kinder haben zumindest ein Fach in der Schule, das sie nicht besonders mögen. Ob es nun Geschichte, Englisch, Geografie oder wie in meinem (Garys) Fall Mathematik ist, diese Unterrichtsstunde ist die schlimmste ihres ganzen Schultages.

Mathematik war immer das Fach, vor dem ich am meisten Angst hatte. In der Grundschule war es mein schlechtestes Fach und das blieb auch so in den beiden ersten Klassen der Mittelstufe. Als ich in meinem letzten Schuljahr Mathematik wiederholen musste, war ich nach nur einem Monat sicher, dass ich durchfallen würde. Mein einziger Trost bestand darin, dass mehr als die Hälfte der Klasse zusammen mit mir durchfallen würde. Unser Lehrer erinnerte uns ständig an diese Tatsache, indem er unsere Stühle nach unserem augenblicklichen Notenstand anordnete.

Eines Morgens, als wir ins Klassenzimmer schlurften, hatte sich alles verändert. Am Lehrerpult saß ein Aushilfslehrer. Das allein war schon eine gute Nachricht! Als wir dann noch erfuhren, dass unser regulärer Lehrer in einen anderen Bezirk versetzt worden war, fühlten wir uns regelrecht befreit! Das einzige Problem war jedoch, dass die Hälfte von uns in diesem Fach versagte. Ein neuer Lehrer mochte eine gewisse Erleichterung bringen, aber ich hatte nach wie vor noch das Gefühl, unter dem Durchschnitt zu liegen.

Eine Äußerung dieses Lehrers an jenem Morgen veränderte jedoch mein Leben. Sie motivierte mich dermaßen, dass ich schließlich in der Oberstufe Mathematik im Nebenfach belegte! Damals war mir das alles andere als bewusst, doch dieser Lehrer segnete mich und meine Mitschüler. Sein Segen bestand darin, dass er uns ein klares Bild einer aktiven Verpflichtung vor Augen führte – das fünfte Element des Segens.

An jenem Morgen stand unser neuer Lehrer vor der Klasse und erklärte uns: „Wenn jemand in dieser Klasse versagt, dann habe ich versagt." Er ging an diesem Morgen eine Verpflichtung ein, alles überhaupt Mögliche zu tun, damit wir den Stoff verstanden und Freude daran hätten, soweit das möglich wäre. Er war so sehr entschlossen, dass jeder von uns das Klassenziel erreichte, ganz gleich, ob er dazu nach dem Unterricht noch dablieb und uns Nachhilfe gab oder am Wochenende eine zusätzliche Stunde einlegte. Beinahe jeden Samstag half er uns bei den Hausaufgaben und spielte anschließend noch zur Auflockerung ein bisschen Volleyball mit uns.

Man kann sich lebhaft vorstellen, wie unsere Klasse sich allmählich veränderte. Auf das Fach, vor dem wir uns zuvor gefürchtet hatten, freuten wir uns nun regelrecht. Noch besser war aber der Abschluss des Schuljahres. Als unser Lehrer am letzten Schultag unsere Zeugnisse verteilte, hatten wir alle bestanden! Ich bekam sogar meine erste Zwei in Mathe! Das hätten Sie miterleben müssen. Wir sprangen auf und fielen uns gegenseitig in die Arme. Und das alles, weil ein Mann sich für eine Horde Teeanger engagierte.

In der Schule des Lebens brauchen Kinder unbedingt Eltern, die auf die gleiche Art ihnen gegenüber eine Verpflichtung eingehen. Auf den Gebieten, wo sie schwach sind, müssen sie ermutigt und aufgerichtet werden. Sie müssen in den Arm genommen und für ihre Stärken gelobt werden. Wenn sie sich wehgetan haben, brauchen sie jemanden, der ihnen Sicherheit gibt und ihnen wieder auf die Füße hilft. Verborgene Talente müssen ans Licht gebracht und gefördert werden – selbst wenn wir dafür unsere Wochenenden opfern müssen. All das gehört zur Segnung.

In den letzten vier Kapiteln haben wir die ersten vier Elemente des Segens betrachtet:

- *die bedeutsame Berührung*
- *eine gesprochene Botschaft*
- *die Vermittlung von hoher Wertschätzung*
- *Verheißung einer besonderen Zukunft*

Diese vier Elemente bilden die Bausteine des Segens. Doch der Mörtel, der sie zusammenhält, ist eine aktive Verpflichtung – das fünfte Element des Segens.

Zwei Wege, um eine aktive Verpflichtung auszudrücken

Was meinen wir nun mit „aktiver Verpflichtung" und warum ist sie ein so wichtiger Teil des Segens? Verpflichtung ist deshalb wichtig, weil Worte des Segens allein nicht ausreichen, wie wir schon vorher gesehen haben. Sie müssen gestützt werden durch die Verpflichtung eines Menschen, sich für die Verwirklichung des Segens einzusetzen. Diesen Grundsatz will uns der Apostel Jakobus in seinem Brief verständlich machen. Wir lesen dort:

> *Wenn ein Bruder oder eine Schwester nichts anzuziehen und nicht*
> *genug zu essen hat und jemand unter euch sagt zu ihnen: Gott*
> *berate euch, wärmet euch und sättiget euch!, ihr gäbet ihnen aber*
> *nicht, was des Leibes Notdurft ist: was hülfe ihnen das?*
> *(Jak. 2,16)*

Die Antwort auf seine Frage ist klar: Solche Worte sind ungefähr so nützlich wie die lautstarken Versprechungen eines fragwürdigen Politikers am Vorabend einer Wahl. Kinder brauchen in jedem Alter die „tägliche Nahrung und Kleidung", brauchen Liebe und Zuwendung, die ihnen der Segen geben kann. Doch wie in dem Vers, den wir gerade gelesen haben, genügen bloße Worte nicht.

Wir müssen handeln, wenn wir segnen wollen. Wenn wir die Segensworte aussprechen, aber die einzelnen Elemente des Segens dann in unserer Familie nicht umsetzen, bleiben unsere Kinder in ihrem Bedürfnis nach Liebe und Zuwendung unterernährt und schlecht gekleidet.

Der Segen der Heiligen Schrift steht in starkem Gegensatz zum Daherreden leerer Worte unseren Lieben gegenüber. Er gibt zwei Wege vor, wie wir uns Kindern, Partnern oder anderen gegenüber aktiv verpflichten können. Diese Schritte beginnen damit, dass wir den Herrn um die Bestätigung des Segens bitten.

Der erste Schritt: Befehlen Sie die Person, die gesegnet werden soll, dem Herrn an
Wenn man sich den Segen im Alten Testament ansieht, dann fällt auf, wie die Patriarchen ihre Kinder dem Herrn anbefahlen. Bei der Segnung Jakobs durch Isaak lesen wir:

„Gott gebe dir vom Tau des Himmels und von der Fettigkeit der Erde" (1. Mose 27,28). Als Jakob viele Jahre später seine Söhne und Enkel segnete, begann er mit den Worten: „Der Gott, der mein Hirte gewesen ist mein Leben lang bis auf diesen Tag, der segne die Knaben" (1. Mose 48,15-16).

Ein Grund, warum sie Gott um Bekräftigung des Segens für ihre Kinder baten, lag darin, dass sie sich seiner Verpflichtung für sie gewiss waren. Bei Isaak und Jakob können wir das deutlich erkennen.

In 1. Mose 26 musste sich Isaak mit echten Problemen auseinandersetzen. Als Bewohner der Wüste wusste er, dass sein kostbarstes Gut die Brunnen waren, die ihm frisches Wasser boten. Zweimal war Isaak von Brunnen vertrieben worden, die sein Vater angelegt hatte. Schließlich musste er einen dritten Brunnen graben, um Wasser für seine Herden und seine Familie heranzuschaffen. Als sollte Isaak Gewissheit über seine Zukunft im Lande erhalten, lesen wir: „Und der Herr erschien ihm in derselben Nacht und sprach: Ich bin der Gott deines Vaters Abraham. Fürchte dich nicht, denn ich bin mit dir und will dich segnen und deine Nachkommen mehren" (1. Mose 26,24).

Isaak war von zwei Brunnen vertrieben worden, die ihm rechtmäßig gehörten. Als er nun vernahm, dass sein himmlischer Vater ihm beistand, musste das für ihn wie ein Schluck kühlen Wassers an einem heißen Sommertag gewesen sein.

Gott wiederholte seine Zusage in einer schwierigen Zeit von Jakobs Leben. Als er vor dem Zorn seines Bruders Esau floh, legte er sich eines Abends draußen in der Wüste schlafen. Dort sprach Gott zu ihm und sagte:

Ich bin der Herr, der Gott deines Vaters Abraham, und Isaaks Gott ... Und siehe, ich bin mit dir und will dich behüten, wo du hinziehst, und will dich wieder herbringen in dies Land. Denn ich will dich nicht verlassen, bis ich alles tue, was ich dir zugesagt habe. (1. Mose 28,13-15)

Isaak und Jakob waren sich ihrer Beziehung zu Gott sicher. Daher war ihre Bitte an den Herrn, ihre Kinder durch sie zu segnen, nur logisch. Wir können so etwas auch heute noch in Kirchen bei einer „Kindersegnung" sehen. Oft legt der Pastor einem Kind die Hände auf und segnet dieses Kind, ein Ausdruck für den Wunsch der Eltern und der ganzen Gemeinde, Gott um den Segen für dieses Kind zu bitten.

Kluge Eltern nehmen sich das zum Vorbild, wenn sie ihren Kindern den Segen geben. Wenn sie sagen: „Möge der Herr dich segnen", dann erkennen und anerkennen sie als Erstes, dass alle Kraft, die sie haben, um einen Segen zu erteilen, von dem allmächtigen Gott kommt. Ja selbst der Atem des Lebens, der sie die Worte des Segens sprechen lässt, kommt von ihm.

Wir alle neigen zur Unbeständigkeit und sind unsicher, wenn wir die Elemente des Segens für unsere Kinder umsetzen sollen. Gott dagegen bleibt unwandelbar in seiner Fähigkeit, uns die Kraft zu schenken, dass wir unseren Partner und unsere Kinder so lieben, wie es ihnen gebührt.

Ein zweiter wichtiger Grund, unsere Kinder dem Herrn anzubefehlen, wenn wir sie segnen, liegt darin, dass sie auf diese Weise erfahren, der Herr selbst kümmert sich um ihr Leben und Wohlergehen. Wenn wir ihnen bewusst machen, dass der Herr an ihrem Segen Interesse hat, ist das, als mache man sie mit jemandem bekannt, der ihr bester

Freund werden kann, der ihnen persönlich Mut macht und zu dem sie ihr ganzes Leben lang kommen können.

Wenn der Herr in unsere Segensworte mit aufgenommen wird, vermittelt das einem Kind ein Gefühl der Sicherheit, das wir als schwache Menschen nicht geben können. Ich erkannte das in der Art und Weise, wie die Kinder einer Familie nach dem plötzlichen Tod ihres Vaters reagierten.

Karen und Nicole besuchten noch die Grundschule, als ihr Vater starb. Er war erst einundvierzig, als er einem schweren Herzanfall erlag. Die Kinder hatten nicht mehr seine Arme, die sie hätten trösten können, und seine aufmunternden Worte des Segens. Aber sie hatten ein bestimmtes Wissen davon, dass ihr Papa nun bei Gott war und dass Jesus ihren Segen bestätigen werde. Woher diese Gewissheit? Weil die Eltern ihnen immer wieder diese Tatsache vor Augen gemalt hatten. Lesen Sie die Worte seiner Witwe Lisa, die aus den Worten ihres Mannes ebenfalls Trost empfing:

„Bevor Volker starb, versammelte er uns alle vor dem Abendessen um sich. Wir standen in einem kleinen Kreis beisammen und hielten uns an den Händen. Dann betete Papa und dankte Gott für den Tag und für das Essen. Er beendete jedes Gebet damit, dass er mir die Hand drückte und sagte: ‚Herr Jesus, ich danke dir, dass du Karens und Nicoles und Lisas und mein Hirte bist. Ich danke dir, dass du uns niemals verlassen wirst. Amen.' Dieses letzte Jahr ohne Volker war hart, doch es half mir sehr, dass ich die Kinder daran erinnern konnte: Jesus ist immer noch ihr Hirte, genauso wie er der Hirte ihres Vaters ist."

Kinder brauchen die Gewissheit und Sicherheit, die daraus entspringt, dass wir sie segnen und sie dem Herrn anbefehlen. Durch Gottes Kraft und Willen haben wir die Fähigkeit, unsere Kinder wirklich zu segnen.

Der zweite Schritt: Wir richten unser Leben am Wohl der Gesegneten aus

In 1. Mose 48 und 49 verkündete Jakob – der nun Israel genannt wurde – einen Segen für jeden seiner Söhne und zwei seiner Enkelkinder. Nachdem er für jedes Kind einen Segen ausgesprochen hatte, lesen wir: „Das ist's, was ihr Vater zu ihnen geredet hat, als er sie segnete, *einen jeden* mit einem besonderen Segen" (1. Mose 49,28, Hervorhebung vom Verfasser).

Im Hebräischen lautet der Schluss des Verses so: „Er segnet sie, einen jeden mit seinem eigenen Segen." Die Elemente des Segens bleiben zwar die gleichen, doch wie sie beim Segnen eines Kindes angewandt werden, bleibt für jeden individuell. Eine Tochter will vielleicht ein Dutzend Mal umarmt und gedrückt werden, bevor sie abends zu Bett geht, während ihre Schwester mit einem Küsschen zufrieden ist. Ein Junge mag sich schon sicher fühlen, wenn er ein einziges Mal aufmunternde Worte hört, während sein Bruder immer wieder hören will „Du schaffst das", wenn er etwas in Angriff nimmt.

Kluge Eltern erkennen, dass jedes Kind seine eigenen, einmaligen Bedürfnisse hat. Das Buch der Sprüche führt uns dies vor Augen. Besonders vertraut ist uns der Vers: „Gewöhne einen Knaben an seinen Weg, so lässt er auch nicht davon, wenn er alt wird" (Spr 22,6). Bei der Segnung eines Kindes müssen wir an jedem Kind ein persönliches Interesse zeigen. Je besser wir unsere Kinder und ihre einzigartigen Bedürfnisse kennen, desto besser können wir sie auf einzigartige Weise segnen.

Bitte beachten Sie: Körperliche Nähe ist nicht gleichbedeutend mit persönlichem Kennen. Wir können Jahre mit unserem Partner und unseren Kindern unter dem gleichen Dach leben und uns doch nach wie vor fremd bleiben. Viele Menschen glauben, die Interessen und Meinungen eines anderen zu „kennen", weil sie früher einmal aktives Interesse an dessen Leben hatten. Gedanken, Träume und Wünsche eines Menschen können sich jedoch im Laufe der Jahre verändern.

In unseren Familien kann es geschehen, dass wir uns äußerlich sehr nahe sind, aber im Hinblick auf das Verständnis der echten Wünsche, Bedürfnisse, Ziele, Hoffnungen und Ängste durch tiefe Gräben voneinander getrennt sind. Wir können allerdings etwas dagegen tun, indem wir uns Zeit nehmen, um die einzigartigen Wesenszüge derer zu begreifen, die wir segnen wollen.

Zum Segnen unserer Kinder gehört auch das Verständnis für ihre einzigartigen Gaben und Talente. Darüber hinaus bedeutet es die Bereitschaft, das zu tun, was für diesen Menschen das Beste ist – selbst wenn es heißt, ihn zu korrigieren, wenn er sich irrt.

Segen und Zurechtweisung

Es gibt noch einen weiteren Weg, wie wir uns aktiv mit den echten Interessen unserer Kinder auseinandersetzen können. Es mag den Anschein haben, als sei dies das genaue Gegenteil von Segen, doch in Wirklichkeit segnen wir unsere Kinder, wenn wir sie da, wo es notwendig ist, angemessen zurechtweisen. Das wird deutlich, wenn wir auf den individuellen Segen zurückblicken, den Jakob jedem seiner Kinder erteilte.

1. Mose 49 berichtet von einem Segen für jeden Sohn. In Vers 28 wird uns klar gesagt: „Jakob segnete sie, einen jeden mit einem besonderen Segen." Doch der Segen, den Ruben, der Erstgeborene, empfing, wirkt auf den ersten Blick nicht wie ein Segen. Jakob befasste sich mit jedem Sohn einzeln, und in Rubens Fall schloss sein Segen neben dem Lob auch die Zurechtweisung mit ein:

> Ruben, mein erster Sohn bist du, meine Kraft und der Erstling meiner Stärke, der Oberste in der Würde und der Oberste in der Macht. Weil du aufwalltest wie Wasser, sollst du nicht der Oberste sein; denn du bist auf deines Vaters Lager gestiegen, daselbst hast du mein Bett entweiht, das du bestiegst.
> (1. Mose 49,3-4)

Wenn wir uns diese Verse näher ansehen, dann hat Jakob hier Worte des Lobes und der Strafe sorgfältig gegeneinander abgewogen. Ruben besaß mehrere positive Eigenschaften, die sein Vater auch hervorhob (Kraft, Stärke, Würde und Macht). Doch er wies auch einen deutlichen Mangel an Disziplin auf. Seine ungezügelten Leidenschaften führten ihn ins Bett einer der Konkubinen seines Vaters. Dafür wurde er gemaßregelt.

Es sollte uns nicht überraschen, dass Segen und Zurechtweisung so eng beieinanderliegen. Wenn wir für jemanden echte Liebe empfinden, dann werden wir nicht zulassen, dass dieser Mensch in sein Unglück rennt, ohne dass wir versuchen, ihn wieder auf den rechten Weg zurückzuführen. Diese Lektion will uns der Verfasser des Hebräerbriefes deutlich machen, wenn er schreibt: „Mein Sohn, missachte die Züchtigung des Herrn nicht ..., denn wen der Herr lieb hat, den erzieht er mit Strenge" (Hebr. 12,5-6).

Gott handelt mit uns wie mit Kindern und ignoriert nicht einfach unser falsches Tun. Genau so gehen auch Eltern mit ihrem Kind um, von dem sie eine besonders hohe Meinung haben.

Das Verhalten unserer Kinder ist auch für uns wichtig, wenn wir Menschen sein wollen, die ihnen wirklichen Segen spenden wollen. Wir sollen uns nicht weigern, sie liebevolle zurechtzuweisen, wenn dies angebracht und zu ihrem Besten ist.

Am Anfang mag das für beide Seiten schmerzlich sein, doch wenn man bereit ist, dieses Risiko auf sich zu nehmen, kann das dazu beitragen, die besten Eigenschaften im Leben des anderen hervorzubringen, indem er auf einen Weg des Friedens und der Rechtschaffenheit geführt wird (Hebr 12,11). Zurechtweisung ist ein wichtiger Weg, um einen Menschen positiv zu beeinflussen.

Wir haben uns bereits zwei Wege angesehen, wie wir andere bewusst segnen können. Wir können sie dem Herrn anbefehlen und wir können ihr Bestes suchen. Ein dritter Weg besteht darin, etwas über den Menschen zu lernen, den wir segnen wollen. Ich (John) habe diesen Aspekt mein ganzes Leben hindurch vor mir gesehen.

Der dritte Schritt: Etwas über den Menschen lernen, den wir segnen wollen
Auf einem bescheidenen Besitz im südlichen Arizona lebt

eine vierundsechzigjährige Frau. Sieben größere Operationen haben sie ein wenig ruhiger werden lassen, doch sie ist immer noch aktiv und ein Besuch bei ihr macht viel Freude. Wenn Sie eines Tages bei ihr vorbeischauen würden, dann könnten Sie in ihrem Heim etwas sehen, was Ihnen das „Lernen über seine Kinder" vor Augen führen könnte. Ihnen würde es vielleicht nicht sofort auffallen, aber mir fällt es sofort ins Auge wie ein helles Licht. Dabei ist es nichts anderes als ein nichtssagendes Bücherregal, doch für mich und meine beiden Brüder hat es eine ganz besondere Bedeutung.

Eine Reihe des Bücherregals ist gefüllt mit Büchern über Theologie und Psychologie, eine zweite enthält medizinische Fachzeitschriften und Bücher über Genetik. Die dritte Reihe scheint noch abwegiger für eine vierundsechzigjährige Frau. In der ganzen Reihe stehen lauter Bücher mit Anleitungen über das Fahren von schwerem Gerät.

Diese scheinbar willkürliche Auswahl von Büchern und Zeitschriften könnte den Eindruck vermitteln, diese Frau sei etwas exzentrisch und lese alles, was ihr in die Finger kommt, ja man könnte sogar einen Anflug von Schizophrenie vermuten. Keine dieser Erklärungen käme der Wahrheit auch nur im Geringsten nahe. Diese Büchersammlung ist in Wirklichkeit ein wunderbares Bild für das aktive Engagement unserer Mutter beim Segnen ihrer Kinder.

Im Laufe der Jahre bat mich meine Mutter während meiner Studien in Seminaren und bei meiner Doktorarbeit um zahlreiche populäre Bücher und Fachliteratur über Theologie und Psychologie, die sie dann las. Sie stehen in ihrem Bücherregal, weil sie sich für mein Wissensgebiet interessierte.

Mein Zwillingsbruder Jeff ist Mediziner, der sich speziell der genetischen Forschung im Kampf gegen den Krebs widmet. Sie hat Bücher über medizinische und genetische Themen gelesen – oder zu lesen versucht –, weil sie sein Interessengebiet verstehen wollte.

Ich nahm an einer Talkshow teil, in der über mein Buch „Der Schlüssel zum Herzen Ihres Kindes" diskutiert wurde. Da meine Kinder mir beim Verfassen des Buches geholfen hatten, veranlasste ich, dass mein Sohn Greg an der Show mitwirkte, um seine Perspektive über die Kommunikation zwischen Eltern und Kindern darzulegen. Ich lernte eine ganze Menge über meinen Sohn und über Kinder im Allgemeinen, während ich seine Antwort auf die Fragen mit anhörte.

Der Moderator fragte Greg, was er Eltern empfehlen würde, um sich mit ihren Kindern zu unterhalten. Ohne zu zögern sagte Greg: „Glauben Sie es ja nicht, wenn Ihr Sohn oder Ihre Tochter Ihnen erzählt, sie wollten nicht reden. Manchmal sage ich das zu meinem Papa oder meiner Mama, wenn sie mich fragen, wie es mir geht, aber ich meine das eigentlich gar nicht so. In Wirklichkeit hoffe ich, dass sie mit mir reden und mir helfen."

Vor allem dann, wenn wir früher in den Beziehungen zu unseren Kindern Auseinandersetzungen hatten oder ihnen nicht besonders nahestanden, müssen wir sie mit liebevoller Hartnäckigkeit zum Gespräch ermutigen. Das bedeutet nicht, dass man sie bedrängen oder die Worte aus ihnen herauspressen soll. Aber wir können Zeiten mit ihnen vereinbaren, in denen sich eine bedeutsame Kommunikation entwickeln kann.

Es gibt noch einen weiteren Schritt zum Kennenlernen

derer, die man segnen möchte – die Bedeutung gemeinsamer Aktivitäten. Dies führt uns nicht nur enger zusammen; gemeinsame Aktivitäten bieten auch viele Gelegenheiten, etwas über unsere Kinder zu erfahren.

Vor Kurzem gingen mein jüngerer Sohn Mike und ich zusammen auf die Jagd. Mit Terminen im Nacken und einem dicht gedrängten Reiseplan war ich nicht allzu scharf darauf, eine Woche lang steile Berghänge hinauf- und herunterzuklettern. Aber ich wusste, dass diese gemeinsame Zeit mit meinem Sohn fantastisch sein würde.

Wenn man im Flugzeug nebeneinandersitzt, durch die Wälder streift, am Lagerfeuer kauert – das sind die „unerwarteten" Augenblicke, in denen sich ein bedeutsames Gespräch entwickeln kann. So unterhielten wir uns im Laufe der Woche über einige seiner Träume und die Situation mit seiner Freundin. In mancher Hinsicht hatte ich das Gefühl, als hätte ich meinen Sohn ganz neu kennengelernt.

„Aber ich weiß nicht, wie ich das Gespräch beginnen kann!" Für diejenigen Eltern, die etwas über ihre Kinder erfahren möchten, aber einige Anregungen brauchen, um eine Unterhaltung in Gang zu bringen, stehen hier einige Punkte, die Sie in einem jener ungezwungenen Augenblicke an einem Schnellimbiss, beim Sport oder einfach beim Spazierengehen als Ausgangspunkt für Fragen nehmen können. Ein anderer wichtiger Weg, um etwas über seine Kinder zu lernen, kann darin bestehen, dass Sie die Initiative für Fragen ergreifen.

Weiß ich über folgende Punkte bei meinen Kindern Bescheid?

1. *Welches sind die Hauptthemen ihrer Tagträume?*
2. *Woran hätten sie besonderen Spaß, wenn sie an ihre Jahre als junge Erwachsene zwischen zwanzig und dreißig denken?*
3. *Welche biblische Person wären sie am liebsten? Warum?*
4. *Welche Pläne könnte Gott mit ihrem Leben haben? Gibt es etwas Großes, das sie für Gott tun könnten?*
5. *Welcher Typ von Freund oder Freundin übt die größte Anziehungskraft auf sie aus?*
6. *Was ist der beste Teil ihres Schulalltags und worauf könnten sie gut verzichten?*

Um mehr über diejenigen herauszufinden, die wir segnen wollen, können wir ihnen mit höchster Aufmerksamkeit zuhören. In der Tat segnen wir unsere Kinder durch die seelische Anwesenheit, wenn sie mit uns sprechen und wir uns nicht durch andere Dinge ablenken lassen.

Viele von uns haben irgendwann einmal ein Gespräch mit den Kindern geführt, während wir mit den Abendnachrichten oder dem Handy befasst waren. „Ah, aha", und „Das hört sich gut an, Liebes", während wir mit den Gedanken ganz woanders sind, vermitteln unseren Kindern nicht gerade den Eindruck von Zuwendung.

Das Buch der Sprüche zeigt uns einen Weg, wie wir uns dazu ermahnen können, unseren Lieben aktiv zuzuhören: „Ein freundliches Antlitz erfreut das Herz" (Spr 15,30).

Die meisten von uns haben bestimmt schon erlebt, dass beim Betreten eines Zimmers die Augen eines Menschen „aufleuchteten", als er uns erblickte. Dieser Funke teilt uns mit, dass die Person sich wirklich für uns und das, was wir zu sagen haben, interessiert. Auf der Grundlage genau dieses Bibelverses wurde eine aufschlussreiche Forschungsstudie durchgeführt.

Dabei wurden einer Anzahl von Studenten Fotos von jungen Frauen überreicht, die alle ungefähr gleich attraktiv waren. Jeder Student wurde dann gebeten, die Bilder der Frauen nach ihrer Attraktivität zu ordnen.

Die jungen Männer wussten jedoch nicht, dass fünf der jungen Frauen kurz vor der Aufnahme Augentropfen erhalten hatten. Die Lösung erweiterte die Pupillen, der gleiche Vorgang, der auf natürliche Weise eintritt, wenn wir uns wirklich freuen, jemanden zu sehen! Das Ergebnis der Studie fiel genau so aus, wie wir es erwarten konnten. Die Mädchen mit den „leuchtenden Augen" wurden klar als die attraktivsten auf den Bildern gewertet.

Leuchten unsere Augen auf, wenn wir den Menschen zuhören, die wir segnen wollen? Unsere Mitmenschen merken das. Wir können beschließen, das Handy wegzulegen oder den Fernseher auszustellen, um mit unseren Lieben zu sprechen, wenn wir ihren Interessen Aufmerksamkeit schenken. Aktives Zuhören ist wichtig, wenn man geliebten Menschen Zuwendung und Segen vermitteln will.

Wer von Ihnen selbst Kinder hat, muss erkennen, dass sie ungemein komplizierte Wesen sind. Das trifft aber auch auf unsere Partner zu. Wollten wir heute damit beginnen, all ihre Wünsche, Ansichten, Ziele und Träume zu erfassen, dann bräuchten wir für die Erfüllung dieser Aufgabe unser ganzes Leben lang. Das ist genau die richtige Zeitspanne, um den Kurs „Wie man etwas über geliebte Menschen lernt", erforderlich abzuschließen. Für die Einschreibung braucht man nichts weiter als den Entschluss, sich anderen aktiv zu verpflichten, und ein Paar „leuchtender Augen".

Ein Schlüssel zu andauernder Verpflichtung

Viele besitzen eine ganz Reihe von Notizbüchern mit Mitschriften aus zahlreichen Vorträgen oder Predigten. Zunächst sind wir von einzelnen Gedanken begeistert und meinen, dadurch unser Leben verändern zu können. Nach ein paar Wochen aber landet die Mitschrift meist auf einem staubigen Regal bei anderen inspirierenden Notizen. Ich hoffe, dass es Ihnen beim Lesen dieses Buches anders geht. Dass sich nachhaltig etwas in Ihrem Leben verändert. Vielleicht haben Sie sich zum ersten Mal mit der Frage auseinandergesetzt, ob sie selbst gesegnet wurden und was sie von sich aus dazu beitragen, ihren Kindern den Segen mit auf den Weg zu geben. Ich hoffe, dass Sie bereits ihr Elternhaus und Ihr eigenes in einem neuen, herausfordernden Licht gesehen haben. Doch wie jeder andere Ruf zu einer Verpflichtung wird auch jener, der uns zum Segnen unserer Kinder auffordert, im Laufe der Zeit immer schwächer werden.

Wie können wir es erreichen, dass jeder Segensaspekt dauerhaft in unseren Familien verankert bleibt?

Aus irgendeinem Grund entfaltet sich echte Verpflichtung zur Segnung unserer Lieben am besten in der Gruppe. Wenn drei oder vier Paare sich Woche für Woche die Zeit nehmen, um ein Buch oder eine Predigtreihe durchzuarbeiten, dann kann sich dauerhaft etwas verändern.

Stellen Sie sich vor, dass uns jemand fragt, welche ermutigenden Worte wir in dieser Woche unseren Kindern oder dem Partner gesagt haben. Stellen Sie sich einen Ort vor, wo Sie Ihre Kämpfe eingestehen und von den Erkenntnissen (und Fehlern) anderer Menschen lernen können. Klingt das nicht nach Herausforderung und Inspiration? Das kann während der Bibelstunde oder an einem Abend bei Ihnen zu Hause geschehen. Dazu ist nichts weiter notwendig als der Mut, ehrliche Fragen zu stellen, und ein liebender Geist, um anderen die Wahrheit Gottes und Ihre eigenen persönlichen Einsichten mitzuteilen. Und noch etwas brauchen Sie: nämlich den Mut, den Telefonhörer in die Hand zu nehmen und drei oder vier andere Leute anzurufen.

Selbst wenn Sie keine kleinere Gruppe regelmäßig besuchen, können Sie auf der Stelle Ihren Partner oder einen Freund danach fragen, inwieweit Sie eine Quelle des Segens für sie sind. Wenn Ihre Kinder alt genug sind, können Sie nach ihrem Eindruck fragen, wie Sie ihnen den Segen bisher vermittelt haben. Kinder sind im Allgemeinen ehrlich und Sie können von ihnen eine wertvolle Lektion lernen – falls Sie sich die Zeit nehmen und ihnen zuhören. Auf der nächsten Seite finden Sie einen Auswertungsbogen, den Sie kopieren und bei Ihren Kindern, dem Partner oder auch in einer Gruppe verwenden können. Er kann Ihnen helfen, Verantwortung endlich wahrzunehmen.

Kleine Gruppen oder das Gespräch unter vier Augen sind ein ungemein wichtiger Weg, um herauszufinden, wo wir im Augenblick stehen. Diese Treffen geben uns auch einen zusätzlichen Anreiz, an einer Stelle zu arbeiten, mit der wir zu kämpfen haben. Auf sich allein gestellt würden die meisten von uns diese Probleme vergessen oder sie umgehen. Gute Freunde können uns dabei helfen, den Dingen ins Auge zu sehen und dabei innerlich zu wachsen. Ihre

Liebe und seelische Unterstützung kann unsere Sorge halbieren und unsere Freude verdoppeln.

Wenn wir Verantwortung übernehmen, werden wir für unsere Lieben ein noch besseres Gefäß des Segens. Wir müssen bereit sein, eine dauerhafte Verpflichtung einzugehen, wenn wir andere wirklich segnen wollen.

Ein letzter Blick auf die Kosten der Verpflichtung

Ohne jeden Zweifel ist eine dauerhafte Verpflichtung mit Kosten verbunden. Wenn es Ihnen ernst damit ist, sich zur Segnung Ihrer Lieben zu verpflichten, dann müssen Sie dafür auch einen Preis bezahlen – nicht unbedingt im finanziellen Sinne, denn der Partner und selbst kleine Kinder sind viel zu klug, um sich für längere Zeit mit Geschenken abzufinden. Denken Sie dabei eher an Zeit, Energie und Einsatz, die Sie investieren müssen, wenn der Segen im Leben der anderen Wirklichkeit werden soll. Seien Sie sicher: Ihre Mühe wird sich lohnen.

Persönlicher Bewertungsbogen

Wie stehe ich in einer Bewertung von 1 bis 10 Punkten bei der Vermittlung des Segens an meine Lieben da? Kreisen Sie Ihre Antwort ein.

1. Lasse ich ihnen die bedeutsame Berührung zuteil werden?

1   2   3   4   5   6   7   8   9   10

SELTEN   OFT

2. Spreche ich Worte des Segens aus?

1	2	3	4	5	6	7	8	9	10
SELTEN									OFT

3. Bringe ich den Menschen, die ich segne, hohe Wertschätzung entgegen?

1	2	3	4	5	6	7	8	9	10
GERINGE WERTSCHÄTZUNG					HOHE WERTSCHÄTZUNG				

4. Weise ich ihnen eine besondere Zukunft für ihr Leben?

1	2	3	4	5	6	7	8	9	10
SELTEN									OFT

5. Stand meiner Verpflichtung für die Erfüllung meiner Segensworte:

1	2	3	4	5	6	7	8	9	10
SEHR NIEDRIG							SEHR HOCH		

Im letzten Kapitel der Sprüche wird eine Frau beschrieben, die die Familie auf vielfältige Weise segnet. Sie ist fleißig und liebevoll, sieht der Zukunft positiv entgegen und kümmert sich sehr um ihren Mann und ihre Kinder. Von gleicher Bedeutung sind ihre Worte an die Familie, die voller Weisheit und Freundlichkeit stecken.

Jede dieser Eigenschaften verlangte ihren Preis. Beim Lesen dieser Textstelle wird häufig übersehen, wie oft diese Frau in aller Frühe aufsteht, um ihre Familie mit Worten und Werken zu segnen. Sie wendete die gleiche Energie auf, die Eltern heute am Wochenende aus den Betten treibt, um mit den Kindern Campen zu gehen, oder die den Partner noch länger aufbleiben lässt, um dem anderen bei einer Sache zu helfen.

Lohnte sich der Aufwand wirklich? Bei dieser Frau bestimmt. Lesen Sie, was ihre Familie über sie und ihre Entscheidung, sich ihnen voll und ganz zu verpflichten, sagte: „Ihre Söhne stehen auf und preisen sie, ihr Mann lobt sie: Es sind wohl viele tüchtige Frauen, du aber übertriffst sie alle" (Spr 31,28-29).

Es erfordert harte Arbeit, um anderen den Segen zuteil werden zu lassen. Man braucht Zeit, um die Kinder in den Arm zu nehmen, wenn sie aus der Schule heimkommen oder bevor sie schlafen gehen. Es erfordert Mut, die Worte der Liebe, die uns auf der Zunge liegen, in eine gesprochene Botschaft für den Partner umzuformen. Es erfordert Weisheit und Überwindung, „unsere Knie zu beugen" und damit denen, die wir lieben, unsere hohe Wertschätzung auszudrücken. Er erfordert schöpferisches Vorstellungsvermögen, ihnen eine von Hoffnung erfüllte Zukunft vor Augen zu malen, in der Gott das Beste in ihrem Leben ist. Doch all diese Anstrengung lohnt sich.

Denn eines Tages, vielleicht erst viele Jahre später, kehrt dieser Segen zurück. Ihre Kinder werden zu Ihnen kommen und Sie segnen. Die Freude ist groß, wenn Sie das Leben eines anderen Menschen aufblühen und gedeihen sehen. Das für sich allein ist schon ein Segen.

Lassen Sie sich das von einem Ehepaar sagen, das sich schon früh für seinen einzigen Sohn die Zeit nahm, ihn zu segnen. Als er erwachsen war, konnte er seine Eltern mit Worten des Segens beschenken – auf eine höchst ungewöhnliche Weise.

„Bubs" Roussel war an jenem berüchtigten Sonntagmorgen im Jahre 1941, als Pearl Harbor bombardiert wurde, erst siebzehn. Nicht lange danach wurde er eingezogen und diente schließlich bei der Air Force. Nach einer Spezialausbildung in Nachrichtentechnik wurde er Funker auf einer B-29. Als Jüngster der Besatzung musste er wie viele junge Männer seines Alters schnell erwachsen werden. Innerhalb weniger Monate wurde er auf der Insel Saipan im Westpazifik stationiert.

Von diesem winzigen Inselchen aus flogen die B-29 ihre Bombenangriffe auf Japan. Diese Tätigkeit war gefährlich, ja tödlich. Am Morgen des 13. Dezember 1944 donnerten achtzehn Bomber über den Pazifik, um einen Angriff auf Fabriken in Japan zu fliegen. Vier der Maschinen, die an jenem Morgen von Saipan gestartet waren, kehrten nie mehr zurück, unter ihnen „Bubs'" Maschine.

Das Verteidigungsministerium ließ den Angehörigen die offizielle Mitteilung zukommen, dass ihr Sohn im Kampf gefallen sei. Die Familienmitglieder jedes Angehörigen von Bubs' Besatzung erhielten mit dem Telegramm eine kleine weiße Flagge, rot eingefasst und mit Blau und Gold verziert. In der Mitte der Flagge befand sich ein kleiner goldener Stern, Symbol für einen im Kampf gefallenen Sohn.

Bubs' Eltern bekamen noch etwas anderes. Beinahe einen Monat nach dem Absturz seines Flugzeuges erhielten sie einen Brief, den Bubs vor seinem letzten Einsatz auf sein Kissen gelegt hatte.

Meine Lieben,
ich lasse diesen Brief zurück mit der Anweisung, ihn an euch abzuschicken, falls mir etwas zustößt. Ich schicke euch meine Liebe

und meinen Segen. Mein Leben ist ein erfülltes Leben. Ich werde geliebt, wie dies nur wenigen Menschen je zuteil wurde. Ich liebe euch mit den besten Kräften, die in mir sind. Es ist für mich nicht schwer, da ich weiß, dass ihr an mich glaubt, mir vertraut und im Guten wie im Bösen hinter mir steht. Dieses Wissen macht mich stark.

Wären unsere Kinder imstande, uns einen solchen Brief zu schreiben? In Familien, die eine Quelle des Segens sind, können sie es, Familien wie die, in der Bubs aufwuchs. Die Worte mögen anders lauten, doch das Empfinden, das sich darin ausdrückt, wäre das Gleiche. Wenn wir unsere Kinder segnen, ist das wie das Aussäen einer fruchtbaren Saat. Später einmal werden auch sie sich aufmachen, um uns zu segnen.

Für jeden, der dieses Buch liest, bete ich, dass er ein Mensch des Segens werde. Der Preis dafür ist, dass wir eine echte Verpflichtung eingehen, doch die Belohnung kann ein Leben lang anhalten und noch darüber hinaus.

8. Familien, die den Segen verweigern

Nur wenige Menschen nehmen an sich selbst wahr, dass sie mit dem Fehlen des Segens ihrer Familie kämpfen, doch die Menschen in ihrer Umgebung merken es. Vor denen, die uns kennen, lässt sich ein Gefühl der Unsicherheit oder Ablehnung nur schwer verbergen.

Bei unseren bisherigen Betrachtungen über den Segen haben wir festgestellt, dass das Leben innerhalb der Familie über viele Jahre hinweg in uns tief greifende Spuren hinterlässt. Das sind in den meisten Fällen positive Erfahrungen, die von der Familie ausgehen. Doch manche Menschen werden in Familien groß, in denen nie ein Segen vermittelt wurde. Oft fehlt diesen das Wissen oder die Fähigkeit dazu. Manchmal gibt es schwerwiegende Probleme, die bleibende Narben hinterlassen können. Diese Familien können bewirken, dass ein Mensch das Zeichen seiner Familie wie ein Kainszeichen mit sich trägt.

Solche Menschen brauchen unter Umständen Jahre, um sich von ihrer Vergangenheit zu befreien. Sie führt etwa dazu, dass sie nie die Freiheit genießen, in der Gegenwart die Verpflichtung einer Beziehung einzugehen. Wenn schmerzhafte Verhaltensmuster aus der Vergangenheit nicht durchbrochen werden, dann wiederholen sie sich mit großer Wahrscheinlichkeit in der nächsten Generation.

Leider bestätigt sich hier die furchtbare Wahrheit aus 2. Mose 20,5, wo von Familien die Rede ist, in denen Gott „die Missetat der Väter heimsucht bis ins dritte oder vierte Glied".

In einem späteren Kapitel werden wir uns damit befassen, wie diese schmerzhaften Verhaltensmuster aus der Vergangenheit zerbrochen werden können. Wir entdecken dabei auch Gottes geistlichen Familiensegen, der denjenigen Heilung schenken kann, die den Segen ihrer Eltern entbehren müssen. In den nächsten beiden Kapiteln wollen wir Sie zunächst mit den fünf am häufigsten vorkommenden Familienstrukturen bekannt machen, in denen der Segen fehlt.

Natürlich ist mir bewusst, dass es mehr als nur diese Familienstrukturen geben kann. Doch bei der Beratung traten diese fünf Muster immer wieder auf. Ich möchte Ihnen auch sieben charakteristische Merkmale vor Augen führen, die Menschen auszeichnen, die sich niemals damit abfinden konnten, ohne Segen leben zu müssen. Diese Merkmale helfen uns, solche Menschen besser zu verstehen.

Wenn wir ein besseres Verständnis jener Familien gewinnen, die ihren Kindern den Segen vorenthalten, verstehen wir vielleicht auch den Hintergrund unserer eigenen Eltern besser. Sie wurden stark von ihren Eltern beeinflusst und diese Erfahrungen spiegeln sich bei uns wider. Ein Blick auf die Familie, in der unsere Eltern groß wurden, kann uns oft schwierige Fragen über unsere Eltern beantworten.

Wir wollen Mitgefühl wecken und nicht unfähige Eltern mit Kritik überhäufen. Die meisten Eltern lieben nämlich ihre Kinder wirklich (auch wenn sie nicht wissen, wie sie das zeigen sollen). Sie haben ihr Bestes gegeben. Selbst bei denen, wo dies nicht zutrifft, können wir immer noch zu dem Entschluss kommen, ihnen zu vergeben, so wie uns Gott in Christus vergibt.

Gottes Wort hilft uns, darauf zu hoffen, dass wir mit

dem Fehlen des Familiensegens fertig werden, eine Hoffnung, die gewiss nicht daher kommt, dass wir unsere Eltern verachten oder den Kopf in den Sand stecken und die Vergangenheit ignorieren. Doch bevor wir uns nach einem Heilmittel umsehen, müssen wir erst einmal die bestehenden Probleme begreifen. Nur dann sind wir frei, in der Gegenwart vorwärtszugehen und Hilfe dafür zu bekommen, dass sich eine schmerzvolle Vergangenheit nicht wiederholt.

Mit dieser wichtigen Warnung vor Augen wollen wir uns die erste von den Familien ansehen, die zumeist den Segen verweigern. In unserem ersten Beispiel wird *ein* Kind mit Segen überschüttet, die anderen gehen leer aus.

Die erste Familie: Flut oder Dürre

Im Frühling ist das Gebiet um Seattle besonders prächtig und von üppigem Grün. Fast jeden Tag ziehen Wolken vorbei und feuchten das Land mit erfrischenden Regenschauern an. Lässt man jedoch die Stadt hinter sich und fährt nur wenige Stunden nach Osten über die Berge, die sich in einiger Entfernung von der Küste erstrecken, dann bietet sich ein völlig anderes Bild. Diese Gebirgskette hält die Niederschläge höchst wirksam ab, sodass nur wenige Wolken hinübergelangen. Das Land an der Ostseite der Berge ist tatsächlich eine Art Halbwüste.

Eine ähnliche Erscheinung können wir heute in vielen Familien beobachten. *Ein* Kind wird, aus einer ganzen Reihe von Gründen, durch seine Eltern mit Segen überschüttet. In der Folge wächst und gedeiht dieses Kind nach außen hin.

Leider sitzen „gleich östlich" von ihm – also mit am Tisch – ein oder mehrere Geschwister, deren Leben einem ausgedörrten Erdboden gleicht. Auf den Boden ihres Lebens fielen so spärlich Segenstropfen, dass sich seelische Risse bilden. Genau dieser Vorgang spielte sich in der Familie eines der Urväter des Alten Testaments ab.

Wir kennen Jakob bereits und wissen, dass er am Ende seines Lebens jedem Sohn einen besonderen Segen erteilte. Doch die Heilige Schrift zeichnet das Leben realistisch und nicht nach Hollywood-Manier und es ist nun einmal Tatsache, dass Jakob, als seine Kinder jung waren, nur einen einzigen Sohn mit Segen überhäufte. In 1. Mose 37,3-4 lesen wir darüber:

Israel aber hatte Josef lieber als alle seine Söhne, weil er der Sohn seines Alters war, und machte ihm einen bunten Rock. Als nun seine Brüder sahen, dass ihn ihr Vater lieber hatte als alle seine Brüder, wurden sie ihm Feind und konnten ihm kein freundliches Wort sagen. (1. Mose 37,3-4)

Dieser hübsche bunte Rock mochte dem einen Sohn besondere Zuwendung anzeigen, doch er weckte den Hass der elf anderen Brüdern. Jeder wusste zu der Zeit, dass er fern vom Segen lebte. Diese Wut erreichte ein solches Ausmaß, dass Josefs Brüder ihn um ein Haar ermordet hätten. (1. Mose 37,18-22)

Zorn, Neid und Unsicherheit treten häufig bei Kindern auf, die ohne Segen aufwachsen, vor allen Dingen dann, wenn dieser Segen so nah und doch so fern war. Wie bei einem Durstigen, der nur in der Ferne den fallenden Regen sieht, können in einem Kind, dem der Segen vorenthalten wird, Mutlosigkeit und Niedergeschlagenheit aufsteigen. Im Leben solcher Menschen können seelische Risse und Schmerzen zu dauerhaftem Zorn oder Bitterkeit führen.

Vielleicht vermuten wir, dass nur Josefs Brüder oder Menschen in ähnlicher Situation mit Problemen zu kämpfen haben, doch das entspricht nicht der Wahrheit. Sowohl Kinder, die den Segen vermissen müssen, als auch Kinder, die damit überschüttet werden, können vor schwerwiegenden Problemen stehen. Wir sehen das regelmäßig bei dem einen Kind, das in der Familie gesegnet wurde, sich jedoch deshalb schuldig fühlt und abwehrend verhält.

Sehr oft findet man diese Empfindung bei Sportprofis. Wegen ihrer überragenden körperlichen Fähigkeiten werden sie oft mit einem besonderen Lob bedacht, weit über das Maß hinaus, das ihren anderen Brüdern und Schwestern zuteil wird. Ich sprach mit einem Athleten, der diese besondere Aufmerksamkeit als Fluch, nicht als Segen empfand! Verzweifelt wünschte er sich eine enge Beziehung zu seinen Brüdern, doch die übergroße Aufmerksamkeit, die ihm seine Eltern schenkten, hielt seine Brüder auf Distanz und führte dazu, dass er sich mit Einsamkeit herumquälte und sich innerlich niedergeschlagen fühlte.

Natürlich braucht jedes Kind von Zeit zu Zeit ein persönliches Lob oder eine ganz besondere Anerkennung. Doch wenn der Sgen ausschließlich einem einzigen Kind zukommt, dann können sich bei jedem Kind in der Familie schwerwiegende Probleme einstellen.

Ulrike wurde von ihrem Vater nicht nur mit Segen überschüttet, sondern geradezu überflutet! Ihr Vater widmete ihr so viel Aufmerksamkeit, dass er nur selten einmal Worte des Segens an ihre Mutter und ihren älteren Bruder Christof richtete.

Die Eltern von Ulrike und Christof hatten in ihrer Ehe schon eine ganze Zeit lang Streit gehabt. Als ihre Mutter mit Ulrike schwanger wurde, war dies in der Tat ihr letzter, verzweifelter Versuch, die Ehe zu retten.

Zuerst schien sich auch alles gut zu entwickeln. Die Ehe war besser als zuvor. Doch als die Kinder älter wurden und sich erneut Probleme in der Ehe einschlichen, wandte Ulrikes Vater in einer Art Flucht seine ganze Aufmerksamkeit seiner Tochter zu. In kürzester Zeit baute sich zwischen Ulrike und ihrem Vater eine intensive Bindung auf.

Ulrikes Vater erstickte seine Tochter geradezu mit Zuneigung und Aufmerksamkeit. Seine Frau und sein Sohn, die einsam waren, spürten das nur allzu deutlich. Im Laufe der Jahre wurde Ulrike der beste Freund ihres Vaters, seine Vertraute und Gefährtin, die ihm Mut zusprach, und die ganze Zeit hindurch litt die übrige Familie unter Vernachlässigung.

Was machte das mit Christof? Er reagierte genauso wie viele andere Kinder, die mit ansehen müssen, wie ein Geschwisterteil die ganze Aufmerksamkeit der Eltern erhält. Wie Josefs Brüder wurde er zornig auf seine Schwester, weil sie ihm den Vater wegnahm, und unternahm beinahe alles, um seine Aufmerksamkeit zurückzugewinnen. Leider bedeutete dies für gewöhnlich, dass er sich „in Szene setzte" oder sogar irgendetwas im Haus zerschlug. An diesem Punkt erregte er nachhaltig die Aufmerksamkeit des Vaters, doch anstelle der Fürsorge, die er suchte, wurde er nur heftig zurechtgewiesen. So brachten Christofs Aktionen ihm den Vater nicht näher, sondern im Gegenteil, sie trieben den Vater noch näher zu seiner Schwester.

Christof schlug sich noch mit einem anderen Problem herum, das er mit vielen Menschen, denen der Segen fehlt, gemeinsam hat. In ihm nagte ein Gefühl der Unsicherheit, ob er als Mensch es wert sei, geliebt zu werden. Sein Vater konnte sich doch nicht irren, überlegte Christof, also musste das Problem bei ihm selbst liegen. Dieses Gefühl beeinflusste Christof zutiefst und wirkte sich noch jahrelang auf sein Denken aus.

Tragischerweise führte das Ausbleiben des Segens Christof dazu, diesen Mangel mit der Tatsache gleichzusetzen, dass er ein Junge war. Ein wachsendes Gefühl sexueller Verwirrung setzte seiner Qual über die Ablehnung durch seinen Vater die Krone auf. Er war so zornig auf seine Schwester, weil sie alle Aufmerksamkeit bekam, und auf seine Mutter, weil sie nichts dagegen unternahm, dass alle Frauen zum Gegenstand seiner Abneigung wurden.

Zu jener Zeit war ihm das nicht bewusst, doch seine tiefe Sehnsucht nach dem fehlenden Segen seines Vaters ließ ihn zur leichten Beute für die Avancen eines älteren homosexuell empfindenden Mannes werden. Sieben Jahre lang versuchte Christof, den durch den vorenthaltenen Segen entstandenen Mangel durch homosexuelle Beziehungen zu ersetzen, doch das führte letzten Endes nur zu innerer Qual und seelischer Zerstörung.

Was geschah nun mit Ulrike? Sicher erlebte sie nicht diese Art von Problemen. Schließlich hatte sie ja von ihrem Vater etwas empfangen, was nach Segen aussah. Doch dieser Segen war in Wirklichkeit ein Betrug. Ihr Vater schenkte ihr seinen Segen nur, um seine Bedürfnisse zu stillen. Sie wurde dadurch so sehr davon abhängig, dass ihr Vater alle ihre Bedürfnisse erfüllte, dass sie seelisch seine Sklavin wurde.

Als Ulrike heranwuchs und die Zeit kam, das Elternhaus zu verlassen und zu heiraten, konnte sie diesen Gedanken überhaupt nicht fassen. Ihr Vater hatte sie so sehr mit Aufmerksamkeit erstickt, dass junge Männer ihres Alters beim Vergleich mit dem Vater völlig verblassten. Ihr Vater benahm sich sogar wie ein eifersüchtiger Rivale und legte seinen Finger auf jeden winzigen Fehler, den er bei den jungen Männern entdecken konnte. Anstatt sie darauf vorzubereiten, die Familie auf gesunde Weise zu „verlassen" und einem anderen Mann „anzuhangen", schnürte er sie gefühlsmäßig so ein, dass sie ihre Bindung nicht auf einen anderen Mann übertragen konnte. Selbst mit Ende zwanzig war sie seelisch ein Teenager, „nicht bereit", eine reife Beziehung zu einem anderen Mann einzugehen.

Ulrike hatte es nie gelernt, mit anderen zu teilen und Kompromisse zu schließen, und so waren alle Beziehungen mit Männern „enttäuschend" und kurzlebig. Schließlich heiratete Ulrike mit Anfang dreißig, doch erst, nachdem ihr Vater den Bräutigam ausgesucht hatte.

Als Ulrike zum ersten Mal zu mir in die Beratung kam, da geschah es, um sich über ihren Mann zu beklagen. Ihr fehlte völlig das Verständnis und die Bereitschaft für das, was er von ihr erwartete. Dabei handelte es sich etwa darum, dass sie ihm ein wenig Aufmerksamkeit schenkte oder sich nur noch zweimal in der Woche zum Mittagessen mit dem Vater zu treffen.

Die Probleme, mit denen sich Christof und Ulrike als Erwachsene auseinandersetzen mussten, begannen schon in ihrer Kindheit. Christof litt unter dem Fehlen des Segens, während Ulrike darum rang, nicht davon überschwemmt zu werden. Der erste Schritt, um sich von dieser Familiengeschichte zu befreien, bestand darin, sich diesen Tatsachen zu stellen.

Die zweite Familie: Segen gerade außerhalb der Reichweite

Benedikt wirkte in der psychiatrischen Abteilung eigenartig fehl am Platz. Er war groß, von athletischer Statur und sah gut aus. In seiner Studentenkleidung machte er den Eindruck, als gehöre er an eine Universität und nicht in die Klinik, allerdings nur, bis man seine Handgelenke sah, die von dicken Verbänden umwickelt waren.

Benedikt war wegen eines Selbstmordversuchs in die Klinik eingeliefert worden. Wäre sein Zimmergenosse nicht unerwartet in den Schlafraum zurückgekommen und hätte ihn entdeckt, dann wäre Benedikts Versuch erfolgreich gewesen. Was hatte diesem jungen Mann so viel Qual bereitet, dass er glaubte, er könne der Zukunft nicht länger entgegensehen? Er wuchs in einer Familie auf, in der der Segen stets knapp außerhalb der Reichweite blieb.

Benedikts Vater war als Ingenieur ein Experte auf seinem Gebiet. Er verlangte herausragende Leistungen von sich selbst und nichts Geringeres auch von seiner Familie. Infolge seiner kritischen Haltung und der unglaublich hohen Erwartungen, die er an seinen Sohn stellte, wurde sein Segen wie das mechanische Kaninchen bei einem Hunderennen – langsam genug, um den Jagdeifer anzuspornen, aber doch so schnell, dass er nie zu fassen war.

Nichts, was Benedikt je zustande brachte, entsprach ganz den Normen seines Vaters. Dies galt ganz besonders hinsichtlich der akademischen Leistungen von Benedikt.

In der Schule hatte sich Benedikt gut gehalten. Er erhielt sogar ein Teil-Stipendium für ein Studium. Die einzige Bemerkung seines Vaters zu dieser Leistung war, es sei „kein volles Stipendium". Was Benedikt schließlich in den Selbstmordversuch trieb, war, dass er zum ersten Mal eine schlechte Note in einem Kurs erhalten sollte.

Benedikt sehnte sich so sehr nach Anerkennung und Bestätigung seines Vaters, dass er mit großem Eifer studiert hatte, um ein ausgezeichneter Student zu sein, genau wie sein Vater. Als er seine erste schlechte Note erhielt, bedeutete es für ihn weit mehr als nur den Verlust eines perfekten Zeugnisses. Es bedeutete, dass er jede Aussicht auf den Segen seines Vaters verlor. Dieses „Versagen" raubte Benedikt in einem solchen Maße jeden Lebensmut, dass es ihm nicht mehr wert schien, sich der Zukunft zu stellen.

Wenn der Segen nicht zu erreichen ist, können für ein Kind riesige Probleme entstehen. Zwar geraten die meisten Menschen nicht bis an den Punkt, wo sie versuchen, sich das Leben zu nehmen wie Benedikt, doch fast jedes Kind, das in einer Familie dieses Typs aufwächst, wird in eine aussichtslose Hetzjagd nach dem Segen seiner Eltern gelockt.

Evelin war eine Frau, die ihr Leben damit zubrachte, hinter der Liebe und Zuwendung ihrer Eltern herzurennen. Evelins Eltern waren beide sehr anspruchsvoll. Ihr Vater war ein erfolgreicher Geschäftsmann und ihre Mutter spielte eine große Rolle in Gesellschaftskreisen. „Erfolg" war ein Motto ihrer Familie. Die Eltern verlangten hervorragende Leistungen von Evelin und spendeten nur bei spektakulären Ergebnissen ein Lob.

Um Ihrem Vater zu gefallen, hatte Evelin im Hauptfach Marketing studiert, genau wie er. Sie absolvierte ihre Studien recht gut und bekam eine Stelle, die mit Prestige und der Aussicht auf weitere Karrieresprünge verbunden war. Evelin machte viele Überstunden, und ihr Vater war von ihren Leistungen recht angetan.

Bald darauf verliebte sich Evelin und heiratete einen Juniorpartner der Firma. Nach einigen Jahren bekam das Ehepaar Kinder. Die beiden Söhne wurden umgehend der Augapfel ihrer Großmutter. Evelins Mutter erwartete von ihr, dass sie sich um die Kinder genauso kümmerte, wie sie es einst getan hatte – wobei sie vergaß, dass sie als Mutter nie berufstätig gewesen war. Ständig lag sie Evelin damit in den Ohren.

Nicht lange und Evelin wurde erbarmungslos in zwei Richtungen gezerrt. Um den Segen ihres Vaters zu erlangen, versuchte sie bei ihrer Arbeit das gleiche Tempo beizubehalten, das ihr in der Vergangenheit sein Lob eingebracht hatte. Doch damals hatte sie nicht zwei kleine Kinder gehabt, die noch nicht zur Schule gingen. Um den Segen ihrer Mutter zu erlangen, versuchte Evelin, eine „Übermutter" zu sein und alles mit ihren Kindern zu unternehmen, was eine nicht berufstätige Mutter tat. Nach mehreren Jahren eines mörderischen Terminplans wurde der Druck zu stark. Sie zerbrach innerlich wie eine Glasscheibe, die zu heftigem Druck ausgesetzt wird.

Wir leben in einer Gesellschaft, die auf ein so rasches Tempo getrimmt ist, dass man sich leicht in den Zusammenbruch treiben lässt. Leider sind gerade Menschen, denen der Segen vorenthalten wurde, oft besonders anfällig für diese Art hektischer Betriebsamkeit. Um elterliche Zuwendung zu erlangen, werden sie zu Workaholics.

Arbeitssüchtige auf der Suche nach dem Segen findet

man unter Christen oft. Viele Geistliche werden heute dazu getrieben, immer mehr zu tun, um anderen zu dienen. Was sie in Wirklichkeit antreibt, kann ein Versuch sein, von anderen Zuwendung zu erfahren, die sie von ihren Eltern nie bekamen.

Pastor Brown war so etwas wie ein Vorzeigepastor. Es war ihm gelungen, während seiner theologischen Ausbildung einen Predigtpreis zu gewinnen. Seine pastorale Tätigkeit begann er in einer kleinen Gemeinde, die in fünfzehn Jahren nicht gewachsen war. Innerhalb von zwei Jahren hatte er den Gottesdienstbesuch verdreifacht und wechselte in eine andere Gemeinde. Dieser Aufwärtsbewegung im Wachstum der Gemeinde folgte großer Erfolg, und er wurde weiter ins christliche Rampenlicht geschoben. Nach vier Jahren in seiner zweiten Gemeinde, wo er Tag und Nacht arbeitete, um den Menschen dort zu dienen, wurde ihm die Stelle des leitenden Pastors einer „Riesengemeinde" mit einem außergewöhnlich hohen Mitgliederstand angeboten. Als Pastor einer freien Gemeinde stand er damit ganz oben auf der Erfolgsleiter.

Egal, wohin er ging, immer mehr Leute sagten ihm, wie großartig er sei. Aber bei diesen Erklärungen fühlte er sich immer leerer. Fernsehauftritte und Konferenzschaltungen konnten seine wirklichen Bedürfnisse nicht stillen. Auf dem Höhepunkt seiner Tätigkeit erlitt er im Alter von sechsundvierzig Jahren einen Nervenzusammenbruch und musste seine Gemeinde verlassen.

Ein wesentlicher Grund dafür war, dass sein Erfolg und das Lob, das er bekam, nicht den Mangel wettmachen konnten, den er als Kind erlitten hatte. Seine Eltern waren keine Christen, und nichts von dem, was er als Erwachsener zustande brachte, konnte ihnen ein Wort des Lobes abgewinnen. Er hatte sich immer härter darum bemüht, der perfekte Geistliche zu sein, hatte versucht, seinen Eltern zu beweisen, dass er ihre Anerkennung verdiente; doch ihr Segen erreichte ihn nie. Sein Drang, dieses Fehlen durch das Lob anderer auszugleichen, zerriss ihn seelisch und zerstörte sein Leben.

Dieser Mann musste sich ernsthaft mit den unterschwelligen Kräften auseinandersetzen, die ihn formten. Glücklicherweise tat er das auch. Nachdem er vier Monate lang sein Leben einer ehrlichen Betrachtung unterzogen und sich die Zeit genommen hatte, von Neuem dem Gott zu begegnen, der sagt: „Mein Joch ist sanft, und meine Last ist leicht", konnte er mit einer völlig neuen Einstellung in sein Amt zurückkehren. Da er nicht länger getrieben wurde, sein Bedürfnis nach persönlicher Zuwendung durch andere Menschen zu stillen, war er zum ersten Mal in all den Jahren seines Wirkens wirklich frei für den Dienst an seiner Gemeinde. Endlich konnte er sich an der Liebe Gottes erfreuen, einfach weil er atmete und nicht, weil er versuchte, die schier unendlichen Nöte um sich herum zu lindern. Die Folge war, dass sein Dienst, seine Ehe und sein Familienleben aufblühten.

Dieser Partner fand einen Weg, wie er auch ohne den Segen seiner Eltern ein erfülltes Leben führen konnte. Er lernte, vom Überfluss des göttlichen Segenskelches zu trinken und nicht aus dem leeren Becher seiner Eltern. Doch es gelang ihm erst durch eine ernsthafte Auseinandersetzung mit seiner Vergangenheit. Er war in einer Familie großgeworden, in welcher der Segen nie zu erreichen war.

Die dritte Familie: Segen im Tausch gegen Last

In manchen Familien wird einem Kind zwar der Segen zuteil, aber zu einem schrecklichen Preis. Lesen Sie die Worte einer Frau, die einen Brief an eine Zeitung schrieb. Ihre Worte sprechen von den unglaublichen Kosten, die für sie damit verbunden waren, wenigstens einen kleinen Teil des Segens zu erlangen:

> Schon in meiner Kindheit, weckte meine Mutter Schuldgefühle in mir, wenn ich nicht tat, was sie wollte. Dutzende Male sagte sie zu mir: „Es wird dir noch leidtun, wenn ich erst einmal unter der Erde bin." Ich war nie ein böses Kind. Immer tat ich, was sie von mir verlangte.
>
> Meine Eltern sind beide zweiundachtzig. In absehbarer Zeit wird meine Mutter sterben und die Angst, was dann mit mir geschieht, erfüllt mich mit Entsetzen.

Die arme Frau hat für ihren Segen einen ungeheuren Preis bezahlt – praktisch ihr Leben, und das für einen Segen, von dem sie nicht einmal sicher ist, dass sie ihn überhaupt empfangen hat. Haben Sie ihre Worte noch im Ohr? „Ich war nie ein böses Kind. Immer tat ich, was sie von mir verlangte." Trotz all ihrer Anstrengungen empfing sie statt eines Segens eine Last.

In solchen Familien gibt es einen furchtbaren Tausch. Durch Schuldgefühle oder Angst wird ein Kind dazu getrieben, alle seine Rechte auf eigene Ziele und Wünsche aufzugeben. Im Gegenzug erhält das Kind einen Segen, der nur so lange anhält, bis der nächste selbstsüchtige Wunsch der Eltern nach Erfüllung verlangt. So war es im Fall von Nicole, einer Frau, die ein schreckliches Geheimnis mit sich herumschleppen musste, um ihren Segen zu behalten.

Ihre Eltern ließen sich scheiden, als Nicole erst neun Jahre alt war. Nach einer stürmischen Romanze heiratete ihre Mutter innerhalb von weniger als sechs Monaten wieder und ein Stiefvater zog ins Haus. Als Nicoles Mutter eines Abends fort war, kam ihr Stiefvater ins Zimmer. Was nach seinen Worten ein „Spiel" werden sollte, wurde für Nicole zu einem Abend voller Scham und Entsetzen. Wie Tausende von Mädchen ihres Alters wurde sie das Opfer sexuellen Missbrauchs.

Am nächsten Morgen nahm ihr Stiefvater sie beiseite und sagte ihr, falls sie jemals zu irgendjemandem über den Vorfall spräche, werde er sich von ihrer Mutter scheiden lassen, sie selbst grün und blau schlagen und sie und ihre Mutter „auf der Straße verhungern lassen". Wenn sie jedoch den Mund halte, werde er sie akzeptieren und zu ihr und ihrer Mutter nett sein.

Die Angst vor dem, was mit ihrer Mutter passieren könnte, zusammen mit ihren eigenen Schamgefühlen verschloss ihr die Lippen. Da Nicole ihrer Mutter gegenüber niemals etwas von dem erwähnte, was sich zugetragen hatte, hielt ihr Stiefvater seinen Teil des Handels ein. Er führte sein Leben und seine Ehe weiter, als sei nichts geschehen. Nach jenem einen Abend benahm er sich ihr gegenüber sogar anständig.

Mit ihrem Schweigen erkaufte sich Nicole die Gunst ihres Stiefvaters. Aber der Preis war furchtbar. Die ganzen Jahre hindurch wurde sie in ihrer eigenen Familie seelisch als Gefangene gehalten. Irrtümlich glaubte sie, mit ihrem Stillhalten würde sie für sich und ihre Mutter den Segen ihres Stiefvaters erhalten. Erst später erkannte sie, dass ein Mann wie ihr Stiefvater nur einen Fluch geben konnte.

Als ich Nicole zum ersten Mal begegnete, war sie verheiratet und Mutter von drei Kindern. Seit Jahren lebte sie bereits in einem anderen Staat und sah ihre Mutter und den Stiefvater nur selten. Um die Ehe ihrer Eltern zu erhalten, hatte sie einen schrecklichen Preis bezahlt. Sie war nicht imstande, ihre tiefsten Qualen laut zu äußern, doch ihre schmerzhaften Erinnerungen schrien ihr Tag und Nacht zu, dieses Unrecht zu beseitigen. Erst als sie zusammenbrach und ihrem liebevollen Mann das Geheimnis anvertraute, befreite sie das von der Last der Vergangenheit.

Eltern, die den Segen für ihr Kind an solche Versprechen binden, fügen ihm schweren Schaden zu. Sie benutzen eins der stärksten Verlangen des menschlichen Herzens, um ein Kind in das Netz ihres eigenen egoistischen Verlangens zu locken.

Nicole und andere in gleicher Lage können einen wirklichen Segen empfangen. Nicole erkannte dies zuerst in der geduldigen Haltung ihres Mannes und sie glaubte daran, als sie zum ersten Mal die Liebe ihres himmlischen Vaters entdeckte, die keine Fesseln hatte.

Wenn wir eine schwere Last zu tragen haben, um den Segen unserer Eltern zu bekommen, oder wenn wir so etwas von unseren Kindern erwarten, dann müssen wir uns darüber im Klaren sein, dass wir nur einen vorgetäuschten Segen erhalten oder weitergeben. Der Segen, wie er uns im Alten Testament begegnet, wurde um keinen solch furchtbaren Preis erkauft. Er war eine Gabe, die geschenkt wurde, und nicht etwas, was man sich verdienen musste. Wie die Liebe Gottes ist auch er ein Akt der Gnade und der bedingungslosen Zuwendung und er wird einem Menschen von hoher Wertschätzung gespendet.

Trotz der Probleme mit ihrem Elternhaus konnten Ulrike, Christof, Benedikt, Evelin, Pastor Brown und sogar Nicole mit dem fehlenden Segen fertig werden. Sie entdeckten, dass es für jeden, der in ähnlicher Situation aufwuchs, Hoffnung und Hilfe gibt. Wir schauen uns jedoch noch zwei weitere Familien an, in denen der Segen verweigert wird. Zunächst kommen wir zu einer Familie, die von dem Motto geprägt ist: „Hier lebt eine unnachgiebige Tradition."

Die vierte Familie – Segen für Anerkennung der Tradition

Christian war völlig durcheinander und verzweifelt. Mit neunzehn war er von seinem Vater vor die Tür gesetzt worden und wusste nicht, wohin er gehen sollte. Was war geschehen? Hatte er sich offen aufgelehnt? Hatte er sich etwas zuschulden kommen lassen?

Christian sollte nach Ansicht seines Vaters eine Rolle erfüllen, die von seiner Familie erwartet wurde, und Christian hatte beschlossen, dass er in diese Form nicht hineinpasste. In einem Elternhaus, wo das Motto „Hier lebt eine unbeugsame Tradition" hochgehalten wird, ist dies eine unverzeihliche Sünde. In solchen Familien wird der Segen nur vermittelt, wenn diese Traditionen befolgt werden.

Christians Vater war Pastor, genauso wie schon sein Großvater, ja sogar sein Urgroßvater! Drei Generationen von Clarks hatten früh in ihrem Leben die Berufung zum Pastor vernommen und ohne zu fragen darauf reagiert.

Nun war die vierte Generation an der Reihe. Christians älterer Bruder hatte sich für das Pastorenamt entschieden und besuchte dasselbe Seminar, in dem auch schon sein Vater studiert hatte. Bei Christian jedoch drohte das Schema zu zerbrechen.

Christian hatte schon früh in seinem Leben zu Christus als seinem Herrn und Heiland gefunden und seine Liebe zum Herrn war im Laufe der Jahre noch gewachsen. Er besuchte eine Universität in seiner Heimatstadt und war mit der Tochter eines Pfarrers befreundet. Bis zu diesem Punkt hatte Christian den für einen Clark vorgeschriebenen Plan erfüllt.

Da traf Christian eine Entscheidung, die seine Eltern enorm aufbrachte. Als er sein Hauptfach wählen musste, gab er dem Fach Marketing den Vorzug vor Theologie. Christians Vater war tief gekränkt. Drei Generationen von Clarks waren Geistliche. Nun war die Familientradition in Gefahr. Und das alles wegen eines rebellischen Sohnes, der das Unzweifelhafte in Zweifel zog. Das machte ein Clark einfach nicht.

Zuerst geriet seine Freundin in Verdacht, Christian von seiner Berufung wegzulocken, doch dies erwies sich als falsch. Seine engsten Freunde waren alle Christen und es ließen sich wenig Anhaltspunkte dafür finden, dass aus dieser Richtung eine Verschwörung vom Zaun gebrochen war. Nein, das Ganze war Christians ureigenster Entschluss. Eines Abends nach dem Abendessen wechselten er und sein Vater in einem lauten Gespräch zornige Worte. Als Christian nicht eingestehen wollte, dass es die Sünde in seinem Leben war, die ihn in die Irre geführt habe, griff der Vater zur „Disziplin" gegenüber seinem fehlgeleiteten

Sohn. Er befahl Christian, sich so lange von seiner Familie fernzuhalten, bis er seine Irrwege bereue.

Jeden Tag müssen Söhne und Töchter eine solche Trennung erdulden, die mit einer starren Familientradition brechen. Ich erlebte das bei einem Sohn, der sich weigerte, die Garage seines Vaters zu übernehmen, und bei einer Tochter, die nicht in die richtige Gesellschaftsschicht hineinheiratete. Ein andermal geschah dies bei einem Sohn, der es wagte, eine bestimmte Partei zu wählen.

In jedem der oben erwähnten Beispiele fühlten sich die Eltern in den Erwartungen betrogen, die sie an ihre Kinder hatten. Zur Strafe verweigerten sie ihrem Kind den Segen oder nahmen ihn zurück.

Dieser Typ von Familie kann einen Bruder dazu zwingen, sich gegen einen anderen Bruder auf die Seite der Eltern zu stellen, oder eine Schwester dazu nötigen, sich spät abends aus dem Haus zu schleichen, um eine andere Schwester zu besuchen. Ausgeschlossenen Söhnen und Töchtern kann jeder Feiertag und jedes Familienfest verdorben werden, wenn sich im Augenblick ihres Erscheinens eisiges Schweigen breitmacht. Dabei sprechen wir nicht von Eltern, die sich über einen Sohn oder eine Tochter Sorgen machen, weil sie auf wirkliche Abwege geraten sind.

Marcos und Belles ältester Sohn Peter war Alkoholiker. Er hatte mit dem Trinken in Vietnam begonnen, um die Grauen des Krieges zu vergessen. Nach seiner Rückkehr trank er weiter, um vor den Kämpfen bei dem Wiedereintritt in das Zivilleben zu flüchten.

Peter lernte eine junge Frau kennen, die er nach kaum vier Monaten heiratete. Innerhalb eines Jahres schenkte sie ihrem ersten Kind das Leben. Peter, der nicht imstande war, über die Jahre hinweg einer ordentlichen Berufstätigkeit nachzugehen, und mehr trank als je zuvor, ließ seine Frustration immer mehr an Frau und Kindern aus. Die Situation verschlimmerte sich bis zu einem Punkt, an dem seine Frau gezwungen war, eine Einweisungsverfügung zu erwirken, um sich und die Kinder zu schützen.

Peters zerstörerisches Verhalten brach seinen Eltern das Herz. Tag für Tag beteten sie für ihn und versuchten, ihm mit Rat und Tat zur Seite zu stehen und Mut zu machen. Unzählige Male hatten sie für ihn Finanzbürgschaften übernommen und zwei Mal hatten sie sogar eine Kaution gestellt, um ihn aus der Haft zu holen.

In all diesen Kämpfen hatten Peters Eltern ihm nie den Segen vorenthalten. Sie hießen sein Verhalten nicht gut und sagten ihm das auch, doch er war ihr Sohn und sie liebten ihn zutiefst. Doch als er anfing, seine Familie physisch zu misshandeln, trafen sie den schmerzlichen Entschluss, ihm die finanzielle Unterstützung zu verweigern, wenn er keine Entziehungskur machte.

Marco und Belle teilten ihrem Sohn diesen Beschluss in aller Liebe mit, doch er explodierte vor Wut. Er warf ihnen schlimme Schimpfworte ins Gesicht und erklärte, sie hätten ihn betrogen. Er drohte, sich dafür zu rächen, und stürmte davon.

Peters Eltern hörten nicht auf, ihren Sohn zu lieben. Doch eben weil sie ihn so sehr liebten und sein Bestes wollten, waren sie bereit, ihm die Stirn zu bieten und das Risiko auf sich zu nehmen, ihn für eine Zeit lang zu verlieren. Sie verweigerten ihrem Sohn einen bestimmten Aspekt des Segens um der zerstörerischen Probleme willen, mit denen er zu tun hatte. Dabei standen sie auf dem Fundament der

Bibel, als sie ihrem Sohn diesen Teil des Segens vorenthielten.

Solche Eltern leben nicht nach dem Motto „Starre Familientradition". Dazu weist ihre ausdauernde Liebe viel Reife, persönliche Integrität und Mut auf. Wir meinen Eltern, die ihren Kindern jedes bisschen Segen verweigern aus Gründen, die ungefähr so solide sind wie Treibsand.

Franziska war eine charmante, intelligente junge Frau, die mit großer Liebe an ihren Eltern hing. Sie hatten sie ebenfalls lieb und besaßen auch die materiellen Mittel, diesem Gefühl Ausdruck zu verleihen – neue Kleider, neue Autos, die besten Schulen. All dies gehörte ihr, bis sie Olaf kennenlernte und sich in ihn verliebte.

Olaf besuchte die gleiche vornehme Schule wie Franziska. Allerdings bezahlte Olaf seinen Schulbesuch selbst. Er wies hervorragende Leistungen auf und sah einer glänzenden Zukunft entgegen. Olaf und Franziska begegneten sich am ersten Schultag im Gemeindehaus, wo Olaf sich mit Kochen und Putzen sein Essen verdiente. Franziska und Olaf glaubten beide an Christus und stellten fest, dass sie viele gemeinsame Interessen hatten. Ihre Beziehung begann als enge Freundschaft, doch bis zum Ende des Schuljahres hatte sich zwischen beiden eine tiefe Liebe entwickelt.

Beide dachten, dass sich ihre heftigen Gefühle nach einem Sommer Trennung wieder legen würden, doch nach Dutzenden von Briefen hin und her und gigantischen Telefonrechnungen wussten sie, dass das kein Strohfeuer war, sondern die wahre Liebe. Als der Dezember des nächsten Jahres gekommen war, sprachen sie von Verlobung, und es wurde Zeit, dass Olaf sich bei Franziskas Eltern vorstellte.

Olafs Mutter wohnte in der Nähe der Universität und

Franziska hatte sie schon unzählige Male getroffen. Zwischen den beiden Frauen hatte sich eine herzliche Zuneigung entwickelt. Olafs Vater war bei einem Autounfall ums Leben gekommen, als Olaf noch ein Junge war, und seine Mutter hatte durch ihre Arbeit in einer Schulkantine den Lebensunterhalt für beide verdient. Franziska fühlte sich bei Olafs Mutter zu Hause und sie war sich ganz sicher, dass ihre Eltern Olaf mit offenen Armen aufnehmen würden. Aber dem war nicht so.

Franziska war so verliebt, dass sie nicht bemerkt hatte, wie sich die Haltung ihrer Eltern gegenüber ihrer Beziehung verhärtete. Sie hatten die Sache nicht durch ein Verbot fördern wollen und gehofft, wenn sie Partys veranstalteten und ihre Tochter dort all die „netten Jungs" kennenlernen würde, würde sie die Beziehung von sich aus abbrechen. Das Wenige, was sie von Olafs Herkunft gehört hatten, war mehr als genug. Nie und nimmer sollte er ihr Haus betreten, geschweige denn ihr Schwiegersohn werden. Für die Eltern stand viel zu viel auf dem Spiel, wenn es um den gesellschaftlichen Status ihrer Tochter ging.

Franziska war völlig am Boden zerstört, als sie diese Botschaft erfuhr. Olaf saß bei ihr im Zimmer, als sie ihre Eltern anrief. Sie und Olaf waren so aufgeregt gewesen, ihnen die Neuigkeit ihrer Verlobung zu überbringen und dass er um ihre Hand anhalten wollte. Doch in wenigen Minuten waren die Hoffnungen des Paares zerstört. Franziska durfte ihn *nicht* mit nach Hause bringen, und sie sollte ihn nicht mehr treffen, sonst würde sie die finanziellen Unterstützungen ihrer Eltern verlieren.

Olaf und Franziska versuchten, die Scherben ihres zerstörten Traumes aufzusammeln. Franziska fuhr nach Hause, um ihre Eltern umzustimmen, doch das war zwecklos. Sie wiederholten lediglich ihre entschiedene Warnung, dass viel zu viel auf dem Spiel stand. Sie solle das nicht alles wegwerfen wegen eines Mannes, der sie oder ihre Familie „nicht verdiente".

Olaf und Franziska suchten Rat bei ihrem Pastor und nahen Freunden und wendeten sich sogar an den Gemeindepastor ihrer Eltern, um ihn um Rat zu fragen. Doch ihre Eltern rückten nicht von ihrem unerbittlichen Kurs ab.

Um Franziskas Eltern entgegenzukommen, verschoben die beiden jungen Leute ihre Verlobung und Heirat um anderthalb Jahre. Doch jeder von Olafs Versuchen, ihren Eltern gegenüberzutreten und die Angelegenheit mit ihnen zu besprechen, wurde bereits im Keim erstickt.

Franziska, die nur noch ein Semester vor sich hatte, musste die schwerste Entscheidung ihres Lebens treffen, eine Entscheidung, für die sie auch nach sieben Jahren noch zu zahlen hatte. Sie und Olaf wurden in einem feierlichen Gottesdienst in einer kleinen Universitätskapelle getraut. Von den Eltern war nur Olafs Mutter anwesend. Franziska übernahm eine Teilzeitstelle im Buchladen der Schule, um die Mittel für ihr letztes Semester und die Abschlussprüfung aufzubringen.

Franziskas Eltern besuchten Franziska und Olaf zweimal in den vergangenen sieben Jahren, jedes Mal, um kurz das neugeborene Enkelkind zu sehen. Doch ihre erbitterte Ablehnung ließ nie nach. Mit der Verweigerung ihres Segens für Franziskas Heirat – selbst sieben Jahre nach der Eheschließung – hatten sie einen fragwürdigen Sieg errungen. Sie verloren zwar die Schlacht, als es darum ging, wen ihre Tochter heiratete, doch den Krieg gewannen sie durch jeden einsamen Tag und jeden dunklen Feiertag, den Franziska ohne ihre Liebe und Unterstützung auskommen musste.

Man könnte vielleicht darüber debattieren, ob Olaf und Franziska überhaupt hätten heiraten sollen, vor allem ohne den Segen ihrer Eltern. Doch selbst sieben Jahre nach der Hochzeit weiterhin verbittert, voller Groll und nicht bereit zu sein, Verbindung zu ihrer Tochter oder ihrem Partner aufzunehmen, offenbart einzig und allein den Wunsch zu strafen, nicht das Beharren auf Grundsätzen.

Eine der größten Gaben, die Eltern einem Kind mitgeben können, ist zweifellos ihr Segen, wenn dieses Kind heiratet. Wenn Eltern diesen Segen verweigern, weil ihre Kinder sie um eine „hochkirchliche" Trauung gebracht haben oder weil sie einen Griechen statt eines Tschechen, einen Katholiken statt eines Protestanten heiraten, in eine andere Kirche überwechseln, dann kämpfen sie mit unfairen Mitteln.

Wir sprechen hier nicht von Eltern, die sich darum grämen, dass ihr gläubiger Sohn unbedingt eine ungläubige Frau heiraten will oder dass ihre Tochter sich für einen Mann entschieden hat, der gerade zum fünften Mal geschieden wurde. Selbst in solchen Situationen können Eltern ihrem Kind noch Liebe erweisen, anstatt seine Entscheidung zu missbilligen.

Hier geht es um Elternhäuser mit dem Motto „Hier leben starre Traditionen" ohne Rücksicht auf Recht oder Unrecht – nur die Tradition zählt. Sie wissen ganz genau, welche Auswirkung es hat, wenn sie ihrem Kind den Segen verweigern. Ihr Stolz ist verletzt worden, und nun verletzen sie ihre Kinder dafür. Im Laufe der Jahre kann die Haltung solcher Eltern sich sogar noch verhärten. Sie sind nicht bereit, auch nur einen Zentimeter nachzugeben. Sie können dasitzen und sich eine Predigt nach der anderen über das Vergeben anhören und sich dennoch weiterhin weigern, das Bild ihrer Tochter oder ihres Sohnes wieder auf den Kaminsims zu stellen.

In diesen Elternhäusern wird der Segen erteilt, wenn man alle Erwartungen erfüllt. Schlägt man jedoch einen anderen Weg ein, dann muss man sich auf so einiges gefasst machen.

Die fünfte Familie: Der Segen wird nur teilweise vergeben

Bei dieser letzten Familie empfängt ein Kind zwar den Segen, allerdings nur zum Teil. Es gibt verschiedene Möglichkeiten, wie so etwas aussehen kann; in jedem Fall bleibt das Gefühl zurück, nur halb gesegnet zu sein. Wir werden uns drei Situationen ansehen, in denen Kinder auf einen Teil des Segens verzichten müssen: bei Scheidung, böswilligem Verlassen und Adoption.

Wenn Eltern sich scheiden lassen

In den vorangegangenen Kapiteln haben wir die Auswirkungen gesehen, die eine „seelische Scheidung" auf ein Kind haben kann. Diese Situation tritt dann ein, wenn ein Elternteil einem Kind oder Partner den Segen vorenthält, das Ehepaar jedoch zusammenbleibt. Gleichermaßen schwierig ist es für Kinder, sich zurechtzufinden, wenn sich die Eltern tatsächlich scheiden lassen, egal, wie alt die Kinder bei der Scheidung sind.

Beim typischen Szenario rund um eine Scheidung erhält die Frau das Sorgerecht für die Kinder und der Vater zieht aus. Untersuchungen zeigen, dass im ersten Jahr nach einer Scheidung viele Väter ihre Kinder nach einem festgelegten Plan sehen. Tatsächlich tritt recht häufig das sogenannte „Sugardaddy-Syndrom" ein.

Darunter versteht man, dass der Vater die Kinder mit Geschenken und Aufmerksamkeiten geradezu überhäuft. Die Kinder können sich dann in der Folge stärker zu ihm hingezogen fühlen als die ganzen Jahre zuvor. Die Einzige, die in dieser Zeit mit Schwierigkeiten zu kämpfen hat, ist die Mutter, die sehen muss, wie sie über die Runden kommt und sich gegen die Konkurrenz der üppigen Geschenke und Ausflüge für die Kinder, die sie sich nicht leisten kann, zur Wehr setzen muss.

Leider hält die Aufmerksamkeit nicht lange an und nach einem Jahr etwa lässt der Kontakt zwischen Vater und Kind meist allmählich nach. Nach drei Jahren sehen viele Väter ihre Kinder nur noch einmal im Monat oder seltener.

Viele dieser Kinder bekommen als Teenager und junge Erwachsene nur einen Teil des Segens. Der Segen ihrer Mutter ist beständig, ebenso die dauernde Sehnsucht nach dem fehlenden Segen ihres Vaters. Wenn die Flut der anfänglichen Aufmerksamkeit des Vaters allmählich nachlässt, stellen sich oftmals Wut, Unsicherheit und Verhaltensauffälligkeiten ein.

Der Segen, den ein Vater seinem Kind schenkt, ist genauso wichtig wie der Segen der Mutter. Fehlt er, dann entsteht im Leben des Kindes ein Vakuum, das ausgefüllt werden will.

Ich will an dieser Stelle einen Punkt hervorheben, der

für den zu Hause verbliebenen Elternteil äußerst wichtig ist, der dem Kind ständig den Segen zukommen lässt. Dieser Punkt ist auch bedeutsam für Eltern von Kindern, die verlassen oder adoptiert wurden. Kinder sehnen sich ganz natürlich nach dem Segen des abwesenden Elternteils. Ihre Sehnsucht nach dem Fehlenden bedeutet nicht, dass ihnen vom anwesenden Elternteil zu wenig Liebe entgegengebracht wird. Fast alle Kinder haben ein seelisches Bedürfnis, die Verbindung zu dem anderen Menschen wiederherzustellen, der für ihre Geburt verantwortlich ist.

Ich (John) fand die Bestätigung dafür in meinem eigenen Leben. Meine Mutter und mein Vater ließen sich scheiden, als ich etwas über dreizehn Monate alt war. Meine Mutter behielt das Sorgerecht für meinen älteren Bruder, meinen Zwillingsbruder und mich; das bedeutete, dass sie ihre drei kleinen Kinder allein erziehen musste.

Als ich dann später in meinem Leben die Gelegenheit fand, Bücher für alleinerziehende Eltern durchzulesen, entdeckte ich, dass meine Mutter auf die Titelseite gepasst hätte. Bis zum heutigen Tag kann ich mich nicht erinnern, dass sie sich jemals negativ über meinen Vater geäußert hätte. Auch hat sie Kontakte zwischen uns und ihm nicht unterbunden. Das galt selbst in den ersten Jahren nach der Scheidung, als sie arbeiten gehen musste.

Meine Mutter arbeitete ganztags als leitende Angestellte einer Spar- und Darlehnskasse, doch ihre Abende und Wochenenden waren ganz uns Kindern gewidmet. Dutzende Male verfrachtete sie uns am Freitagabend in ihr Auto, hängte den kleinen Wohnwagen an und ab ging's in die Berge des nördlichen Arizona oder nach Mexiko an den

Strand, wo wir uns mit anderen Familien zusammen am Camping erfreuten.

Camping war etwas, für das sich meine Mutter erst begeistern musste. Sie stammte aus einer wohlhabenden Familie in Indiana und so bezogen sich ihre bisherigen Erfahrungen auf Hotelanlagen neben Campingplätzen. Doch sie wusste, dass drei heranwachsende Jungen die Härten des Lebens im Freien und die männliche Gesellschaft verschiedener verheirateter Freunde brauchten, die jedes Kind im „Campingklub" wie ein eigenes behandelten.

Ich kann ohne jede Frage sagen, dass meine Brüder und ich den Segen erfuhren, lange bevor wir darüber in der Bibel lasen. Von der bedeutsamen Berührung und der hohen Wertschätzung bis zur Verheißung einer besonderen Zukunft für jeden einzelnen Sohn lernten wir den Segen kennen, indem wir ihn erlebten. Meine Mutter ist eine sehr liebevolle Person, doch sie war klug genug, sich nicht zu fragen, ob ihre Liebe angemessen sei, als mein Vater nach mehreren Jahren wieder den Kontakt zu uns suchte.

Heute erfreuen sich meine Brüder und ich einer wachsenden Beziehung zu unserem Vater und stehen dabei nach wie vor unserer Mutter sehr nahe. Diese guten Beziehungen haben wir größtenteils deshalb, weil uns der Wunsch nach Kontakt zu unserem Vater nicht verweigert wurde. Der Segen von unseren beiden Eltern wurde niemals als Trumpfkarte gezogen, um den einen gegen den andern auszuspielen. Selbst unter einer familiären Situation, die vom Ideal Gottes um einiges entfernt war, fanden wir die Hilfe, um den fehlenden Teil des Segens auszugleichen.

Natürlich enden nicht alle Scheidungen, nicht alle elterlichen Beziehungen so, wie in der oben beschriebenen

Geschichte. Das ist zum Teil der Grund dafür, warum ein ganzes Kapitel davon handelt, wie man mit dem Fehlen des Segens umgehen kann.

Zwei Programme in meiner Gemeinde haben sich für alleinerziehende Eltern als besonders hilfreich erwiesen. Das erste ist ein Programm mit der Bezeichnung „Großer Bruder / Kleiner Bruder, Große Schwester / Kleine Schwester", das auf die Bedürfnisse von Jungen und Mädchen eingeht, die den Segen von einer Mutter oder einem Vater vermissen. Dabei wird ein erwachsener Mann mit einem Jungen und eine erwachsene Frau mit einem Mädchen zusammengebracht und auf diese Weise werden schmerzhafte Lücken geschlossen, die durch den fehlenden Segen eines Elternteils aufgerissen wurden.

Das zweite Programm, „Adoptivgroßeltern", bringt ein Kind eines alleinerziehenden Elternteils mit einem Mitglied der Senioren-Gruppe zusammen. Diese gläubigen älteren Menschen können einem kleinen Jungen oder Mädchen oftmals etwas Kostbares schenken. Ein sechsjähriges Mädchen kommentierte das so: „Großeltern sind die einzigen Erwachsenen, die Zeit zum Zuhören haben." Führt man diese Kinder mit einem älteren Menschen zusammen, der das Bedürfnis hat, gebraucht zu werden, dann wird jeder für den anderen zu einer Quelle des Segens.

Jedes Elternpaar, das eine Scheidung in Erwägung zieht, muss den Dingen klar ins Gesicht sehen. Die Spaltung einer Ehe kann für jedes Kind schwere nachteilige Auswirkungen haben. Zwar können diese Kinder lernen, ohne den Segen beider Eltern auszukommen, doch der beste Platz für die Vermittlung und Weiterführung des Segens ist eine intakte Ehe.

Wenn ein Elternteil die Familie verlässt

Verlässt ein Elternteil die Familie, dann kann dies für ein Kind schlimmer sein als der Verlust durch Tod. Wenn ein Elternteil stirbt, weiß ein Kind, dass es in diesem Leben keine Möglichkeit mehr gibt, von dem verstorbenen Vater oder der Mutter einen noch fehlenden Teil des Segens zu erlangen. Wenn aber ein Elternteil die Kinder verlässt, dann wissen sie, dass „irgendwo da draußen" ein Mensch lebt, der nach wie vor die Macht hat zu segnen.

Wenn beispielsweise ein Vater plötzlich und unerwartet die Familie verlässt, kann das für ein Kind tief greifende Auswirkungen haben. Es kann dazu führen, dass seine Tochter für immer Angst davor hat, sich einem Mann gegenüber zu öffnen, weil sie denkt, dass auch er sie verlassen wird. Der Zorn seiner Tochter kann dazu führen, dass sie zeit ihres Lebens Schwierigkeiten mit Männern hat. Sie meidet womöglich Männer völlig oder sucht dauernd den Vater, den sie niemals hatte.

Mit der Hilfe Gottes muss dass nicht unbedingt eintreten. Trotzdem können quälende Fragen die Gedanken eines Kindes bestimmen, dessen Eltern einfach fortlaufen, Fragen, wie Laurie sie sich über Jahre hinweg stellte.

Lauries Mutter hatte ihre Familie verlassen, weil sie ein Verhältnis mit ihrem Vorgesetzten hatte. Als er in einen anderen Teil des Landes versetzt wurde, packte sie eines Tages, als die übrige Familie aus dem Haus war, ihre Koffer und ging mit ihm. Sie ließ für Laurie keine schriftliche Notiz zurück und rief sie nicht einmal an, um mit ihr zu reden. Ihre Mutter schickte lediglich einen an Lauries Vater adressierten Brief, der die Scheidungspapiere enthielt.

Laurie und ihr Vater kamen in den Jahren ihrer Schulzeit

zurecht. Sie besuchte sogar eine Sekretärinnenschule und fand eine gute Stelle als Assistentin eines leitenden Angestellten. Doch sooft sich ein Mann ernsthaft für Laurie interessierte, überkam sie die Angst.

Jedes Mal, wenn Laurie ernsthaft an Heirat und Gründung einer Familie dachte, hörte sie eine leise Stimme, die ihr sagte: „Lass es sein. Du bist wie deine Mutter und lässt sie auch im Stich." Erst der Rat eines Pastors und die Erfahrung, wie Gott den fehlenden Teil des Segens füllen kann, halfen ihr zu dem Entschluss, zu heiraten und eine Familie zu gründen.

Verlässt ein Elternteil die Familie, dann bleiben viele wichtige Fragen unbeantwortet. Wer nur die Hälfte der Karten austeilt, die ein Kind für die Erlangung des Segens braucht, der handelt grausam.

Fragen, die sich aus einer Adoption ergeben

Es gibt noch eine weitere Gruppe von Kindern, die für gewöhnlich damit ringen, dass sie nur einen Teil des Segens erlangen. Das sind adoptierte Kinder, die sich mit der Frage herumschlagen: *„Warum haben mich meine leiblichen Eltern verlassen?"*

Ich kenne viele Adoptiveltern, die sich unendlich viel Mühe geben, diesen Kindern den Segen weiterzugeben. Sie gleichen den Verlust aus, den ein Kind empfinden mag, weil es von seinen leiblichen Eltern getrennt wurde. Doch selbst in den besten Familien, in denen ein Kind sich der Liebe seiner Adoptiveltern völlig sicher sein kann, kommt die Frage auf: „Warum haben mich meine leiblichen Eltern verlassen?"

Manchmal zeigt sich diese Frage in der Form von Verhaltensauffälligkeiten, um zu sehen, ob die Adoptiveltern „mich genauso verlassen wie meine leiblichen Eltern". Diese Kinder testen die Grenzen ihrer Adoptiveltern, weil sie Gewissheit suchen, dass sie wirklich geliebt werden. Andere Kinder bezahlen dafür, um ihre leiblichen Eltern aufzuspüren, damit sie den Teil des Segens zurückgewinnen, den sie vor Jahren verloren.

Adoptiveltern sollten auf ein solches Verhalten vorbereitet sein, wenn das Kind in ein Alter kommt, in dem es für sich solche Fragen stellt. Wenn Adoptivkinder jedoch reichlich gesegnet werden, können sie die Gewissheit und das Selbstvertrauen haben, sich konstruktiv mit solchen Fragen auseinanderzusetzen. Sie stellen vielleicht diese Fragen, doch sie sind für das Fundament ihres Lebens nicht mehr abhängig vom Segen ihrer leiblichen Eltern. Gottes Liebe, die sich durch die Erteilung des Segens erweist, kann ihnen Selbstannahme schenken und die Gewissheit geben, dass sie zu einer Familie gehören, die sie liebt.

Wir haben uns fünf Arten von Familien angesehen, die ihren Kindern den Segen vorenthalten. Da jede Familie sich hierbei anders verhält, kann auch die Reaktion jedes Kindes auf das Ausbleiben des Segens in seiner Art einmalig sein.

Das Verweigern des Segens kann im Leben eines Kindes prägend sein, genauso wie die Vermittlung des Segens von machtvoller Wirkung sein kann. Nun, am Ende dieses Kapitels, wollen wir sieben verschiedene Typen von Kindern betrachten, die aus Elternhäusern stammen, die ihnen den Segen auf die eine oder andere Weise schuldig blieben.

Suchende

Ich erlebte verschiedene Beispiele, wo Kinder auf das Fehlen des Segens mit einer lebenslangen Suche reagierten. Suchende sind Menschen, die sich immer um Vertraulichkeit bemühen, doch selten imstande sind, sie zu ertragen. Es sind Menschen, die eine ungeheure Erfüllung darin finden, um einen anderen Menschen zu werben. Doch nach der Hochzeit führt die fehlende Zuwendung ihrer Eltern dazu, dass sie sich unbehaglich fühlen, wenn sie diese Zuwendung von einem Ehegatten empfangen. Da sie nie erfahren haben, wie sich Zuwendung „anfühlt", sind sie nie zufrieden, wenn sich eine Beziehung allzu lange hinzieht. Sie ringen vielleicht auch mit dem Glauben an Gottes unumstößliche Liebe zu ihnen, weil der Segen in den Anfangsjahren ihres Lebens nicht von langer Dauer war.

Die innerlich Zerbrochenen

Sie sind Menschen, deren Leben durch das Fehlen von elterlicher Liebe und Aufmerksamkeit zutiefst gestört ist. Furcht, Angst, Depressionen und seelischer Rückzug lassen sich in vielen Fällen darauf zurückführen, dass ein Mensch den Segen seiner Familie vermissen musste. Ihr unseliger Pfad kann sie sogar bis zu den furchtbaren Klippen des Selbstmords führen, wenn sie zu der Überzeugung kommen, sie seien eine „Null".

Die Gierigen

Wie ein tonnenschwerer Schwamm saugen diese Menschen als Reaktion auf den fehlenden Segen ihrer Eltern auch den

letzten Rest von Lebenskraft und Energie aus einem Ehepartner, Kind, Freund oder der ganzen Gemeinde. Sie sind
von ihrer Vergangenheit her seelisch so leer, dass sie andere
Menschen mit ihrem ungestillten Verlangen ersticken und
wie ein Parasit deren Wunsch, zuzuhören und zu helfen, in
sich aufsaugen.

Leider geschieht es dann, dass die anderen irgendwann
der Aufgabe überdrüssig werden, das ganze seelische Gewicht des anderen zu tragen, und den Gierigen zurückwei-
sen. Wieder ist er tief verletzt, aber nie erkennt er, dass er
diese Schmerzen letzten Endes selbst herbeigeführt hat.
Am Ende stößt er den Segen von sich, den andere ihm
schenken wollen, gerade dann, wenn er ihn am meisten
braucht.

Die Zornigen

Solange Menschen aufeinander wütend sind, bleiben sie
aneinandergekettet. Viele Erwachsene sind seelisch an ihre
Eltern gefesselt, weil sie zornig sind über den fehlenden Segen. Sie haben ihnen nie verziehen und sind nachtragend.
Die Folge ist, dass das Rasseln und Schleifen der „inneren
Ketten" sie bei anderen Beziehungen von Vertraulichkeit
ablenkt. Viele Kinder treten deshalb mit einer Last auf der
Schulter ins Leben, die ihnen in frühen Jahren auferlegt
wurde, als sie glaubten, niemals Liebe und Geborgenheit in
ihrem Elternhaus erfahren zu können.

Die innerlich Losgelösten

Ein altes Sprichwort sagt: „Ein gebranntes Kind scheut das
Feuer." Manche Kinder, denen der Segen verweigert wurde, leben nach diesem Sprichwort. Nachdem sie *einmal* in

ihrem Leben den Segen eines für sie wichtigen Menschen verloren, bemühen sie sich ihr ganzes Leben lang, dass dies kein zweites Mal geschieht. Sie halten Ehegatten, Kinder oder nahe Freunde auf Distanz und schützen sich so vor Verlust – um den Preis, dass die Einsamkeit zum Dauergast in ihrem Leben wird.

Die Gehetzten

In diese Kategorie gehören Perfektionisten, Arbeitssüchtige, putzwütige Hausfrauen und ganz allgemein anspruchsvolle Menschen, die versuchen, sich den Segen zu „verdienen". Das Problem ist nur, dass der Segen ein Geschenk ist. Man kann Segen nicht kaufen. Die Gehetzten werden durch das Ausbleiben des Segens herausgefordert, einen Kampf gegen Windmühlen zu führen. Der Name dieser Windmühlen lautet „Leistung", und sie unternehmen den illusorischen Versuch, Liebe und Zuwendung zu erwerben.

Die Verführten

Viele Menschen, die auf den Segen ihrer Eltern verzichten mussten, suchen an allen möglichen falschen Stellen nach der verlorenen Liebe. Die unerfüllte Sehnsucht kann einen Menschen dazu verführen, legitime Bedürfnisse auf illegitimen Wegen zu befriedigen. In diese Kategorie fallen auch alle, die dem Missbrauch von Suchtstoffen erlegen sind. Allzu häufig dient der Griff zur Flasche oder zu Tabletten am Anfang nur dazu, den Schmerz einer leeren Beziehung in der Vergangenheit oder Gegenwart zu überdecken. Alkoholismus und Drogenmissbrauch können ein Irrweg sein, auf dem versucht wird, die tiefe seelische Wärme zu erlangen, die Teil der Erfahrung der Segenselemente ist.

Eine Untersuchung über Männer, die dem Glücksspiel verfallen sind, ergab, dass über neunzig Prozent „eine bedrückende Kindheit, gekennzeichnet von Einsamkeit und Ablehnung", hinter sich hatten. Das Ausbleiben der Segenselemente in einem Elternhaus kann ein Kind später dazu verführen, in wechselnden sexuellen Beziehungen, Alkoholismus oder zwanghaftem Glücksspiel die Erfüllung für fehlende menschliche Beziehungen zu suchen.

Es gibt durchaus die Möglichkeit, dass solche Menschen geheilt werden und sich den „Gesegneten" anschließen können. Diese Hilfe beginnt mit der Entdeckung der Realität eines geistlichen Familiensegens, den unser Herr für jeden bereithält, der bereit ist, mutig der Vergangenheit entgegenzutreten.

Wenn wir uns diese Familien ansehen, die ihren Kindern den Segen verweigern, dann merken wir, dass jedes fehlende Segenselement unser eigen sein kann. Aber anstatt die Vergangenheit zu wiederholen, können wir die Freiheit erlangen, uns zu dem Menschen zu entwickeln, wie Gott ihn haben will.

Wir sollten nicht den Kopf hängen lassen und die Hoffnung verlieren, wenn wir ohne Segen aufwuchsen. Stattdessen sollten wir zu der unglaublichen Segensquelle für unser Leben aufschauen, die unserem Leben Überfluss schenkt, die Art von Segen, die selbst einen Fluch durch Frieden ersetzen kann.

9. Wie man lernt, abseits vom Segen zu leben

Vor mehreren Jahren hatte ich (John) die Eltern eines tief gestörten einundzwanzigjährigen jungen Mannes mit Namen Daniel zur Beratung. Obwohl die Probleme, vor die sich diese Eltern gestellt sahen, schon einige Zeit existierten, hatten sie es lange aufgeschoben, sich um Hilfe zu bemühen.

Daniel hatte ernsthafte geistige Probleme, die seiner Familie eine ungeheure Last auferlegten. Oft war er zornig und streitsüchtig, gelegentlich sogar gewalttätig. Doch das Leben war für diese Familie nicht immer so schwierig gewesen.

Daniels Probleme zeigten sich erstmals nach einem Autounfall, als er elf Jahre alt war. Der Unfall ereignete sich kurz nachdem die Familie nach Texas gezogen war. Vor dem Unfall ging es Daniel und seiner Familie ausgezeichnet. Sie waren so etwas wie eine Vorzeigefamilie.

Als Daniels Verhalten sich infolge des Unfalls zu verändern begann, suchten seine besorgten Eltern viele Spezialisten auf. Sie erhielten jedes Mal die gleiche Diagnose: Für das Problem ihres Sohnes gab es keine medizinische Lösung. Vielleicht würden Zeit und Verständnis die Dinge wieder ins Lot bringen.

Daniels Mutter liebte ihren Sohn sehr. Selbst wenn er wütend war und schlecht gelaunt, brachte sie Stunden mit dem Versuch zu, vernünftig mit ihm zu reden und ihm Verse aus der Heiligen Schrift vorzulesen, um einen Eindruck auf sein Leben zu hinterlassen. Stets hoffte sie, dass der „Pfahl in seinem Fleisch" entfernt und sich ihr Leben wieder so gestalten würde, wie es vor dem Unfall gewesen war.

Bei Daniels Geschwistern und selbst bei ihrem Mann spielte seine Mutter ständig den Ernst der Probleme ihres Sohnes herunter. Sie versuchte, den durch Daniels Verhalten verursachten schweren Druck dadurch zu erleichtern, dass sie oft Familienfeste und besondere Ferienereignisse veranstaltete. Sie wollte Gelegenheiten schaffen, bei denen die ganze Familie „wieder beisammen wäre, gerade so wie früher". Doch sobald Daniel auf der Bildfläche erschien, ruinierte er die Party mit seinen gehässigen Bemerkungen.

Seine liebende Mutter weigerte sich anzuerkennen, dass Daniels Probleme wirklich so ernst waren. Ihr Mann und der Rest der Familie mochten denken, was sie wollten. Sie wusste, dass die Dinge wieder besser würden. Das Leben würde wieder genauso werden, wie es „in Michigan" gewesen war. Sie träumte sogar davon, bis ihre Träume sich eines Tages in einen Albtraum verwandelten.

Daniels Vater näherte sich dem Pensionsalter und er und seine Frau freuten sich auf seinen Ruhestand. Die beiden hatten das ihnen von Gott anvertraute Geld gut verwaltet und eine ansehnliche Summe gespart, sodass sie sich nun diesen traumhaften Altersruhesitz oben in den Bergen leisten konnten.

Sechs Monate, bevor der Vater offiziell in den Ruhestand trat, riefen sie den Makler an und sagten ihm, es werde Zeit, das Haus zum Verkauf anzubieten. Sie hatten das mit ihren Kindern gründlich besprochen, und jedes Kind freute sich für die Eltern – alle bis auf Daniel. Obwohl er schon seit einigen Jahren allein lebte, war das Haus seiner Eltern immer noch sein Hauptquartier. Das war auch fast notwendig, denn sein gewalttätiges Temperament hatte jeden Zimmergenossen und alle bis auf die unerschütterlichsten Freunde vertrieben.

Als Daniel eines Abends zum Haus seiner Eltern zurückkam und im Vorgarten das Schild „Zu verkaufen" entdeckte, lief er Amok. Wiederholt trat er gegen die Tür, doch seine Eltern waren nicht zu Hause. Schließlich riss er die Tafel im Vorgarten heraus und zerschmetterte damit die Scheibe der Haustür. Dann machte er sich daran, das Haus kurz und klein zu schlagen.

Daniels Eltern kehrten nach mehreren Stunden heim. Stühle waren umgeworfen und Lampen zerbrochen. Vom Dach bis zum Keller war das Haus völlig verwüstet. Doch etwas, was Daniel getan hatte, brach seiner Mutter buchstäblich das Herz.

In seiner Wut über den Plan seiner Eltern, in einen Altersruhesitz umzuziehen, war Daniel in die Diele gegangen, wo die ganzen Familienfotos hingen, und hatte jedes einzelne zerschnitten. Von den Babyfotos bis zum letzten Familienporträt mit allen Enkelkindern hatte er sie so in Stücke gerissen, dass sie nicht mehr zu kleben waren.

Daniels Mutter hatte wie jede andere Mutter die Bilder ihrer Kinder wie einen Schatz gehütet. Sie waren für sie unersetzlich und unschätzbar, vor allem die Bilder aus der Zeit vor Daniels Unfall. Sie hatten ihr immer die Hoffnung vermittelt, dass eines Tages wieder alles so sein würde wie „früher".

Daniels Mutter lernte in dieser Nacht eine schmerzvolle Lektion, eine Lektion, die viele lernen müssen, denen der Segen ihrer Eltern, ihres Ehepartners, eines geliebten Menschen oder nahen Freundes vorenthalten wurde.

Daniels Mutter musste endlich erkennen und sich ein- gestehen, dass das Leben nie wieder so sein würde wie frü- her. Selbst wenn bei Daniel eine dramatische Erholung ein- setzen würde, wären die Dinge nie wieder so wie vorher; sie konnten es auch nicht sein. Anstatt weiter mit dem Traum zu leben, dass Daniels Probleme verschwinden würden, oder sich einzureden, dass die letzten zehn Jahre von Dani- els Ausbrüchen „wirklich nicht so schlimm waren", war sie nun gezwungen, sich mit der Vergangenheit auseinander- zusetzen und die Verantwortung für den Umgang mit ihren Problemen in der Gegenwart zu übernehmen.

Die gleiche Tendenz beobachten wir bei allen Personen, die den Segen ihrer Eltern vermissen mussten. Viele ver- suchen, das Offenkundige in ihrem Leben schönzureden und nicht zuzugeben. Sie zeichnen imaginäre Bilder ihrer Vergangenheit oder leugnen die wirklichen Probleme. Da- durch werden sie oft davon abgehalten, sich ehrlich mit ih- rer Vergangenheit und ihren Eltern auseinanderzusetzen. Indem sie sich selbst zu schützen versuchen, verhindern sie effektiv eine Heilung.

Wenn wir uns nie der Tatsache stellen, dass uns der Se- gen vorenthalten wurde, können wir zwar die Auseinander- setzung mit dem Schmerz der Vergangenheit aufschieben, doch umgehen können wir sie nie. Zu Heilung und Leben führt gerade das berechtigte Leiden, das entsteht, wenn wir uns dieser Situation ehrlich stellen. Wenn wir dieses Leiden jedoch vermeiden, dann breiten wir darüber bloß eine De- cke aus ungerechtfertigten Schmerzen.

Daniels Mutter weigerte sich, die schmerzliche Erkennt- nis zu akzeptieren, dass ihr Sohn ein schweres Problem hatte und so litt sie letztlich an einer weit schlimmeren

Qual von Schuld, Angst und Reue. Menschen, die die Auseinandersetzung mit ihrer Vergangenheit vor sich herschieben, sammeln oft immer wieder die gleiche Art von Ernte ein, eine Ernte, bei der die Qual vervielfacht und die Sorgen verdoppelt werden, und das nur, weil sie sich nicht dem berechtigten Schmerz stellen, der entsteht, wenn man der Wahrheit ins Auge sieht.

Der Weg zum Segen, den wir den Menschen weisen möchten, beginnt mit dem allerersten Schritt, den ich Daniels Mutter zu schildern versuchte: Wir müssen uns selbst gegenüber ehrlich sein.

Seien Sie sich selbst gegenüber ehrlich

Johannes 8,32 ist ein Bibelvers, den ich alle meine Patienten auswendig lernen lasse. Hier spricht Jesus: „Ihr ... werdet die Wahrheit erkennen, und die Wahrheit wird euch frei machen." Die Wahrheit, von der Jesus in diesem Vers spricht, bezieht sich darauf, ihn in all seiner Reinheit zu erkennen. Christus bietet uns nicht an, alles zuzudecken, Probleme zu leugnen, die wirklich existieren. Wenn wir die Wahrheit kennen, wandeln wir in dem Licht, das die Finsternis vertreibt, und das allein kann den Anfang für unsere Befreiung bilden.

Viele von uns müssen im Scheinwerfer der Wahrheit ihre Vergangenheit beleuchten. Nur dann gewinnen wir die Freiheit, voll Vertrauen unsere Schritte in die Zukunft zu richten. Georg schaffte das und es trug reiche Früchte in seinem Leben.

Georg war vier, als seine Eltern ihm erzählten, ein neues Geschwisterchen sei unterwegs. Wie bei den meisten Vierjährigen erschienen neun Monate wie neun Jahre, während er auf den neuen Spielkameraden wartete.

Endlich kam der Tag, als Georgs Mutter ins Krankenhaus fuhr; da wusste er, dass er nun nicht mehr lange warten musste. Am nächsten Tag ging Georg mit seinem Vater in die Klinik, um sein neues Schwesterchen zu sehen. Doch als Georg das Zimmer seiner Mutter betrat, erwartete ihn eine Überraschung. Er hatte zwei Schwestern bekommen, bildhübsche kleine Zwillingsmädchen, die schon jetzt der Augapfel ihrer Mutter waren.

Georg wurde ganz gewiss nicht weniger geliebt, als die Zwillinge nach Hause kamen, doch die Dinge hatten sich von Grund auf geändert. Der große Bruder musste nun die Zeit seiner Eltern nicht nur mit einer, sondern mit zwei Schwestern teilen. Als die Zwillinge älter wurden, gestalteten sich die Umstände von Georgs Standpunkt aus noch schlimmer. Die gleichen Leute, die seiner Mutter sagten, wie entzückend die kleinen Mädchen in ihrem Zwillingswagen aussahen, hoben nur selten den Blick, um den älteren Bruder zu bemerken, der sich nach der gleichen Anerkennung sehnte.

Georgs Eltern liebten ihn sehr. Sie wollten ihn natürliche nicht übersehen, sondern alles richtig machen. Georg liebte seine Schwestern ebenfalls. Er war der perfekte große Bruder, nahm seine Aufgaben wahr und brachte ihnen die nötigen Kniffe bei, als sie zur Schule kamen. Doch im Laufe der Jahre entwickelte sich die besondere Bindung zwischen den Zwillingen zu einer kleinen Quelle der Eifersucht für Georg. Mit der besonderen Nähe zwischen den beiden Schwestern konnte er nicht mithalten, und das ärgerte ihn.

Lange, nachdem Georg und seine Schwestern das Elternhaus verlassen hatten, besuchte er eines meiner Seminare, wo er zum ersten Mal etwas über den Familiensegen hörte. Georg war sich in vielerlei Hinsicht darüber im Klaren, dass er von seinen Eltern Liebe und Zuneigung erfuhr und dass seine Eltern sich größte Mühe gegeben hatten, ihn mit dem Segen auszustatten. Doch im tiefsten Herzen quälte ihn die Frage, ob er diesen auch wirklich empfangen habe, nachdem die Zwillinge zur Welt gekommen waren. Jahrelang hatte eine nagende Ungewissheit sein Leben begleitet, die er unmittelbar auf diese Tatsache zurückführen konnte.

Georg wusste, dass sich seine Familie schon bald im Haus seiner Eltern zusammenfinden würde, um dort die Feiertage zu verbringen. Nach dem Ende der Konferenz wusste er aber auch, dass er sich ehrlich mit seinen Gefühlen, wenigstens einen Teil des Segens verpasst zu haben, auseinandersetzen musste. Mit jedem bisschen Mut, das er besaß, entschied Georg, das Thema bei seinen Eltern zur Sprache zu bringen.

Am ersten Morgen, den er zu Hause verbrachte, bot sich die Gelegenheit, mit den Eltern über seine Gefühle zu sprechen. Sie saßen beim Frühstück, während alle anderen fortgegangen waren, um Weihnachtsschmuck und die letzten Geschenke einzukaufen.

Georg begann das Gespräch, indem er seinen Eltern darüber berichtete, was er in dem Seminar über Segen erfahren hatte. Die Vorstellung war auch für sie neu; sie wurden aufmerksam und waren bald mitten in einer Diskussion.

Mehrere Minuten ließ sich Georg Zeit, um seine Eltern zu loben und ihnen dafür zu danken, wie sie mehrere Aspekte des Segens in die Praxis umgesetzt hatten. Schließlich sprach er seine Empfindungen an, nach der Geburt der Zwillinge einen Teil des Segens verloren zu haben. Liebevoll und ohne Anklage eröffnete er den Eltern eins seiner tiefsten Geheimnisse.

Kaum hatte Georg davon zu sprechen begonnen, da brach seine Mutter in Tränen aus. Georg versuchte sie sofort zu trösten und sagte, er wünschte, nie dieses Thema aufgebracht zu haben. „Nein!", entgegnete seine Mutter. „Bitte mach dir keine Gedanken darüber. Ich habe immer geglaubt, es könnte dich belastet haben, aber ich wusste nicht, wie ich es ansprechen sollte."

In diesem Augenblick waren Georg und seine Eltern vereint, weinten und lachten und umarmten sich gegenseitig, als seien sie nach jahrelanger Trennung zum ersten Mal wieder zusammengetroffen. Und so war es in der Tat ja auch.

An diesem Abend setzten sich die inzwischen erwachsenen Kinder und ihre Eltern zu einer Familienberatung zusammen, was sie schon seit Jahren nicht mehr getan hatten. Die Zwillinge wurden mit dem Thema des Gesprächs bekannt gemacht, das am Frühstückstisch geführt worden war. So bekamen auch sie Gelegenheit, unter Tränen ihre Gedanken zu dem Problem mitzuteilen und Bruder wie Eltern ihre Liebe zu bestätigen. Jedes vielleicht vorhandene Schuldgefühl wegen der Situation war damit beseitigt und voller Dankbarkeit wendeten sie sich ihrem mutigen, älteren Bruder zu.

Mit Georgs Bereitschaft, ehrlich mit seinen Eltern und seinen Zwillingsschwestern über seine Gefühle zu sprechen, war jeder mögliche Teil des Segens, der ihm vielleicht entgangen war, mehr als erfüllt. In den folgenden Wochen war Georg mit weit größerem Einsatz bei seiner Arbeit, was seinem Arbeitgeber sofort auffiel.

Man kann nicht oft genug betonen, wie wichtig es ist, ehrlich hinsichtlich seiner Gefühle zu sein, der Segen sei einem vorenthalten worden. Das ist der entscheidende erste Schritt zu Heilung und Genesung.

Versuchen Sie, den Hintergrund Ihrer Eltern zu verstehen

Als Nächstes empfehle ich allen, die den elterlichen Segen nicht empfangen haben, so gut wie möglich den Hintergrund ihrer Eltern zu verstehen. Wer diesen Rat befolgt, braucht sich nicht den Kopf darüber zu zerbrechen, warum einem nie der Segen zuteil wurde. In der überwiegenden Mehrzahl aller Fälle, in denen Eltern ihre Kinder nicht segnen, wurden sie selbst nicht gesegnet.

Andrea nahm sich diesen Rat zu Herzen und damit veränderte sich ihre Ansicht über ihren Vater völlig. Andrea erfuhr vom Begriff des Segens auf einer Freizeit für Singles. Seit Jahren hatte sie mit dem Gedanken gerungen, wie fern der Vater ihr sei. Er war stets herzlich zu seiner Tochter und nie hatte er seine Stimme gegen eins der Kinder erhoben. Doch das, was fehlte, weckte quälende Fragen bei Andrea, ob sie den Segen empfangen habe. Außer einer gelegentlichen Umarmung hatte ihr Vater nach ihrem Empfinden keins der fünf Elemente des Segens, die sie gelernt hatte, umgesetzt.

Andrea wohnte noch zu Hause und nach der Freizeit ergriff sie die erste sich bietende Gelegenheit, mit ihrem Vater über das zu sprechen, wovon sie gehört hatte. Was Andrea während dieses Gesprächs erfuhr, war wie ein bisher unbekannter Schlüssel, um ihren Vater besser zu verstehen.

Nachdem ihr Vater sich angehört hatte, was seine Tochter über den Segen erzählte – er hatte immer schon gut zuhören können, nur war er im Sprechen nicht sehr geschickt – räusperte er sich und vertraute seiner Tochter etwas aus seiner Vergangenheit an. Zum ersten Mal sprach ihr Vater etwas ausführlicher darüber. Vielleicht hatte sie ihn einfach nie darum gebeten, vielleicht hatte er es auch von sich aus nicht getan, doch an diesem Tage bekam Andrea ein besseres Bild vom Elternhaus ihres Vaters als je zuvor.

Andrea hatte ihre Großeltern väterlicherseits nie kennengelernt. Beide waren einige Jahre vor ihrer Geburt gestorben. Da ihr Vater keine Geschwister gehabt hatte, gab es auch keine Onkel und Tanten, welche die Familiengeschichte hätten weitergeben können.

Andreas Vater war in England aufgewachsen und seine Eltern waren in ihrer Art ausgeprägt britisch. Anscheinend besaßen sie auch Anspruch auf einen kleinen Adelstitel. Als ihr Sohn, Andreas Vater, geboren wurde, erzogen sie ihn mit aller Würde und Sorgfalt, die jedem englischen Staatsbürger von hoher Herkunft zustand. Während seiner Kindheit hatte er ein Kindermädchen, das ihn erziehen half, während seine Eltern die achtbare Distanz wahrten, die angemessen war, um Kindern Manieren beizubringen. Seine Beziehung zu den Eltern war so formell, dass jedes Mal, wenn er seinen Vater ansprach, ein „Sir" vorausgehen musste. Nicht etwa „Papa" oder Ähnliches kam in diesem Haus infrage. „Sir" war die korrekte Form der Anrede.

Zu der höchst formellen Anrede seinen Eltern gegenüber kam noch, dass liebevolle Berührungen untersagt waren, und ein Lob war so selten wie Zähne bei einem Huhn.

Im Verlauf einer Stunde erfuhr Andrea mehr über den Hintergrund ihres Vaters als in den ganzen neunzehn Jahren ihres bisherigen Lebens. Dadurch, dass sie nun die Umstände, unter denen ihr Vater aufgewachsen war, kannte, gewann sie ein neues Mitgefühl und Verständnis für sein Verhalten ihr selbst und ihren Geschwistern gegenüber. Sie kam sogar zu der Einsicht, dass er sich im Vergleich zu seinen eigenen Eltern geradezu leidenschaftlich um die Vermittlung des Segens für alle seine Kinder bemühte. Und die ganze Zeit hindurch hatte sie geglaubt, er verweigere ihn!

Wenn wir einmal innehalten und uns die Zeit nehmen, einen Blick auf das zu werfen, was hinter dem Tun unserer Eltern in der Gegenwart und was zurück in ihrer Vergangenheit liegt, dann ist diese Zeit gut angelegt.

Erkennen, dass selbst ein Fluch zum Segen werden kann

Manche Kinder durchleben – was den Familiensegen betrifft – eine schwere Zeit. Aus ihrer Sicht haben sie von den Eltern eher einen Fluch als einen Segen empfangen. Können solche Menschen so weit gelangen, dass sie diese Wunde, diesen Schmerz hinter sich lassen und sich wirklich geliebt und angenommen fühlen?

Hätte man Helen vor vier Jahren diese Frage gestellt, dann wäre ihre Antwort ein nachdrückliches *Nein* gewesen. In ihren Gedanken hatte sie die von den Misshandlungen ihres Vaters erlittene Qual tief in ihrem Innern verborgen. Unsicherheit, Angst und Unruhe waren die Folge. Viele

Male hatte sie daran gedacht, einen endgültigen Ausweg aus ihrer Not zu suchen, doch nie hatte sie den Mut gehabt, das zu Ende zu führen.

Nach Jahren von Wut, Angst und Groll entdeckte Helen schließlich einen Ausweg. Sie begann, Gottes geistlichen Familiensegen zu verstehen und umzusetzen, ein Vorgang, über den wir in diesem Kapitel noch mehr entdecken werden.

Helen ringt manchmal noch immer mit ihrer Vergangenheit und jene schrecklichen Bilder von Nächten des Grauens verfolgen sie noch gelegentlich. Doch nun würde sie die Frage: „Gibt es Hoffnung für jene, die von ihren Eltern einen Fluch empfingen?" mit einem klaren und deutlichen Ja beantworten. Sie setzt ihre Hoffnung auf einen Gott, der es nicht zulässt, dass auf ihrem Leben für immer ein Fluch lastet, ein Gott, der den Menschen stets seine Hilfe schenkt, die durch die niederschmetternden Worte und Taten anderer verflucht sind.

Im Alten Testament findet sich im 5. Buch Mose ein Vers, der für Helen zu einer unmittelbaren Quelle der Kraft wurde. Wie der einem Ertrinkenden zugeworfene Rettungsring schenkte ihr das Wort Gottes den Auftrieb, um sich über Wasser zu halten, bis Hilfe nahte: „Aber der Herr, dein Gott, wollte Bileam nicht hören und *wandelte dir den Fluch in Segen um*, weil dich der Herr, dein Gott, lieb hatte" (5. Mose 23,6).

Sehen wir uns den Hintergrund und die wichtigen Worte dieses Verses etwas näher an. Diese Bibelstelle kann für Menschen, die aus einem trostlosen Elternhaus stammen, von großer Hilfe sein.

Bileam war ein Zauberer im alten Orient, der von den heidnischen Königen der Gegend hoch geachtet wurde.

Als sich das Volk Israel näherte und kurz vor der Grenze des Gelobten Landes lagerte, war ein König namens Balak tief beunruhigt. Ängstlich und verzweifelt schickte er nach Bileam, er solle kommen und das Volk Gottes verfluchen, damit er es in der Schlacht besiegen könne.

Das Wort *Fluch* wird aus dem hebräischen *qelalah* übersetzt, das so viel wie „gering achten, verachten" bedeutet. Dieses Wort wird für eine „dürftige" Mahlzeit oder ein dünnes „Rinnsal" von Wasser gebraucht. Etwas, was verachtet wird und keinen hohen Wert genießt.

In den Zeiten des Alten Testaments, und selbst heute noch werten wir jemanden ab, wenn wir ihn verfluchen. Wir nehmen jemanden, der eigentlich Ehre und Segen verdient – wie Gottes Volk zur Zeit Bileams und jedes seiner Kinder heute –, und messen ihm einen Wert bei, der weit unter dem tatsächlichen Wert liegt.

Gott war nicht bereit, dies mit seinem Volk geschehen zu lassen. Sie waren Kinder des mächtigen Gottes, welcher das Universum geschaffen hatte, und sie wurden wertgeschätzt, weil sie sein waren. Gott nahm diesen Fluch Bileams und wandelte ihn in einen Segen für sein Volk. Schauen wir uns an, wie sich dies auf einen Menschen übertragen lässt, der mit einer quälenden Vergangenheit zu kämpfen hat, einen Menschen wie Helen.

Niemand brauchte Helens Vater etwas dafür zu geben, dass er sie verfluchte. Ihm schien es Spaß zu machen, ihr Leben möglichst erbärmlich zu gestalten. Tatsächlich hielt sich Helen meist in der Schulbibliothek oder bei einer Freundin auf, solange sie konnte, bevor sie nach Hause ging. Dann war ihr Vater unter Umständen schon so betrunken, dass er nicht mehr bei Verstand war. Doch allzu oft war er noch wach und sprang plötzlich vom Fernseh-sessel hoch, wenn sie zurückkam. Dann begann seine Art von „Spaß".

„Komm her und nimm deinen Vater in die Arme", pflegte er zu sagen, wenn Helen sich an der Wohnzimmer-tür vorbeizuschleichen versuchte. Es gab keinen Platz im Haus, wo sie sich hätte verstecken können. Ihre Mutter ar-beitete nachts und kam oft auch tagsüber nicht nach Hause und so war Helen viel mit ihrem Vater allein. Wir wollen uns Einzelheiten ersparen, doch Helen war oft den physi-schen Misshandlungen eines kranken Vaters ausgesetzt. Er achtete zwar stets darauf, keine „Flecken zu hinterlassen, die man von außen hätte sehen können", doch Tag für Tag hinterließ er erschütternde Narben auf Helens Seele.

Helen erntete unerwartete Früchte aus dem Umstand, dass sie so viele Abende in der Bibliothek verbrachte, um ihrem Vater auszuweichen. Beim Abschluss an der Ober-schule lag sie mit an der Spitze ihrer Klasse und dankbar akzeptierte sie ein Stipendium für ein Studium.

Räumliche Distanz ist jedoch nicht gleichbedeutend mit seelischer Distanz. Obwohl Helen viele Kilometer entfernt in einem anderen Bundesland lebte, saß sie seelisch immer noch neben ihrem Vater.

Erst nach einer Reihe von Jahren war Helen schließlich imstande, mit ihrer tragischen Vergangenheit ins Reine zu kommen. Von einer fürsorglichen Freundin erfuhr sie zum ersten Mal, dass Gott einen Fluch aus der Vergangenheit wegnehmen und ihn in einen Segen verwandeln kann.

Zum ersten Mal lernte Helen, in der Familie Gottes zu Hause zu sein, als sie Gottes geistlichen Familiensegen an-nahm.

Mit Gottes Familiensegen vertraut

Manche Kinder hören in diesem Leben nie ein Wort der Liebe und Wärme von ihren Eltern, Menschen, denen es geht wie Helen. Manche versuchen, die Tür zum Herzen ihrer Eltern einzurennen, um den fehlenden Segen zu erlangen, doch allzu oft scheitern ihre Bemühungen. Was immer die Gründe sein mögen, sie müssen der Tatsache ins Auge sehen, dass ihr Segen aus einer anderen Quelle kommen muss.

Als Helen dies letzten Endes erkannte und sich der Stimme ihres himmlischen Vaters zuwandte, die nach ihr rief, entdeckte sie eine offene Tür des Segens. Sie fand einen geistlichen Familiensegen, der sie mit jedem Element versah, das ihr zu Hause versagt geblieben war.

„Gottes geistlicher Familiensegen" beginnt mit der Tatsache, dass unsere geistliche Herkunft feststeht, wenn wir eine persönliche Beziehung zu Jesus Christus eingehen.

Als Gläubige haben wir eine sichere Herkunft

In der Beziehung zu ihrem Vater war Helen niemals sicher. Sein Zorn hatte in ihrem Herzen ein Gefühl der Unsicherheit hinterlassen. Doch als Helen auf Jesus Christus als ihren Herrn und Heiland vertraute, entdeckte sie, dass sie eine Quelle des Segens besaß, die an jedem Tag ihres Lebens und noch darüber hinaus bei ihr sein würde. Helen stieß auf Verse wie die folgenden, die davon sprechen, wie unerschütterlich ihr himmlischer Vater ist und wie dauerhaft ihre Beziehung zu ihm:

Meine Schafe hören meine Stimme, und ich kenne sie, und sie folgen mir; ich gebe ihnen das ewige Leben, und niemals werden sie umkommen, und niemand wird sie aus meiner Hand reißen. (Joh 10,27-28)

Und Jesus trat heran und sprach zu ihnen. „Siehe, ich bin bei euch alle Tage bis an das Ende der Welt." (Mt 28,18-20)

Denn er selbst hat gesagt: „Ich will dich nicht verlassen und nicht vor dir weichen." So dürfen auch wir getrost sagen: „Der Herr ist mein Helfer, ich will mich nicht fürchten; was kann mir ein Mensch antun." (Hebr 13,5-6)

„Der Geist Gottes des Herrn ist auf mir, weil der Herr mich gesalbt hat. Er hat mich gesandt, den Elenden gute Botschaft zu bringen, die zerbrochenen Herzen zu verbinden, zu verkündigen den Gefangenen die Freiheit, den Gebundenen, dass sie frei und ledig sein sollen ... zu trösten alle Trauernden ... zu schaffen den Trauernden zu Zion, dass ihnen Schmuck statt Asche, Freudenöl statt Trauerkleid, Lobgesang statt eines betrübten Geistes gegeben werden, dass sie genannt werden ‚Blume der Gerechtigkeit, Pflanzung des Herrn' ihm zum Preise." (Jes 61,1-3)

Das Erste, worauf Helen beim Nachhausekommen am Abend achten musste, war die Stimmung ihres Vaters. An einem Abend war es Zorn, am nächsten Gleichgültigkeit; gelegentlich konnte er auch ganz nett sein. Seine Unberechenbarkeit hielt sie dermaßen im Ungleichgewicht, dass sie unsicher blieb und sich selbst infrage stellte. Nun hatte sie eine Beziehung zum himmlischen Vater, die durch die Worte gekennzeichnet ist: „Er ist derselbe gestern und heute und bleibt es auch in Ewigkeit" (Hebr 13,8).

Wer persönlich an Jesus glaubt und sein Leben ihm anvertraut, hat eine Beziehung zum himmlischen Vater. Doch an Gottes geistlichem Familiensegen ist noch mehr, das die empfangen, die ihr Leben ihm anvertrauen.

Wenn wir glauben, gewinnen wir eine geistliche Familie, die uns segnet
Das Kapitel drei begann mit der Geschichte von einem kleinen Mädchen, das sich schrecklich fürchtete und jemand brauchte, um es in den Arm zu nehmen. Gott weiß um unser Bedürfnis nach bedeutender Berührung. Er kennt auch unser Bedürfnis nach der physischen Gemeinschaft mit anderen, um unser Leben zu bereichern und uns Mut zu machen.

Wenn wir also Christus annehmen, gewinnen wir nicht nur eine sichere Beziehung zu unserem himmlischen Vater, sondern wir treten in eine ganze Familie von Brüdern und Schwestern in Christus ein! Männer und Frauen aus „Fleisch und Blut", die uns in den Arm nehmen und festhalten, uns Gottes Liebe, Weisheit und Segen vermitteln können!

Die ersten Christen bieten uns in vieler Hinsicht ein Modell zur Nachfolge. Oft trafen sie sich in den Häusern der Einzelnen – die ersten Gemeinden entstanden in Wohnhäusern – und teilten miteinander die Mahlzeiten. Sie waren buchstäblich eine Familie des Glaubens; Paulus erwartete von Timotheus, dass er genau in dieser Weise die Gläubigen behandeln solle, wenn er sie traf. Lesen Sie den Rat, den dieser bekannte Apostel seinem jüngeren Beauftragten gab:

Einen älteren Mann behandle nicht schroff, sondern ermahne ihn

wie einen Vater, die jungen Männer wie Brüder, die älteren Frauen wie Mütter, die jungen wie Schwestern mit allem Anstand.
(1. Tim 5,1-2)

Timotheus war mit diesen Menschen nicht durch leibliche Geburt verwandt, doch weist Paulus deutlich darauf hin, dass er durch geistliche Geburt mit ihnen verwandt war. Sie hatten alle denselben himmlischen Vater und sie waren alle Glieder an einem Leib.

Uns beiden ist dieser Grundsatz, eine geistliche Familie zu haben, eine außergewöhnliche persönliche Hilfe, vor allem in der Weise, wie Gott einen älteren Mann in unser beider Leben gebrauchte, um uns in Zeiten der Not ein geistlicher Vater zu werden.

Gerrit besuchte das College, als sein Vater starb und damit im Leben seines Sohnes eine ungeheure Leere hinterließ. An diesem Kreuzweg seines Lebens erschien ein frommer Mann auf der Bildfläche und wurde ihm ein geistlicher Vater, der in Amerika ein bekannter Prediger und christlicher Erzieher war. Sein voller Terminplan hätte es leicht verhindern können, dass er sich für einen leidenden Studenten Zeit nahm. Doch er schätzte Gerrit hoch ein, nahm ihn unter seine Fittiche und leitete und unterstützte ihn. Mit Worten und durch seine Gegenwart in einer kritischen Zeit gab er seinem Schützling den Segen, der Gerrit durch den Tod seines leiblichen Vaters nun fehlte.

Doch zurück zu Helens Geschichte. Sie machte eine ähnliche Erfahrung, als sie erfuhr, wie die Familie Gottes zur Quelle für den fehlenden Segen werden kann, nach dem sie suchte. Helen arbeitete in der Buchhaltung einer größeren Ölgesellschaft. Eines Tages wurde eine Mitarbeiterin pensioniert und Karen übernahm ihre Stelle. Sie war eine engagierte Christin, die darum gebetet hatte, Gott möge ihr eine Gelegenheit schenken, in ihrer neuen Stelle jemandem von seiner Liebe erzählen zu können. Das sollte nun Helen sein.

Am Anfang war Karen für Helen ein Rätsel. Sie schien immer eine positive Haltung und innere Ruhe zu bewahren, selbst wenn der Arbeitsdruck noch so groß war. Vielleicht waren es gerade das Fehlen jeglicher Furcht und der innere Friede, die Helen zu Karen hinzogen.

Bald freundeten sich die beiden an und tauschten sich auch über ihr Privatleben aus. Doch Karen begann auch, mit Helen über die frohe Botschaft von einem himmlischen Vater zu sprechen, den Helen kennenlernen könnte. Erst wollte Helen von solchen Gesprächen nichts wissen. Doch allmählich bewirkte der Heilige Geist durch Karen, dass Helen fast gegen ihren Willen zur Erkenntnis Christi kam.

Karen nahm Helen mit in die Gemeinde, dem ersten Gottesdienstbesuch in Helens Leben seit langem. Helen wollte nicht glauben, was dann geschah. Sie wurde gebeten, als Besucherin aufzustehen, und der Pfarrer begrüßte sie. Nach dem Gottesdienst traten eine Reihe von Gemeindemitgliedern auf sie zu und sagten ihr, sie freuten sich, dass sie gekommen sei. Eine ältere Dame nahm sie sogar in die Arme! Helen besuchte mit Karen den Hauskreis für Singles. Vor einer kurzen Botschaft wurden gemeinsam Bittgebete gesprochen; die Menschen hielten sich an der Hand und beteten füreinander.

Helen erlebte, wie Menschen, die sie nie zuvor gesehen hatte, sie wie eine Schwester behandelten und sie ermunterten, wiederzukommen. Zum ersten Mal hatte Helen erfahren, welch eine Quelle des Segens die Familie der Gemeinde sein kann. Gott nutzte diese Erfahrung, um ihr Leben zu ändern.

Jeder Mensch, der den Segen der Eltern ganz oder teilweise entbehren musste, kann eine geistliche Familie von Vätern, Müttern, Brüdern und Schwestern gewinnen, die diese Lücke auszufüllen vermag. Mit einer gefestigten, persönlichen Beziehung zum himmlischen Vater und durch eine geistliche Familie, die Wärme, Liebe und Geborgenheit schenken, kann ihnen der Segen in jeglicher Hinsicht im Überfluss zuströmen.

Als Gläubige verfügen wir heute über jedes Element des Segens
Für den Fall, dass Sie es vergessen haben oder zu den Lesern gehören, die mit einem Buch in der Mitte beginnen, wollen wir nochmals die fünf Elemente aufzählen, die ein Teil des Segens sind, und sehen, wie wir sie weitergeben können:

- *die bedeutsame Berührung*
- *eine gesprochene Botschaft*
- *die Vermittlung von hoher Wertschätzung*
- *die Verheißung einer besonderen Zukunft*
- *eine aktive Verpflichtung*

Karen versorgte Helen mit jedem einzelnen Element des Segens und das brachte Helen mit Gott in Berührung und mit seiner Gemeinde. Da sie Helen mit einer Gruppe liebevoller Freunde in der Gemeinde bekannt machte, konnte sie erleben, wie sich der Segen durch die Anteilnahme vieler Menschen an Helens Leben vervielfachte.

Gott hat seine Kirche, die Gemeinschaft der Gläubigen mit der Gabe versehen, alle Aspekte des Segens an Menschen weiterzugeben. Das sind auch die Gemeinden, die Kirchendistanzierte anziehen und nicht einfach versuchen, Gläubige aus anderen Gemeinden wegzulocken.

Die vergangenen drei Jahre brachten für Helen große Veränderungen. Aus Isolation und Einsamkeit heraus hatte sie zum ersten Mal in ihrem Leben das Gefühl, wirklich gesegnet zu sein. Sie konnte jederzeit Zuflucht in der Obhut ihrer fürsorglichen Freunde in der Kirche suchen und die ganze Vergangenheit vergessen, oder doch nicht ganz? Ihr Leben musste den Kreis erst noch vollenden.

Helen hatte den Segen Gottes von anderen empfangen. Sie musste nun auch eine Quelle des Segens für andere Menschen in ihrer Umgebung werden. Auf einmal wurde ihr Blick frei für die Menschen im Büro und in ihrem Wohnblock. Sie überlegte, was sie ihnen geben konnte, und nicht nur, was sie von ihnen brauchte. Weil ihr Leben erfüllt war vom Segen Gottes durch seinen Geist und sein Volk, konnte sie die Menschen lieben und ihnen dienen, ohne dass sie etwas dafür haben wollte.

Helen hatte am Fest des Lebens, das Gott ihr in seinem Segen bot, reichen Anteil. Eines aber blieb noch für sie zu tun, wenn sie sich endgültig von ihrer Vergangenheit befreien wollte. Sie wollte selbst eine Quelle des Segens sein, nicht nur für ihre Freunde in der Gemeinde und am Arbeitsplatz, sondern auch für ihre Feinde, und ganz besonders für *einen* Feind.

Weitergabe des Segens an andere – selbst an unsere Feinde

So unglaublich es scheinen mag, für Helen war es notwendig, eine Quelle des Segens für ihren Vater zu werden, gerade für den Menschen, der ihr so viel Schmerz zugefügt hatte.

„Könnte ich diesen Teil nicht einfach auslassen?", fragte Helen ihren Pastor, als sie das Bedürfnis erkannte, ihren Vater zu segnen. Doch im tiefsten Herzen wusste sie, dass sie sich ohne diesen Schritt niemals seiner Kontrolle auf ihr Leben würde entziehen können.

In einem späteren Kapitel werden wir entdecken, auf welche Weise Helen daran ging, den Kontakt zu ihrem Vater wiederherzustellen, und wie sie ihr erstes Zusammentreffen nach langen Jahren der Trennung herbeiführte. Hier sei nur gesagt, dass sie trotz ihrer veränderten Haltung zu einem Segen für ihren Vater wurde und es schließlich damit endete, dass sie zwar im letzten Augenblick am liebsten noch ausgewichen wäre, dann aber doch den Tag erlebte, der nach ihrer Bekehrung der zweitwichtigste werden sollte.

Jesus ist die Person, die Ihr Leben oder das Leben von lieben Menschen verändern kann, die mit dem Fehlen des Segens ringen, denn er schenkt uns und Ihnen den Segen von Gottes geistlicher Familie, ein Segen, den nicht nur Eltern ihren Kindern schenken sollten und umgekehrt, sondern der darüber hinaus Ihre Beziehung zu Ihrem Partner, Ihren Freunden und Ihrer Gemeinde bereichern kann.

10. Der Segen für Ehepartner und Freunde

Zu Beginn unserer Arbeit an diesem Buch nahm ich dieses Material mit verschiedenen Ehepaaren in einem Hauskreis durch. Wir baten die Teilnehmer, das Material ehrlich zu bewerten, und baten sie zum Schluss um eine schriftliche Auswertung.

Einer meiner Lieblingskommentare stammte von einer Ehefrau in der Gruppe. In ihrer Anmerkung darüber, was ihr Mann während der Sitzung gelernt hatte, schrieb sie:

> *Dennis hat eine ganze Menge darüber gelernt, wie man die Kinder „segnet". In seiner Beziehung zu ihnen hat das wirklich einen großen Unterschied gemacht. Wie wär's, wenn Sie ihm beibrächten, wie er mich segnen kann!*

Die Bitte dieser Frau traf voll ins Schwarze. Die Elemente des Segens sind nicht nur auf das Verhältnis Eltern/Kinder beschränkt. Ich bin der festen Meinung, dass sie im Kern in *jeder* intakten Beziehung zu finden sind.

Wir wollen weiter sehen, wie wertvoll der Segen für drei weitere bedeutsame Beziehungen außer der zu unseren Kindern ist. Zuerst wollen wir uns damit befassen, wie wir den Partner segnen können und welcher Gewinn für die Beziehung sich möglicherweise daraus ergibt. Dann behandeln wir, wie Freundschaften durch Segnung gestärkt und ausgebaut werden können. Im nächsten Kapitel wollen wir schließlich noch sehen, was geschehen kann, wenn eine Gemeindefamilie den Segen an Menschen außerhalb der Gemeinde und vor allem an jene in der Gemeinde weitergibt.

Eine Quelle des Segens für den Ehepartner

Laura hatte von ihrem Mann und den ganzen Veränderungen in ihrem Leben mehr als genug. Oft war er unterwegs, und wenn er dann nach Hause kam, trank er und machte ihr das Leben schwer. In ihrer Frustration war Laura drauf und dran, das Handtuch zu werfen und die Scheidung einzureichen, doch ihre Freundin Gerda redete ihr gut zu, ihren Pastor aufzusuchen, der ihr vielleicht helfen konnte. Obwohl Laura erst zögerte, war sie einfach mit ihrem Latein am Ende. Trotz ihrer Zweifel vereinbarte sie einen Termin und ging hin.

Beinahe vierzig Minuten lang hörte ihr dieser kluge Geistliche einfach zu. Nachdem Laura ihre Nonstop-Darstellung sämtlicher Fehler ihres Mannes losgeworden war, lehnte sie sich schließlich mit einem lauten „Hah!" zurück. Selbstgefällig erwartete sie nun ein „Amen" aus dem Mund des Pastors oder wenigstens die Bestätigung, dass sie mit dem miesesten Ehemann verheiratet sei, von dem er je gehört habe.

Zuerst sagte der Pastor kein Wort. Er wartete, tief in Gedanken versunken, buchstäblich mehrere Minuten, ehe er das Wort ergriff. Endlich richtete er sich auf, blickte ihr in die Augen und sagte leise: „Laura, haben Sie je Ihrem Mann alle seine vielen Fehler verziehen?" Diese Frage hatte Laura nun wirklich nicht erwartet. „Kein Wunder, dass seine Beratung kostenlos ist", dachte sie bei sich. Natürlich hatte sie ihrem Mann nicht verziehen! Er hatte sie niemals darum gebeten und sie sprach das Thema nicht an. Er hatte ihr viel Schmerz zugefügt und so leicht ließ sie ihn nicht davonkommen.

„Laura, wollen Sie über das nachdenken, was ich heute

gesagt habe, und mir versprechen, dass Sie in der nächsten Woche wieder zu mir kommen?" Als sie ihre Handtasche nahm und zur Tür ging, hörte sie sich selbst etwas wie „Das wär schön, Herr Pastor" murmeln. Aber sie dachte auch nicht einen Augenblick daran, ihn nochmals aufzusuchen. Doch in dieser Woche geschah etwas, was Lauras Sicht auf ihre Ehe allmählich zu ändern begann. Etwas zog sie in der folgenden Woche wieder in das Studierzimmer dieses Mannes zurück.

Obwohl sie sich immer wieder einredete, dass sie einfach vergessen sollte, was er ihr gesagt hatte, machte sich Laura im Laufe dieser Woche eine Menge Gedanken. Es ergab zwar alles keinen Sinn, doch allmählich begann ihr zu dämmern, dass nicht ihr Mann festhing, sondern sie selbst! Er hatte keine schlaflosen Nächte wegen seines Verhaltens; sie war diejenige, die Magengeschwüre bekam.

Laura war beim nächsten Gespräch immer noch verwirrt und hatte eine Menge Fragen an den Pastor, doch Gott hatte in Lauras Leben bereits einige wunderbare Dinge in Gang gesetzt. An diesem Nachmittag legte sie im Studierzimmer des Pastors ihr Leben in die Hände Christi. Sie beschloss außerdem, ihr Bedürfnis nach Rache aufzugeben, ihrem Mann alles zu vergeben, was er getan hatte, und zu lernen, ihn bedingungslos zu lieben.

Lauras Mann war LKW-Fahrer, und es verging fast eine Woche, bis er wieder nach Hause kam. Als er das Haus betrat, hätte er schwören können, dass er bei der falschen Adresse gelandet war. Er konnte nicht glauben, welch friedliche Stimmung herrschte. Erst vor einer Woche hatte alles, was er tat, seine Frau zur Raserei gebracht. Nun tat sie ihm zuliebe Dinge, so gar nicht ihrer Art entsprechend.

Als dieser ruppige Lkw-Fahrer herausfand, dass ihre veränderte Art etwas mit Religion zu tun hatte, da schob er ihr Verhalten beiseite, als sei es einfach eine neue Diät, die seine Frau entdeckt habe. Für den Augenblick machte das die Situation zwar angenehmer, doch ihre Willenskraft würde schon bald nachlassen und dann würden sie sich wieder gegenseitig an die Gurgel gehen.

Nach fünf Monaten vereinbarte auch Lauras Mann einen Termin bei demselben Pastor, den Laura aufgesucht hatte. „Sie müssen mir sagen, was mit Laura passiert ist", sagte der Lkw-Fahrer. „Sie hat sich so verändert. Das hat mich darauf gebracht, was für ein miserabler Ehemann ich in den letzten Jahren gewesen bin. Herr Pastor, ich habe Probleme mit dem Trinken und ich brauche dabei Hilfe."

Es war Lauras Entschluss, ihren Mann zu segnen, obwohl er es nicht verdient. Dadurch wurde alles anders in ihrer Ehe. Jahrelang hatte sie genau das Gegenteil getan. Sie hatte ihn abgewertet und ihn beschimpft. Sie hatte seinen Beruf gehasst, der ihn von Zuhause wegführte und seine Kleidung mit dem unangenehmen Gestank nach Dieselöl tränkte.

Als Lauras Leben durch die Liebe Christi selbst verändert und gesegnet worden war, konnte sie aus dem Überfluss ihres Lebens ihrem Mann eine hohe Wertschätzung entgegenbringen und ihn segnen. Anstatt ihn ständig zu bedrängen, er solle sich einen anderen Job suchen, fand sie Wege, ihn aufzumuntern und ihm Mut zuzusprechen. War sie einst tagelang umhergegangen, ohne ein Wort mit ihm zu reden, wenn sie wütend war, sprach sie nun offen ihre Gefühle aus, doch ohne Zorn und Hass. Selbst zärtliche Berührungen gehörten wieder in ihre Beziehung, etwas, was

Laura ihrem Mann verweigert hatte, wenn sie unversöhnlich und wütend war. Dies führte dazu, dass auch ihr Mann einsichtig wurde und ebenfalls den Pastor aufsuchte.

Zugegeben, das ist ein extremes Beispiel dafür, was geschehen kann, wenn ein Ehepartner beschließt, für den anderen eine Quelle des Segens zu sein. Ihre Probleme waren riesig und sie mussten eine Menge Veränderungen vornehmen. Doch auch in normalen Familien mit alltäglichen Problemen und Spannungen kann der Segen für einen Ehepartner eine Ehe mit neuem Leben erfüllen, bereichern und verjüngen.

Wir wollen einen kurzen Blick auf die einzelnen Elemente des Segens werfen und sehen, welche Bedeutung sie in einer intakten Ehe haben können.

Bedeutsame Berührung in der Ehe

Das Bedürfnis nach bedeutsamer Berührung, das wir bei unseren Kindern bemerken, ist in der Ehe ebenso wichtig. Ein kluger Ehemann erkannte die Wichtigkeit dieser Bedürfnisse in einer schwierigen Zeit, die seine Frau durchmachen musste, und er leistete ihr damit einen größeren Dienst als mit allem, was er sonst für sie hätte tun können.

Als Marilyn sich eines Morgens anzog, bemerkte sie etwas, was nicht ganz in Ordnung schien. Sie entdeckte einen kleinen Knoten in ihrer Brust, den sie vorher nicht wahrgenommen hatte.

Marilyn war nicht allzu besorgt, doch aus der Lektüre von Zeitschriften und aus dem Fernsehen wusste sie, dass sie das untersuchen lassen musste. Sie sagte ihrem Mann, was sie vorhatte, und holte sich einen Arzttermin.

Zwei Wochen später ließ der Arzt eine Biopsie an dem Knoten durchführen. Drei Tage nach diesem Termin lag sie im Krankenhaus und hatte eine radikale Brustamputation vor sich. Marilyn war bisher zweimal im Krankenhaus gewesen, als sie ihre beiden Jungen zur Welt brachte, doch abgesehen davon war es das erste Mal in ihren siebenundvierzig Jahren, dass sie sich einer Operation unterziehen musste.

Nach der Operation war für Marilyn das Schwerste nicht ihre Genesung, sondern was ihr Mann nun über sie dachte. Ob sie für ihn immer noch attraktiv war? Was würde er empfinden, wenn er sie berührte? Um solche Fragen kreisten ununterbrochen ihre Gedanken.

An dem Morgen, als sie aus dem Krankenhaus entlassen werden sollte, waren Marilyn und ihr Mann allein im Zimmer. Ihr Mann setzte sich zu ihr auf das Bett und nahm ihre Hände in seine. „Mein Schatz", sagte er, „ich möchte, dass du etwas klar verstehst. Für mich bist du jetzt so schön, wie du's in unserer Hochzeitsnacht warst. Vergiss das nie." Dann blickte er sich um, ob die Tür auch geschlossen wäre, zwinkerte ihr zu und meinte: „Wenn du daheim bist und dich ausgeruht hast, werden wir hinter uns die Schlafzimmertür abschließen müssen."

Marilyn nahm ihren Mann in die Arme und Tränen schossen ihr in die Augen. Sie wusste genau, was er mit diesem letzten Satz sagen wollte. In den ersten Jahren ihrer Ehe hatten sie einmal vergessen, die Tür abzuschließen, und einer der Jungen spazierte im ungeeignetsten Augenblick ins Zimmer. Seitdem war der Satz „Wir werden die Schlafzimmertür abschließen müssen" ihr Codewort für einen intimen Abend.

Marilyn hatte sich nicht nur darüber Sorgen gemacht, wie sich ihre Operation auf die sexuelle Beziehung zu ihrem Mann auswirken würde, sie hatte sich auch gefragt, ob ihr Mann davon abgehalten würde, sie außerhalb des Schlafzimmers zu berühren. Seine Worte und sein Verhalten an jenem Morgen gaben ihr die Gewissheit, dass dieser wichtige Teil des Segens auch weiterhin zu ihrer Beziehung gehören würde.

Die sexuelle Berührung ist für jede wachsende Beziehung wichtig, doch sollte sie nicht die einzige Gelegenheit sein, bei der sich die Partner berühren. Sex beginnt bekanntlich in der Küche. Echte Vertrautheit erwächst aus den kleinen Berührungen, wenn man Hand in Hand spazieren geht oder eng beieinander auf der Couch sitzt und fernsieht.

Als wir über das Thema „Sex in der Küche" sprachen, hörte ich die wahre Geschichte eines Teilnehmers an einem Seminar, der versuchte, das Konzept der bedeutsamen Berührung bei seiner Frau anzuwenden und dabei in eine recht peinliche Situation geriet.

Nachdem über das Konzept der bedeutsamen Berührung immer wieder gesprochen worden war, hatte es sich bei diesem Mann richtig festgesetzt. Eines Nachmittags betrat er nach dem Rasenmähen das Haus, um zu duschen. Er hatte die Schlafzimmertür offen gelassen und als er fertig geduscht hatte, ging er zum Regal, um sich ein Handtuch zu holen. Von seinem Platz aus konnte er seine Frau sehen, die in der Küche stand und das Essen zubereitete.

Gerade die richtige Zeit für eine bedeutsame Berührung – dachte er bei sich. Ohne einen Augenblick zu überlegen, lief er im Adamskostüm durch den Flur, stürmte in die Küche und

nahm seine Frau herzhaft in den Arm. Was er vom Schlafzimmer aus allerdings nicht gesehen hatte, war die Frau
seines Nachbarn, die auf einen kurzen Besuch vorbeige-
kommen war. Das Entsetzen der Nachbarin kann man sich
vorstellen. Sein Timing war katastrophal, doch sein Engagement für eine bedeutsame Berührung seiner Frau war
deshalb in keiner Weise zu verachten!

Kluge Männer und Frauen nehmen die bedeutsame Berührung in die Beziehung zum Ehepartner auf. Sie bildet
den ersten Teil, wenn man den anderen segnen und wertschätzen möchte.

Eine Botschaft, die dem Partner hohe Wertschätzung entgegenbringt

Die beiden nächsten Elemente des Segens bei Ihrem Ehepartner können miteinander verbunden werden. Wenn wir
beschließen, unseren Ehegatten wertzuschätzen und dies
dann mit gesprochenen Worten stützen, dann kann das in
einer Beziehung Wunder wirken.

Der Verwendung von Bildern, um auf einem bestimmten
Charakterzug bei unseren Kindern oder unserem Ehepartner aufmerksam zu machen, haben wir uns in Kapitel fünf
schon zugewendet. Wie das königliche Paar im Hohelied
Salomos können sich Männer und Frauen diesen Hauch
von Königtum anziehen, wenn sie hören, wie hoch wir sie
mit Worten schätzen.

Ein weitverbreiteter Aufkleber trägt den Slogan „Haben Sie Ihr Kind heute schon in den Arm genommen?" Ein
weiterer, ebenso wichtiger Satz, den Sie sich abschreiben
und am Kühlschrank, Badezimmerspiegel oder Ähnlichem

festmachen können, lautet: *Haben Sie Ihren Ehepartner heute schon gelobt?*

Eine tägliche Dosis an Lob, ob nun in Form eines bestimmten Bildes oder einfach als Feststellung wie „Tolles Essen, Liebling", oder „Du bist so nett zu anderen Menschen" oder auch nur „Ich bin richtig stolz auf dich, wie du mit den Kindern umgehst" kann in einer Beziehung Unwahrscheinliches bewirken.

Gesprochene Worte, mit denen wir unsere Wertschätzung dem Partner gegenüber ausdrücken, haben eine solche Kraft, dass sie fast jede Ehe bereichern können. Warum nehmen Sie in Ihrer Familie nicht ein Projekt in Angriff, um den Wahrheitsgehalt dieser Aussage zu prüfen?

Heben Sie einen Monat lang täglich wenigstens eine Sache lobend hervor, die Sie an Ihrem Partner schätzen. Achten Sie darauf, dass Sie sowohl Charaktereigenschaften (freundlich, großzügig, überlegend, pünktlich, systematisch und Ähnliches) wie auch Leistungen ansprechen. Sagen Sie Ihrem Mann oder Ihrer Frau nichts davon, dass Sie das tun wollen. Ich gebe diese Anweisung vielen Paaren, die zur Beratung kommen, und das allein hat schon positive Veränderungen in menschlichen Beziehungen herbeigeführt.

Während wir bisher nur davon gesprochen haben, Bilder und Metaphern zum Lob des Ehepartners zu verwenden, kann dieses Instrument auch als Hilfe gebraucht werden, wenn ein wichtiges Problem besprochen oder ein Streit vermieden werden soll. Wenn wir eine Sorge, die uns belastet, durch ein Bild ausdrücken, anstatt mit kränkenden Worten um uns zu schlagen, können wir oft unseren Partner zur Änderung seines Standpunktes bewegen und ihm eine Botschaft vermitteln, die ihn mit Worten allein vielleicht nicht erreicht hätte.

Eine Frau trug ein Problem mit sich herum, das sie ihrem Mann seit Jahren vergeblich nahezubringen versucht hatte. Doch mit einem einzigen Bild übte sie eine solche Wirkung auf ihn aus, dass er bereit war, ihr auf der Stelle einen Scheck in Höhe von $ 150.000 auszustellen, um ihr Traumhaus zu bauen!

Als wir beim Schreiben unseres Buches über diese Geschichte sprachen, redeten wir im Scherz darüber, die Leute zu bitten, in einem Freiumschlag eine Dollarnote einzuschicken, um zu erfahren, welches Bild sie benutzt hatte. Im Handumdrehen wären wir reich geworden! Sicherlich würde jede Ehefrau gerne wissen, wie diese Frau ihren Mann dazu gebracht hatte, so zu reagieren.

Sie werden sich freuen, dass wir beschlossen haben, Ihnen das von ihr gebrauchte Bild kostenlos zu verraten. Die Geschichte dreht sich ja in der Tat auch nicht nur darum, wie eine Frau zu ihrem Traumhaus kam. Es ist allerdings ein sehr schönes Beispiel dafür, wie die Wertschätzung – in diesem Falle wollte die Frau ihren Mann unter keinen Umständen abwerten – durch ein Bild kraftvoll vermittelt werden kann.

Don und Bee sind gute Freunde, die schon an mehreren unserer Seminare über menschliche Beziehungen teilgenommen haben. Im Rahmen dieser Seminare sprechen wir darüber, wie man Bilder und Metaphern bei Ehepartnern, Kindern oder in jeder anderen wichtigen Beziehung einsetzen lassen.

Bee hatte sich in ihrer Ehe seit Jahren mit etwas herumgeschlagen, was an ihrem Selbstvertrauen nagte und ihr seit Jahren peinlich war: Sie sorgte sich um den Zustand ihres Hauses.

Gott hatte Dons Unternehmen in hohem Maße aufblühen lassen und von ihren Mitteln floss vieles in die Unterstützung der Gemeinde. Auch mit ihrer Zeit waren sie beide großzügig. Vor allem Don lud gern neue Ehepaare aus der Gemeinde nach Hause zum Essen ein oder bot diesem Missionar und jenem Pastor seine Unterstützung an.

Bee war mindestens genauso gastfreundlich, doch sie war diejenige, die sich in einer viel zu kleinen Küche mit der Zubereitung des Essens für die vielen Gäste abmühen, die sich ein Duschbad verkneifen musste, weil der Heißwasserbereiter nicht mehr als drei Duschen hergab, die sich etwas einfallen lassen musste, um sechs oder gar zehn Leute in nur zwei Zimmern im Haus unterzubringen.

Es war keineswegs die finanzielle Seite, die Don davon abhielt, in ein größeres Haus umzuziehen, sondern mehr sein Wunsch, das, was Gott ihnen gegeben hatte, nicht allzu sehr zur Schau zu stellen. Bee konnte die Gedanken ihres Mannes nachvollziehen und versuchte, mit der Situation zurechtzukommen, so gut sie es konnte.

Als ich zum zweiten Mal in ihrer Stadt war, meldete sich das Paar sofort für den „Auffrischungskurs" an. Nachdem sie mich erneut darüber sprechen hörten, wie man durch Bilder einem Ehepartner seine Sorgen mitteilen kann, beschloss Bee, ihrem Mann auf diese Weise ihre Gedanken und Gefühle hinsichtlich des Hauses, in dem sie lebten, zu schildern. Sie setzte ihren Entschluss noch am gleichen Abend in die Tat um, und hier ist nun das Bild, das sie verwendete:

„Don, ich sehe dich als einen Wildhüter, der die Forellen

in den Gewässern rund um unser Haus hervorragend versorgt. Du hilfst, die Bäche und Teiche sauber zu halten, und sogar wenn die Forellen laichen, hilfst du ihnen, stromaufwärts zu gelangen.

Am Anfang unserer Ehe glaubte ich, eine dieser Forellen im Bach zu sein. Ich konnte dich am Ufer stehen sehen und ich wünschte mir, dass du mich mit einem Netz einfängst und in den Bach neben deinem Haus bringst. Eines Tages kamst du dann wirklich mit einem Netz und fingst mich behutsam ein. Das war die glücklichste Zeit meines Lebens, doch anstatt mich in den kleinen Bach zu setzen, hast du mich in ein mit Süßwasser gefülltes, altes, rostiges Fass gebracht.

Vierundzwanzig Jahre lang hast du dafür gesorgt, dass ich reichlich zu essen hatte, dass das Wasser stets sauber war, doch ich sehne mich nach dem Tag, an dem du deinen Kescher holst und mich in das Bächlein bei deinem Haus bringst. Genau so empfinde ich das Leben in diesem Haus. Ich fühle mich so, als wohnten wir in einem rostigen Fass, und es ist sehr schwer für mich und die Leute, die wir im Haus haben."

An diesem Abend verschwanden Bees jahrelange Sorgen. Sie hatte mit ihrem Mann öfters über dieses Thema gesprochen und sogar versucht, ihm ihre Empfindungen wegen der Wohnverhältnisse deutlich zu machen. Doch hatte er anscheinend nie begriffen, wie viel ihr daran lag, bis sie es ihm mit einem Bild vor Augen führte.

Don liebte seine Frau von Herzen und brachte ihr während der ganzen Ehe hindurch hohe Wertschätzung entgegen. Er wollte sie in keiner Weise abwerten; als er schließlich durch diese Geschichte begriff, was sie wegen des

Hauses wirklich empfand, da reagierte er auf der Stelle. Don stellte ihr an diesem Abend einen Scheck aus, um einen Architekten zu engagieren, der die Pläne für ein neues Haus entwerfen sollte, ein Haus, in dem es ihr Freude bereiten würde, Menschen um sich zu haben, sie besser versorgen zu können und ihnen eine bequeme Unterkunft zu bieten.

Ich könnte ein ganzes Buch schreiben über die Vorzüge von Bildern und Metaphern, doch ich hoffe, dass Ihnen anhand dieser Geschichte ihre Bedeutung klar geworden ist. Ob Sie nun ein Bild verwenden, um Ihren Partner zu loben oder ihm Ihre Sorgen mitzuteilen, in jedem Fall kann es ein hilfreiches Instrument sein, um Ihrem Partner hohe Wertschätzung entgegenzubringen.

Verheißung einer besonderen Zukunft für den Ehepartner

Kürzlich saß ich (John) mit meiner Frau abends vor dem Fernseher und wir sahen uns einen Teil einer komischen Show an, die wir lustig fanden. Die Szene zeigte eine Waldwiese, wo eine Hochzeitsfeier im Freien abgehalten wurde.

In der Lichtung befanden sich die Braut und ihre Brautjungfer und der Brautführer mit dem Bräutigam, der irgendwie traurig und fehl am Platz wirkte. Der Geistliche forderte die Braut auf, ihr Trauversprechen abzulegen, das sie speziell für diese Gelegenheit formuliert hatte. Ohne zu zögern, legte sie los und nannte ein Ziel nach dem anderen, eine Verpflichtung nach der anderen, einen Traum nach dem anderen, die sie für sich, ihren Mann und ihre Ehe hatte. Tatsächlich redete sie so lange weiter, bis die Nacht über der Lichtung hereinbrach.

Als sie endlich fertig war, wendete sich der erschöpfte Pastor an den Bräutigam und bat ihn, sein Trauversprechen abzulegen. Er blickte sich nervös um und seine einzigen Worte an den Pastor lauteten: „Nun, ich hoffe, es haut hin!"

Sein Versprechen war nicht so formuliert, dass eine junge Frau damit eine sichere Zukunft aufbauen könnte. Es war zwar reichlich komisch, aber es bot nicht die Sicherheit, die eine Frau braucht, um eine besondere Zukunft vor sich zu sehen.

In einer Ehe muss der Partner wissen, dass er ein besonderer Teil der gemeinsamen Zukunft ist und dass die Weise, wie wir ihn heute betrachten, Raum lässt für positive Veränderungen und Wachstum in der Zukunft. Tobias lernte diese harte Lektion bei seiner Frau Lena.

Lena war nicht unbedingt die allerbeste Hausfrau. Schon bevor sie Kinder hatten, war ihr Heim nicht das, was man als sauber und aufgeräumt bezeichnen würde. Jetzt, da drei kleine Kinder umherliefen, hatte sie es praktisch aufgegeben, das Haus sauber zu halten. Wie es in vielen Ehen der Fall ist, war ihr Mann Tobias von völlig anderer Natur. Er war unglaublich ordentlich und reinlich. Er hielt sogar seine Werkstatt, in der er seine Freizeit verbrachte, so sauber, dass man vom Boden hätte essen können.

Tobias war so über die schlampige Art seiner Frau entsetzt, dass er viel Zeit damit verbrachte, sie als schlechte Hausfrau zu beschimpfen. Sie würde immer unordentlich sein und sich *nie* ändern. Tobias hielt ihr vor, dass das Haus mit der Zeit so schmutzig sein werde, dass ihre Enkelkinder sich Krankheiten holen und das Gesundheitsamt würde einschreiten müssen.

Tobias erniedrigte seine Frau nicht nur, er half auch

noch mit, genau das, was er verändern wollte, für die Zukunft festzulegen! Dadurch, dass er seiner Frau ein Bild vormalte, in dem es kein Fenster der Hoffnung oder eine Tür für Veränderung gab, zwang er sie geradezu, sich selbst als die „schlampigste Hausfrau der Welt" zu sehen.

In einem Gottesdienst erkannte Tobias zum ersten Mal, dass seine negativen verletzenden Worte über seine Frau ihr nicht halfen. Er merkte, dass er jede Motivation seiner Frau, sich zu verändern, im Keim erstickte. Mit seinen Worten gab er seiner Frau das Gefühl, es ihm niemals recht machen zu können. Warum also sollte sie es überhaupt versuchen?

Tobias dachte darüber nach, was er seiner Frau alles an den Kopf geworfen hatte. Die Zeiten, in denen sie sich angestrengt hatte, mit der Hausarbeit wirklich zurechtzukommen, hatte er mit Bemerkungen wie „Endlich!" oder „Warum kannst du die Dinge nicht immer so in Schuss halten?" kommentiert. Doch dann veränderte sich etwas in ihm.

Tobias begann damit, Kleinigkeiten zu loben, die Lena tat, und die Kritik so berechtigt sie vielleicht war, zu lassen. Allmählich verwandelte sich auch das Bild, das er von ihrer Zukunft und ihrem Haus zeichnete. Es wurde positiver. Veränderungen schlagen stets nur langsam Wurzeln, doch in einem Boden der Ermutigung können sie zehnmal schneller wachsen als im harten, steinigen Boden der Kritik.

Durch die Darstellung einer hoffnungsvollen Zukunft für seine Frau in diesem Bereich und das Lob bei kleinen Fortschritten zeichnete sich allmählich ein Wunder ab. Auch wenn das Haus nicht den Standard seiner Werkstatt besitzt, muss er sich nicht länger durch die Wäsche im Ba-

dezimmer durchkämpfen oder Angst haben, in eine Dusch-
kabine zu treten, in der die Pilze wuchsen.

Wir motivieren unseren Partner nicht, wenn wir ihm nur
sein Unvermögen prognostizieren. Unser Partner braucht
Worte, die ihm – genau wie den Kindern – eine besondere Zukunft vor Augen malen, positive Worte, die unserem
Partner Raum schaffen, das zu werden, was Gott für ihn
geplant hat.

Aktive Verpflichtung für unsere Partner

Es genügt nicht, die einzelnen Bestandteile des Segens zu
schenken ohne das Bindemittel, das sie zusammenhält.
Dieses Bindemittel ist unsere aktive Verpflichtung. Tatsächlich bildet dieses letzte Element das Herzstück des Zusam-
menhalts in einer Ehe.

Wenn die Heilige Schrift sagt, dass wir an unserem Ehepartner „hangen" (1. Mose 2,24), dann bedeutet die Wur-
zel des Wortes im Hebräischen so viel wie „anklammern,
an etwas festheften". Es erfordert einen festen Entschluss,
sich zum Segnen des Ehepartners zu verpflichten, eine
Entscheidung, die nur dann standhält, wenn man auch die
Fehler des Partners mit einbezieht.

Rolf besaß einen Produktionsbetrieb, der sich recht
gut entwickelt hatte. Sein Geschäft war klein, aber es hatte eine Marktlücke gefüllt und wuchs schlagartig. In der
Erwartung, dass seine Gewinne so weiterfließen würden,
nahm Rolf einen großen Kredit auf seinen Besitz auf, um
die Anlagen zu erweitern. Kaum war mit dem Bau begonnen worden, da beschloss ein multinationaler Konzern, die
Konkurrenz zu Rolfs Produkt aufzunehmen.

Wegen der hohen Zinszahlungen für das Darlehen besaß Rolf nur knappe Finanzmittel und verfügte nicht über die nötigen Reserven, um mehr Vertreter loszuschicken. Auch konnte Rolf den Preis für sein Produkt nicht senken, da er die Gewinnspanne brauchte, um das Geschäft über Wasser zu halten.

In weniger als einem Jahr war Rolf praktisch pleite. Sein Konkurrent hatte Rolfs Preise rigoros unterboten, um auf den Markt zu kommen, und verdrängte ihn buchstäblich aus dem Geschäft. Rolf saß da mit offenen Lohnforderungen seiner Angestellten, Klagen von Lieferanten und er hatte die Bank im Nacken. Er musste seinen Betrieb schließen und die Anlagen zu einem Bruchteil des tatsächlichen Wertes verkaufen. Er verlor sogar sein Haus, das als Sicherheit gedient hatte, und musste in eine kleine Wohnung ziehen. Der wohl härteste Schlag kam um die Jahresmitte, als er seinen Kindern erklären musste, dass sie von ihrer geliebten Privatschule auf eine öffentliche Schule wechseln müssten.

Zur Zeit seines geschäftlichen Zusammenbruchs war Rolf kein Christ und am Boden zerstört wie nie zuvor in seinem Leben. Er dachte sogar an Selbstmord, doch eins hielt ihn zurück:

Ich kannte Gott noch nicht, als mein Geschäft in die Brüche ging und sich meine ganze Welt aufzulösen schien. Ich würde gerne sagen, es sei der Gedanke an meine Kinder gewesen, der mich davon abhielt, mit allem Schluss zu machen, doch das stimmte nicht. Das Einzige, was mich davon abhielt, war Amy und die Art, wie sie beharrlich an mich glaubte und mich mit ihrer Liebe segnete. Wenn ich zuhörte, wie sie abends für mich betete, wenn sie mich festhielt und mich weinen ließ, das war es, was mir durchhalf.

Ich erzähle jedem, dass sie mir zweimal das Leben rettete, das erste Mal, als mein Geschäft pleite ging; das zweite Mal war, als sie mich zu Jesus Christus führte!

Rolf konnte nicht länger den Lebensunterhalt für seine Frau und seine Familie „in dem Stil, den sie gewohnt waren", aufbringen. Doch dank der Liebe seiner Frau, die ihren Segen für ihren Mann auf einer aktiven Verpflichtung anstatt auf materiellen Besitz aufbaute, blieb ihre Beziehung stark und fest.

Jeder Mann und jede Frau wird von Zeit zu Zeit Fehler machen, die gravierend sind. Wenn wir Menschen sind, die anderen den Segen geben, dann gründet sich unsere Verpflichtung auf unseren Beschluss, den Partner „trotzdem" zu lieben. Unsere Liebe muss von der Art sein wie die Liebe, die unseren himmlischen Vater dazu bewog, uns mit seinem Sohn zu segnen, obwohl wir es nicht verdienten, und weil er wusste, dass wir diesen Segen in unserem Leben so dringend brauchten.

Der Segen kann in einer Ehe einen ungeheuren Unterschied bewirken, doch es erfordert ganzen Einsatz, diese Prinzipien bei unserem Ehepartner umzusetzen. Trotzdem wissen wir, dass Sie keinen Augenblick der Zeit bereuen werden, die Sie damit verbringen, dass Sie Ihre Familie segnen, vor allen Dingen, wenn Sie die reiche Ernte von Liebe und Glück sehen, die daraus erwachsen kann.

Eine Quelle des Segens für Ihre Freunde
Dauernd treffen wir mit Menschen zusammen, die „sich wünschen, einen guten Freund zu haben". Vielen von ih-

nen bliebe diese Bemerkung erspart, wenn sie wüssten, wie man selbst ein „guter Freund" ist. Beim Studium des Segens in der Heiligen Schrift entdeckten wir, dass es ganz wichtig ist, in einer Freundschaft jedes Segenselement anzuwenden, wenn man ein guter Freund werden will.

Das vermutlich bekannteste Modell einer wunderbaren Freundschaft in der Bibel ist die Beziehung zwischen David und Jonathan. Die beiden Männer waren sehr verschieden. Man würde nicht ohne Weiteres erwarten, dass sie sich miteinander anfreunden.

Jonathan war der voraussichtliche Erbe auf den Thron seines Vaters. Doch er war auch von sich aus ein mächtiger Krieger. Er führte Israels Heer in der Schlacht und griff selbst zwanzig Philister an, nur von seinem Waffenträger gedeckt, die er alle besiegte (1. Sam 14,6-14).

David und Jonathan begegneten sich zum ersten Mal, nachdem David Goliath erschlagen hatte. Bei all der Aufmerksamkeit, die David zuteil wurde, hätte Jonathan ihn als Rivalen und Feind betrachten können. Doch in der Schrift wird uns gesagt, dass „das Herz Jonathans sich mit dem Herzen Davids verband, und Jonathan gewann ihn lieb wie sein eigenes Herz".

Ein Grund, warum ihre Freundschaft einzigartig war, ist die Tatsache, dass es eine Beziehung von Freund zu Freund war, die als Vorbild für uns alle Aspekte des Segens enthielt.

Ohne die heute existierende Furcht unter Männern, sie könnten als homosexuell erscheinen, zeigten David und Jonathan die bedeutsame Berührung in ihrer Freundschaft. Bei ihrer letzten Begegnung musste Jonathan seinem Freund David sagen, dass es für ihn nicht länger sicher sei, sich in der Nähe seines Vaters Saul aufzuhalten. Wir lesen:

„und sie küssten einander und weinten miteinander, David aber am allermeisten" (1. Sam 20,41).

Während es in unserer Kultur nahezu tabu ist, dass Männer sich küssen und sich weinend in die Arme fallen, galt dies im alten Israel nicht als seltsam und ist auch heute noch in vielen Ländern nicht ungewöhnlich. In diesen Kulturkreisen beweisen Freunde einander ihre Liebe mit einem Kuss oder einer Umarmung.

Heutzutage wird ein Freund die bedeutsame Berührung mit aufnehmen, wenn er den Freund oder die Freundin segnet. Die Verweigerung einer Umarmung oder auch nur eines Händeschüttelns mit einem Freund kann diese Beziehung auf einem oberflächlichen Niveau erstarren lassen.

Jonathan gibt uns noch ein weiteres Bild davon, was es heißt, ein enger Freund zu sein. Er sprach von seiner hohen Wertschätzung für David. Wir wollen uns noch einmal Jonathans Verhalten gegenüber David ansehen, als sie sich zum ersten Mal begegneten.

An jenem Tag stand ohne Zweifel David im Rampenlicht. Doch wir erfahren, dass Jonathan seinen Rock auszog, den er anhatte, und ihn David gab, dazu seine Rüstung, sein Schwert, seinen Bogen und seinen Gurt (1. Sam 18,4). Ein Krieger legt seine Waffen nur vor jemandem ab, den er für besser ansieht. Jonathan maß David so hohen Wert bei, dass er bereit war, die Symbole seiner Autorität (Rüstung und Kleidung) zu opfern, um seinem Freund Ehre zu erweisen.

Jonathan machte mit David auch einen mündlichen Bund, dass er sein Leben lang Davids enger Gefährte sein werde (1. Sam 20,13). Er sprach zu David: „Der Herr sei mit dir, wie er mit meinem Vater gewesen ist." Zwischen dem, was Jonathan zu David sagte, fehlten keine Worte des Segens.

Die letzten Worte Jonathans an David illustrieren seine aktive Verpflichtung für David und seinen Wunsch, dass Gott in der Zukunft David segnen möge. „Der Herr stehe zwischen mir und dir, zwischen meinen Nachkommen und deinen Nachkommen in Ewigkeit" (1. Sam 20,42).

Wer sind Ihre echten Freunde? Denken Sie für einen Augenblick an jemanden in Ihrem Leben, der Ihnen ein echter Freund ist. Fast ausnahmslos wird ein solcher Freund jemand wie Jonathan sein, ein Mann oder eine Frau, die in der Beziehung zu Ihnen den Segen in jeglicher Hinsicht bewiesen hat. Ein echter Freund ist beispielsweise jemand wie Larry, der beschloss, jedes Segenselement seinem Chef Glenn zukommen zu lassen.

Glenn war kein Mensch, mit dem man leicht Freundschaft schließen konnte. Einmal schien Glenn keine Freunde zu haben. Er war ein außergewöhnlich erfolgreicher Geschäftsmann, der immer überall oben schwamm. Außerdem vertrat Glenn die Ansicht, man müsse zu seinen Angestellten und Konkurrenten berufliche Distanz halten. „Lass niemanden nahe an dich rankommen", lautete das unausgesprochene Motto, nach dem Glenn lebte, bis zu jenem Tag, an dem sein Sohn festgenommen wurde, weil er Drogen an Klassenkameraden verkaufte.

Damit andere ihn nicht ausnutzten, hatte Glenn in der Firma und in seiner Gemeinde eine Mauer um sich errichtet. Ständig hatte er Menschen um sich, aber er besaß keine echten Freunde. Glenn wusste nicht einmal, wie er für seine Frau oder seine Kinder ein Freund hätte sein können, und die Auflehnung seines Sohnes und Glenns völlige

Unkenntnis über dessen Drogenproblem zeigten ihm das deutlich.

Nun, in einem Augenblick bitterer Not brauchte Glenn die seelische Unterstützung eines Menschen, dem er sein Herz ausschütten konnte, und keiner war da. Keiner, bis Larry bemerkte, dass mit seinem Chef etwas nicht stimmte. Er beschloss, dass sein Chef nur einen echten Freund brauchte.

Larry war bereits ein vollendeter „Jonathan". Er wusste, wie wichtig es war, anderen Menschen Segen zukommen zu lassen, und hatte einige enge Freunde. Doch mit Glenn Freundschaft zu schließen, war eine andere Sache. Glenn war sein Chef und außerdem sah es nicht so aus, als suche er Gesellschaft.

Larry beobachtete Tag für Tag, wie Glenn stumm litt, und immer mehr kam er zu der Überzeugung, dass er sich mit ihm anfreunden müsse. Ihre Freundschaft fing an einem Dienstagmorgen an, als Larry allen Mut zusammennahm, in Glenns Büro marschierte und ihm die Hand auf die Schulter legte.

„Hallo Chef", sagte Larry, „Sie sind schon eine Weile nicht mehr Sie selbst. Vielleicht liege ich da ganz daneben und Sie können mir das auch sagen, wenn Sie mögen, aber es hat den Anschein, als ob Sie etwas quält. Ich möchte Ihnen nur sagen, dass ich immer für Sie da bin, wenn Sie das Bedürfnis haben, mit jemandem zu reden." Larry erwartete, mit einer knappen Zurechtweisung hinausgeschickt zu werden, doch Glenn sagte kein Wort. Nach langem Schweigen blickte er, den Tränen nahe, zu Larry auf und meinte: „Ich werde dran denken, Larry. Vielen Dank."

Larry glaubte, damit sei die Sache erledigt, als er einige

Tage nichts von Glenn hörte. Doch am Freitag übergab ihm seine Sekretärin eine Mitteilung von Glenn, er wolle an einem der nächsten Tage mit Larry frühstücken.

Während sie da beisammensaßen, tat Larry nichts als zuzuhören, während Glenn sein tief verwundetes Herz ausschüttete. Larry versuchte nicht, Glenn gute Ratschläge zu erteilen, auch unternahm er nichts, die verletzten Gefühle abzuschwächen mit Bemerkungen wie „Nun, so schlimm ist das doch nicht" oder „Sie sind Christ, Glenn, beten Sie eben". Als Larry den tiefen Schmerz um den rebellischen Sohn wahrnahm, weinte er mit ihm. Das einzige Mal, dass Larry mehr als ein oder zwei Sätze sprach, war nach dem Frühstück, als er mit Glenn im Wagen saß und ein kurzes Gebet sprach.

Während der nächsten Monate traf sich Larry jede Woche mit Glenn, um ihm zuzuhören, zu reden und über Glenns Beziehung zu seinem Sohn zu beten. Larry hatte keinen unmittelbaren Bezug zu Glenns Kummer – seine eigenen Kinder kamen gerade erst in die Schule –, doch er konnte Glenn die Hand schütteln und ihm zu verstehen geben, dass er bei Tag und Nacht einen Freund habe, an den er sich wenden konnte.

Infolge von Larrys und Glenns Treffen begann sich im Büro etwas Interessantes abzuzeichnen. Glenn lockerte allmählich seine strikte Regel über das Distanzhalten in der Firma. Zum ersten Mal besaß Glenn einen Freund, der Anteil an ihm nahm. Das führte dazu, dass er entdeckte, wie er sich auch mit anderen Menschen anfreunden konnte.

Larry segnete seinen Chef in jeder Hinsicht – er schüttelte Glenn die Hand oder klopfte ihm auf den Rücken (bedeutsame Berührung), sprach ihm aufmunternde Worte zu (gesprochene Botschaft), hob Glenns positive Eigenschaften und die Art hervor, wie er zu Hause bei seiner Frau und seinen Kindern einen neuen Anfang versuchte (Wertschätzung), schenkte ihm die Hoffnung auf eine bessere Zukunft, die Gott für ihn bereithielt, unabhängig davon, wie sein Sohn reagierte (besondere Zukunft), und er verpflichtete sich, für seinen Freund da zu sein, wenn er jemanden brauchte, bei dem er sich aussprechen konnte (aktive Verpflichtung). Das verband die beiden Männer eng miteinander.

Allmählich trat auch bei Glenns Sohn eine Besserung ein und so hatte Glenn gleich *zwei* Dinge, für die er Gott danken konnte. Das eine war die neue Art und Weise, wie sein Sohn mit ihm umging, als er ihm allmählich näherkam, und das andere war ein Angestellter namens Larry, der Glenn echte Freundschaft lehrte, indem er ihn mit Segen beschenkte.

Das Anwenden der Segenselemente auf eine menschliche Beziehung kann einem Kind elterliche Zuwendung geben, eine Ehe bereichern und eine Freundschaft vertiefen. Aber das ist nicht alles. Der Segen kann auch für die Familie hilfreiche Richtlinien dabei bieten, ein Ort des Segens zu bleiben oder zu werden – für die außerhalb der Gemeinde und vor allem für die drinnen.

11. Eine Gemeinde, die Segen schenkt

Seit vielen Jahren hatte Christian in seiner Ehe, seinem Beruf als Mechaniker und in seinem Leben ganz allgemein zu kämpfen. Die einzigen Gelegenheiten, bei denen er zum Gottesdienst ging, waren die Teilnahme an einer Hochzeit oder wenn er gezwungen war, an Weihnachten mitzugehen.

Aus Christians Perspektive war der Ort, wo er die meiste Aufmunterung und Kameradschaft fand, die Kegelbahn, wo er am Mittwochabend hinging. Christian lebte für die Mittwochabende, wenn er und einige Jungs von der Arbeit sich schon früh trafen, sich ein paar Bierchen gönnten und dann mit den anderen Freunden die Kugel rollen ließen.

Für Christian war der Abend mit den Kegelbrüdern eine willkomme Ablenkung von der Arbeit und den Problemen in seiner Familie. Doch nach einem Abend beim Kegeln musste Christian eben immer wieder nach Hause gehen, am nächsten Tag wieder arbeiten und sich der Realität des Lebens stellen.

Während des folgenden Jahres hörte Christian durch das liebevolle Engagement eines neuen Mechanikers in der Firma zum ersten Mal vom Evangelium. Der Neue hieß Karsten und war ein zutiefst gläubiger Christ. Christian gewann bald Achtung vor Karsten wegen seines Geschicks bei der Reparatur von Motoren, doch weit mehr beneidete Christian ihn wegen seines Privatlebens. Karsten war keineswegs vollkommen, doch er besaß einen inneren Frieden und seine Ehe entwickelte sich in eine gute Richtung – all das, wonach Christian sich sehnte. Karsten zwang Christian seinen

Glauben nicht auf; er tat etwas viel Eindrücklicheres. Er lebte seinem Kollegen ein positives christliches Leben vor und das war, als reiche man einem Durstigen Wasser.

Christians Ehe war sozusagen auf Grund gelaufen, außerdem hatte er Alkoholprobleme. So fragte er Karsten eines Nachmittags, warum sein Leben so anders verlief als sein eigenes. In den nächsten Monaten trafen sich Karsten und Christian regelmäßig und Karsten erzählte ihm, wie notwendig er den Erlöser brauche und wie er in Christus neues Leben finden könne. An einem kalten Tag kurz vor Weihnachten betete Christian mit seinem Freund Karsten, weil er Christus annehmen wollte. Nach siebenunddreißig Jahren, in denen es ihm nicht gelungen war, das Leben aus sich heraus zu meistern, wendete sich Christian endlich der Quelle des Lebens, Gott selbst, zu und ließ sich von ihm führen und leiten.

Wie Jonathan im Alten Testament war auch Karsten für seinen Freund eine Quelle des Segens. Seine persönliche Anteilnahme verhalf Christian zu einem Gefühl der Sicherheit. Als Resultat von Gottes Wirken in Christians Leben trat in seinem persönlichen Leben und in seiner Ehe eine Wendung zum Besseren ein. Karsten ermutigte ihn auch, eine Gemeinde zu besuchen, wo er mehr über das Wort Gottes erfahren konnte.

Christian und seine Frau fingen tatsächlich an, eine ziemlich große Gemeinde in ihrer Nähe zu besuchen. Sie hatte einen hervorragenden Ruf. Doch die beiden fühlten sich dort nicht wohl. Die Predigt störte Christian nicht, im Gegenteil, er lernte bereitwillig von dem Pastor, der eine besondere Gabe besaß, anderen das Wort Gottes zu vermitteln. Bedrückt und verwirrt war er jedoch von dem Mangel an persönlicher Beziehung oder menschlicher Wärme, sobald die Predigt zu Ende war.

Jeder war höflich zu ihm und seiner Frau, doch da war keiner, der sie mit leuchtenden Augen herzlich begrüßte und sie nach dem Gottesdienst zum Essen einlud. In dem Versuch, tiefere Freundschaften mit anderen Gemeindegliedern zu entwickeln, begannen sie, einen Bibelkreis zu besuchen. Doch nach mehreren Monaten waren sie den Menschen wenig näher gekommen als an jenem Sonntag bei ihrem ersten Besuch.

Als Christians Freund Karsten eine Stelle bei einem anderen Autohändler außerhalb des Bundeslandes annahm, war Christian völlig niedergeschmettert. Was ihn besonders bedrückte, war der Mangel an persönlichen Beziehungen mit anderen Männern in der Gemeinde. Nachdem Christian Christ geworden war, hatte er seine Kegelabende am Mittwoch aufgegeben, um die Gottesdienste unter der Woche zu besuchen. Doch ohne engagierte christliche Freunde fühlte er sich immer einsamer. Selbst wenn er nach der Kirche mit jemanden ein Gespräch anfangen wollte, wurde nach dem anfänglichen „Hallo, wie geht's Ihnen?" das krampfhafte Bemühen, Gesprächsthemen zu finden, ausgesprochen peinlich. Schließlich gab er es auf. Es gab einen Haufen freundlicher Leute, doch Christian merkte, dass sie Woche um Woche zu den gleichen Leuten freundlich waren.

Das war Christians erste Erfahrung mit einer Gemeinde und allmählich stellte sich das Gefühl ein, dass Christen irgendwie keine Freunde brauchten. Er versuchte, sich ins Bibelstudium zu stürzen, in der Hoffnung, das würde sein Bedürfnis nach bedeutsamen menschlichen Beziehungen ausgleichen. Im Laufe der Zeit fühlte er sich mitten unter den Leuten seiner Gemeinde viel einsamer als je zuvor beim Kegeln. Der Gedanke, zu einer anderen Gemeinde zu wechseln, kam Christian überhaupt nicht. Dies war die einzige, die er je kennengelernt hatte, und er nahm an, dass sie alle mehr oder weniger gleich waren.

Nachdem sein einziger christlicher Freund fort war und in der Gemeinde niemand ein persönliches Interesse an seinem Leben zeigte, begann Christian immer mehr Zeit mit seinen alten Freunden von der Arbeit zu verbringen. In der Folge glitt er allmählich in seine alten Verhaltensmuster aus der Zeit, bevor er Christ wurde, zurück. Leider gehörte dazu auch, dass er erneut zu trinken anfing.

Christian gab den Besuch des Bibelkreises auf und nahm nur noch am Gottesdienst teil. Die Wochen vergingen und nicht ein Einziger aus dem Kreis wollte wissen, warum er nicht länger kam oder hielt nach dem Gottesdienst auch nur an, um mehr als nur ein paar Worte mit ihm zu wechseln. Ihr Mangel an Anteilnahme mochte durchaus dem Gefühl entspringen „Ich wollte nicht aufdringlich sein", doch bestätigte ihre Gleichgültigkeit nur Christians Gedanken, dass sie sich nichts aus ihm machten. Bald wurden seine Gottesdienstbesuche immer seltener.

Unter all den Menschen in dieser wachsenden Gemeinde schien niemand den einen Mann zu vermissen, der allmählich der Gemeinschaft entglitt; bis der Pastor unerwartet eines Samstags beim Einkaufen Christians Frau traf.

„Hallo", sagte er, „wie geht's Ihnen und Christian denn?" Es war nur eine einfache Frage, doch die Reaktion war ein heftiger Tränenausbruch mitten im Gang eines Supermarktes. „Ach, Herr Pastor, Christian will nicht mehr mit mir in die Gemeinde gehen. Er sagt, er habe beim Kegeln bessere Freunde gefunden als in der Gemeinde."

Christian hatte nach menschlicher Nähe in Beziehungen und nach dem Segen der Gemeinde gesucht, doch er hatte sie nie gefunden. Innerhalb von weniger als zehn Monaten hatte er sich von der Gemeinde entfernt und den Kontakt zu seinen alten Kumpeln von der Kegelbahn wieder aufgenommen. Vielleicht hätte Christian reif genug sein sollen, um in der Gemeinde zu bleiben und sich darauf zu konzentrieren, für andere da zu sein, auch wenn er nicht die Liebe fand, die er suchte.

Ist das nun einfach die Geschichte eines Menschen, der zu wenig Glauben hatte? Wir wünschten, es wäre so. Leider ist Christians Geschichte nicht die Ausnahme. Wir mögen das nicht gerne zugeben, aber es ist doch so, dass viele Menschen, die zu uns kommen, beim Kegeln mehr Segen und Gemeinschaft finden als in der Gemeinde.

Anstatt uns hierdurch entmutigen zu lassen, sollte uns das Mut machen zu lernen, wie wir ein Volk des Segens werden können. Wir müssen lernen, in der Gemeinde echte Beziehungen herzustellen und nicht nur oberflächliche. Von dem ersten Zeitpunkt an, als Gott sich ein kleines Volk als sein eigenes berief, bis auf diesen Tag sind wir als Gläubige stets aufgerufen, für andere ein Segen zu sein.

Unsere Berufung: Ein Volk des Segens zu sein

Von frühesten Zeiten an ist das Volk Gottes dazu berufen, ein Segen zu sein. Als Gott Abraham zum ersten Mal erschien, gab er ihm eine ganz besondere Verheißung: „Ich will dich segnen und dir einen großen Namen machen, und du sollst ein Segen sein. In dir sollen gesegnet werden alle Geschlechter auf Erden" (1. Mose 12,2-3).

Jahrhunderte später sagt uns Petrus in der Apostelgeschichte, was diese Form des Segens für alle Nationen bedeutete. Der Segen kam in die Welt in Gestalt des leidenden Knechtes, Jesus, einem Nachkommen Abrahams, der die Macht hat, unser Leben durch die Befreiung von Sünde zu segnen. Petrus sagt:

> Gott ... sagte zu Abraham: „Durch dein Geschlecht sollen alle Völker auf Erden gesegnet werden." Für euch zuerst hat Gott seinen Knecht Jesus erweckt und hat ihn zu euch gesandt, damit er euch segnet und sich jeder von seinen bösen Taten abwendet. (Apg 3,25-26)

Der erste und dringendste Schritt, den eine Gemeinde tun kann, um andere zu segnen, ist die Hinführung der Menschen zu Jesus Christus. Wenn Männer und Frauen mit der Quelle des Segens selbst bekannt gemacht werden, dann stehen sie jemandem gegenüber, der ihr bester Freund und die Quelle ihres Lebens sein kann.

Wenn wir dazu aufgerufen sind, Menschen den Segen der Begegnung mit Christus zu vermitteln, wie können wir das am besten umsetzen? Wir wollen die Antwort unserem Herrn selbst überlassen. „Ein neues Gebot gebe ich euch, dass ihr einander lieben sollt. Daran, dass ihr Liebe zueinander habt, wird jeder erkennen, dass ihr meine Jünger seid" (Joh 13,34-35). Was heißt das für uns? Wenn eine Gemeinschaft von Christen sich verpflichtet, einander zu lieben, dann erst kann sie wirklich eine Gemeinde genannt werden, die es ernst damit meint, andere für Christus zu gewinnen.

Der Segen: Eine Richtlinie für die gesamte Gemeinde, andere zu lieben

Wenn Jesus uns geboten hat, Menschen zu sein, die anderen mit Liebe begegnen, warum haben dann viele Gemeinden solche Schwierigkeiten, mit Wärme und Freundlichkeit auf die Bedürfnisse anderer einzugehen? Ist es der Mangel an Liebe unter den Christen?

Wir glauben, dass es nicht der Mangel an fürsorglichen Gläubigen ist, der dazu führt, dass Menschen wie Christian sich ohne Segen abwenden. Was den Christen vielmehr fehlt, ist das Wissen, wie man dem Bedürfnis anderer nach menschlichen Beziehungen praktisch begegnen kann.

Die Gemeinde muss zuallererst ein Ort sein, an dem das Evangelium verkündet und Christus als unser Herr und Retter verehrt wird. Doch Gott hat uns Christen auch dazu bestimmt, eine Gemeinschaft der Fürsorge zu sein. Wenn wir unsere Brüder und Schwestern aber nicht segnen und lieben, versäumen wir unsere Pflicht als Familie Gottes. „Wenn ein Glied des Leibes sich freut, sollen wir uns alle freuen. Wenn ein Glied weint, sollen wir alle weinen" (1. Kor 12,26).

Das spannende am Begriff des Segens ist, dass er eine Richtlinie für alle Arten liebevoller Beziehungen ist. Eindeutig kann er Eltern einen nützlichen Weg zeigen, wie sie ihre Kinder segnen können. Wir haben außerdem gesehen, dass sich eine Ehe und selbst eine enge Freundschaft auf den Elementen des Segens aufbauen lässt. Doch damit noch nicht genug. Manche Gemeinden unterweisen und ermutigen heute ihre Mitglieder, anderen Segen zu spenden und erfreulicherweise lernen es immer mehr Gemeinden, dieser Pflicht nachzukommen.

Eine Gemeinde, die auf der Welt eine Kirche, die auf die echten Bedürfnisse ihrer Mitglieder eingeht und andere zu Christus führt, ist eine Gemeinde, in der Gottes Wort gelehrt und die einzelnen Bestandteile des Segens auf zwischenmenschliche Beziehungen angewendet werden.

Was geschieht nun, wenn eine Gemeinde oder auch nur ein Teil einer Gemeinde sich ernsthaft mit dem Begriff des Segens befasst? Dazu wollen wir uns ansehen, was passierte, als Grundsätze des Segens in einem Gesprächskreis für Singles umgesetzt wurden.

Eine Fallstudie für das Segnen in der Gemeinde Gottes

Mark war Leiter eines großen Kreises für Singles, der jeden Sonntag von mehr als 150 jungen Frauen und Männern besucht wurde. Wie viele kirchliche Gruppen kämpfte auch Marks Gemeinde mit einer großen Fluktuation der Teilnehmer. Sie waren durchaus zum Handeln an anderen bereit, doch dieser Wunsch nach Fürsorge schien nie über die Zusammenkünfte hinauszugehen.

Vor ein paar Jahren sprachen wir auf einer Konferenz, an der Mark teilnahm, über die Prinzipien dieses Buches. Er sog alle Informationen, die wir ihm über den Segen geben konnten, auf wie ein trockener Schwamm und bat uns, auf einer Freizeit der Gemeinde zu sprechen. Gott gebrauchte diese Konferenz, bei der Mark anwesend war, und die Freizeit danach, um die biblischen Grundsätze des Segens in den Herzen der Teilnehmer zu verankern.

Einige Monate nach dieser Freizeit erfuhren wir, dass Mark innerhalb der Gemeinde eine Gruppe von Menschen gebildet hatte, die sich „Segensbund" nannte. Ihr Ziel war es, in der Gruppe Menschen zu finden, die ganz besonders ein oder mehrere Elemente des Segens brauchten, und sich dann aktiv zu verpflichten, das Bedürfnis dieser Menschen zu erfüllen.

Bei einer jungen Frau, deren Verlobung in die Brüche gegangen war, bedeutete die Vermittlung des Segens einfach, sie bei der Hand zu nehmen und mit ihr zu weinen. Ein Mann der Gruppe brauchte einen Bruder in Christus, der ihm eine verheißungsvolle Zukunft wies und ihm damit das Vertrauen gab, mit einer schwierigen neuen Stelle zurechtzukommen. Einer anderen Frau musste die Gewissheit gegeben werden, dass ihr Freund sie sehr wertschätzte, nachdem sie eine Woche lang von ihrem Arbeitgeber gehört hatte, dass sie nichts tauge.

Es half dem Leiter sehr, dass er durch Verkündigung und Anwendung der Segenselemente eine Strategie hatte, um den Bedürfnissen innerhalb der Gruppe zu begegnen. Tatsächlich sprach Mark so viel über die Prinzipien des Segens, dass viele Teilnehmer sich gegenseitig scherzhaft fragten: „Haben Sie diese Woche schon Ihren Segen gehabt?"

„Haben Sie diese Woche schon Ihren Segen gehabt?" Die Leute meinten es im Spaß, und doch öffneten sich dadurch Türen zum Leben einer Reihe von Frauen und Männern, die bislang fest verschlossen waren, weil die Teilnehmer der Gruppe inzwischen mit der Anwendung des Segens vertraut waren. Was sich in dieser Gruppe von Singles vollzog, blieb aber nicht auf ihren Kreis beschränkt. In der gesamten Gemeinde verbreitete sich das Weitergeben des Segens.

Mehrere Teilnehmer wurden sich über die Beziehung zu ihren Eltern klar, als sie von dem Begriff des Segens hörten.

Besonders ein junger Mann ging eines Sonntagmorgens geradewegs aus dem Gemeinschaftsraum hinaus und rief, zum ersten Mal nach vier Jahren, seinen Vater an. Andere fingen an, die Grundsätze des Segens ihren Familienangehörigen in der Gemeinde mitzuteilen; auch dies führte zu einer Zeit der Heilung, wenn sie Christus erfuhren.

Der Kreis für die Singles sprach sogar einige Wochen nach ihrer Freizeit über den Begriff des Segens bei einem sonntäglichen Abendgottesdienst. Mark wies vor allem darauf hin, dass die Verheirateten in der Gemeinde etwas tun konnten, um die Singles zu segnen, nämlich nicht von ihnen zu erwarten, dass sie gleich morgen heirateten, sondern sie zu sich in die Familie einzuladen. Damit nahm ein Programm „Adoptiere einen Single" seinen Anfang, mit dem die einstmals praktisch isolierte Gruppe plötzlich in den Mittelpunkt des Gemeindelebens gerückt wurde.

Diese Geschichte befasste sich mit nur einer Gruppe, die beschloss, das Segnen anderer Menschen ernst zu nehmen. Die Auswirkungen verbreiteten sich in der ganzen Gemeinde und trugen dazu bei, vielen Menschen ein neues Gefühl menschlicher Wärme und Anteilnahme zu geben.

Stellen Sie sich vor, was geschähe, wenn eine ganze Gemeinde beschließen würde, die Mitglieder zu segnen, und wenn sie darin unterwiesen würde! Wir hätten dann eine Gemeinde, in der die Bedürfnisse nach zwischenmenschlichen Beziehungen erfüllt würden, etwa durch ein Händeschütteln oder eine Umarmung zur Begrüßung (bedeutsame Berührung). Wir hätten eine Gemeinde, in der eine gute Predigt, die Arbeit in der Kindergruppe oder das stille Zuhören bei einem erschöpften Bruder oder einer Schwester offen anerkannt würden. Wir hätten Gruppen von Christen, die jeden Einzelnen Wertschätzung entgegenbrächten und Worte der Hoffnung und Ermutigung aussprächen, um in den anderen ihre gottgegebenen Fähigkeiten zu entfalten. All diese Elemente würden in die Bereitschaft eingehüllt, Menschen nicht unbeachtet fortgehen zu lassen, weil schon die Entscheidung gefallen war, dass sie einen hohen Wert genießen (aktive Verpflichtung).

Zu einer solchen Gemeinde würden die meisten von uns gerne gehören. Dazu braucht es nichts weiter als Menschen, die einen „Segensbund" ins Leben rufen, der auf die Bedürfnisse der Menschen eingeht. Eine solche Gemeinde kann auch zu einem Ort werden, der auch Fernstehende anzieht, ein echter Ort des Segens.

Eine Gemeinde, die sich zur Segnung anderer verpflichtet, kann auf Nicht-Christen eine ungeahnte Wirkung haben. Wenn Gemeindeglieder erst einmal den Begriff des Segens kennenlernen und ihn praktisch anwenden, können sie ihn auch außerhalb der Gemeinde weitertragen. Von Montag bis zum Freitag können sie einer nichtchristlichen Gesellschaft, die verzweifelt auf der Suche nach echter Sicherheit und Zuwendung ist, den Segen Gottes schenken.

Ein Arbeitgeber kann daran erkennen, inwieweit er für seine Mitarbeiter ein Segen ist. Ein Lehrer kann sich über den Segen informieren und die charakteristischen Zeichen dafür erkennen, wenn ein Kind ohne die liebevolle Aufmerksamkeit der Eltern aufwächst. Ein Schüler kann sich mit einem Klassenkameraden anfreunden und ihm den Weg zum Segen durch Christus zeigen.

Einander lieben – wie trifft man das Ziel?

Aristoteles bemerkte einmal: „Du hast eine bessere Chance, das Ziel zu treffen, wenn du es sehen kannst." Auf den ersten Blick klingt diese Aussage recht banal, doch das ist sie nicht. Gemeinden, Eltern, Ehepartner und Freunde haben eine weit größere Chance, sich gegenseitig Liebe entgegenzubringen, wenn sie wissen, wie das geschehen soll.

In Kombination mit der Verkündigung des Wortes Gottes können die Elemente des Segens ein enorm wirksames Instrument für die Evangelisation sein. Der Segen kann uns dabei helfen, das Missionsgebot zu erfüllen, „hinzugehen und alle Völker zu Jüngern machen" (Mt 28,19). Wenn die besondere Eigenschaft der Jünger darin besteht, „einander zu lieben" (Joh 13,35), dann kann das Weitergeben des Segens dazu beitragen, Gottes Liebe in eine Not leidende Welt zu bringen.

Damit nähern wir uns dem Ende dieses Buches. Einen wichtigen Haltepunkt haben wir jedoch noch vor uns. Es gibt zwei Menschen in unserem Leben, die besonders von dem Segen profitieren, den wir ihnen schenken können – unser Vater und unsere Mutter.

12. Der Segen für die Eltern

Unser Bild vom Segen ist beinahe vollständig. In den letzten Kapiteln haben wir entdecken können, wie der Segen Jahrhunderte hindurch gesehen wurde. Daneben zeigte uns die wörtliche Bedeutung des Begriffes *Segen* die kleinen Feinheiten dieses Konzeptes. Fünf prägende Muster durchlaufen das Gemälde, jedes ein wichtiges Element des Segens; zusammen vermitteln sie dem Betrachter einen Sinn für Struktur und Gleichgewicht. Geschichten von Menschen aus Vergangenheit und Gegenwart sollten dem Bild Farbe und Tiefe verleihen. Manche dieser Farben sind dunkel und gedämpft und erwecken unser Mitgefühl. Dies sind die Geschichten von Esau und anderen seinesgleichen, die nie den Segen ihrer Familie empfingen. Doch wir haben auch die lebhaften Farben von Freude, Glück und Sicherheit im Leben derer erlebt, die den Segen erhielten.

Bevor wir jedoch unseren Pinsel niederlegen und von diesem Porträt des Segens zurücktreten, müssen wir noch eine letzte Ecke ausmalen. Diese Ecke ist in der Tat ein Schlüssel zur Vervollständigung unseres Bildes, mit dem erst das Gesamtbild komplett eingefangen wird.

Dabei müssen wir erkennen, wie wichtig es ist, dass der Segen sich im vollen Kreis schließt. Wir begannen mit dem Malen in einer Ecke der Leinwand, die zeigte, wie Eltern ihren Kindern den Segen geben. Vollenden werden wir das Bild, indem wir aufzeigen, wie diese Kinder den Segen an ihre Eltern zurückgeben. Helen reichte diesen Segen zurück, obwohl es das Schwierigste war, was sie je in ihrem Leben tat.

Die Geschichte eines Segens

Werfen wir noch einmal einen Blick auf Helens Geschichte. Sie war von ihrem Vater während ihrer gesamten Kindheit physisch misshandelt worden. Er war Alkoholiker, dessen wechselnde Launen sie unsicher, ängstlich und voller Sorge werden ließen. Bei der ersten Gelegenheit, die sich Helen bot, kehrte sie ihrem Elternhaus den Rücken. Aus ihrer Perspektive war es ihr gleichgültig, ob sie ihren Vater jemals wiedersah. In dieser Haltung fand sie sich noch bestärkt, als ihre Eltern sich scheiden ließen, während sie im Studium war. Sie hatte nun nicht mehr den geringsten Grund heimzufahren, ja sie zog den Gedanken gar nicht erst in Erwägung.

Dann traf Helen mit einer Kollegin namens Karen zusammen und ihr ganzes Leben veränderte sich. Zum ersten Mal hörte sie von Gottes Segen der Erlösung und seiner Fürsorge, die ihr in der Gemeinde eine geistliche Familie schenkte, mit der ihr Bedürfnis nach zwischenmenschlicher Beziehung gestillt wurde, und sie empfing seinen Segen und seine Nähe. Nachdem sie in ihrer Gemeinde geistliche Väter gefunden hatte, empfand Helen noch viel weniger die Notwendigkeit, mit ihrem leiblichen Vater Frieden zu schließen.

Allmählich begann sie zu erkennen, dass manche Bereiche ihres geistlichen Lebens nachhinkten. Sie war innerlich in großen Sprüngen gewachsen, hatte aber immer noch die Angewohnheit, andere zu kritisieren. Sie war einen weiten Weg gegangen, doch ihre Gefühle bekam sie nur mit eiserner Disziplin in den Griff. Lange Zeit glaubte sie, diese negativen Neigungen würden wegen mangelnden Glaubens oder zu geringer Kenntnis von Gottes Wort nicht nachlasssen. Unzählige Male hatte sie sich von Neuem zum Studium von Gottes Wort verpflichtet, doch ihr Ringen hielt an.

Eines Tages aber fand Helen heraus, was ihr eigentliches Problem war. Ihr fehlte es nicht an Glauben; sondern sie war nicht bereit, ihren Vater zu ehren. Die tiefe Bitterkeit und Wut in ihrem Inneren hielten ihr Leben nach wie vor im Griff. Diesen Bereich hatte sie Gottes Führung, Liebe und heilender Hand nicht übergeben.

Als sie ihr Leben näher betrachtete, erkannte sie, dass sie immer mehr so wurde wie der Mensch, den sie im Leben am meisten hasste – ihren Vater. Wenn sie sich nicht um den Würgegriff kümmerte, den er noch um ihr Leben hielt, dann würden die Kämpfe in ihrem geistlichen Leben nie aufhören und möglicherweise ihre persönlichen Beziehungen zerstören.

Zuerst versuchte sie, die wachsende Überzeugung beiseitezuschieben, dass sie sich mit dem Verhältnis zu ihrem Vater auseinandersetzen müsse. Selbst der Gedanke an ihn bereitete ihr Qualen, wie es immer der Fall ist, wenn wir uns an schmerzliche Dinge aus der Vergangenheit erinnern. Erinnerungen bringen Gefühle mit sich und manchmal wollen wir uns diesen Gefühlen nicht stellen. Aber sie wusste, dass es richtig war. Solange sie die Feindschaft zu ihrem Vater aufrechterhielt, tat sie Unrecht und schränkte ihre Lebenskraft ein.

Helen suchte ihren Pastor auf und erläuterte ihm, was Gott ihr in den zurückliegenden Monaten zu zeigen versucht hatte. Nach mehreren Sitzungen mit Gebet und Beratung beschloss sie, ihren Vater zu besuchen. Sie fasste den festen Entschluss, ihn zu segnen und zu ehren, gleichgültig, ob er darauf reagierte oder nicht.

Schließlich machte Helen vom Studierzimmer ihres Pastors aus den schwersten Telefonanruf ihres Lebens. Von einem alten Freund der Familie hatte sie die Nummer ihres Vaters erfahren, und nachdem sie mit dem Pastor gebetet hatte, nahm sie den Hörer ab und wählte die Nummer.

Zur Zeit ihres Anrufes war es 15 Uhr, und insgeheim hoffte sie, ihr Vater werde an der Arbeit sein und den Anruf nicht beantworten. Doch beim fünften Klingeln ging er ran. Gott gab ihr die Kraft, ein „Hallo, Papa?" herauszuwürgen. Nach langem Schweigen am anderen Ende erwiderte er: „Helen?"

In einem kurzen Gespräch sagte sie ihrem Vater, sie komme in seine Stadt, und fragte, ob sie ihn besuchen könne. „Bitte mach das, Helen", gab er zur Antwort. Sie bekam eine Beschreibung, wie sie seine Wohnung finden konnte, dann legte sie auf.

Das erste Hindernis war überwunden, aber die Schlacht lag noch vor ihr. Wohl hundertmal in den vier Tagen vor ihrer Fahrt überlegte sie hin und her, ob sie ihren Vater tatsächlich besuchen wollte oder nicht. Doch jedes Mal, wenn sie beschlossen hatte zu kneifen, überzeugte sie die leise Stimme ihres Gewissens davon, was richtig sei. Selbst wenn sie von ihrem Vater nichts anderes empfing außer der Qual, die sie in der Vergangenheit erfahren hatte, wusste sie doch, dass sie um ihrer selbst willen hingehen und tun musste, was recht war.

Helen stieg tatsächlich in den Zug. Ihr Pastor und mehrere Freunde begleiteten sie zum Bahnhof, um ihr Mut zuzusprechen und sie zu verabschieden. Die Fahrt war gleichzeitig die kürzeste und die längste ihres Lebens. Sie nahm ein Taxi und fuhr die dreißig Minuten zur Wohnung ihres

Vaters. Mit einem tiefen Seufzer und einem kurzen Gebet ging sie zur Wohnung und klopfte an der Tür.

Ein müde aussehender alter Mann machte auf. – Warum hatte sie ihn nur als solchen Riesen im Gedächtnis? Helen setzte sich mit ihrem Vater auf die Couch und schüttete ihr Herz aus. Sie erzählte ihm, wie sie Christin geworden war und welchen Unterschied das in ihrem Leben machte. Das Schwerste war, die Wut und den Hass einzugestehen, die sie über viele Jahre hinweg mit sich herumgetragen hatte, und ihn dafür um Vergebung zu bitten.

Als Helen zu Ende gesprochen hatte, weinten beide. Fünfzehn Jahre lang hatte ihr Vater die brennende Überzeugung des Unrechts gegen seine Tochter geleugnet. Er bat sie, ihm zu verzeihen, dass er ihr ein so schrecklicher Vater gewesen war, und beklagte, dass er ihr so viele Schmerzen zugefügt hatte.

Nach vier Stunden, die ihr wie vier Minuten vorkamen, ging sie wieder. An der Tür nahm sie ihren Vater in die Arme und hörte sich selbst Worte sprechen, von denen sie nie geglaubt hatte, dass sie ihr von den Lippen gehen würden: „Ich hab' dich lieb, Papa." All die Wunden, die er ihr zugefügt hatte, waren nicht imstande gewesen, ihre Liebe zu ihm auszulöschen. Selbst in der Zeit ihres stärksten Hasses empfand sie eine Bindung an ihn und Liebe zu dem Mann, dem sie ihre leibliche Existenz verdankte. Wo sie einst diese Liebe nicht ausdrücken oder auch nur fühlen konnte, empfand sie nun Mitgefühl und Wärme für einen Mann, der sein eigenes Leben zerstörte, als er das ihre zerschlug.

Als neuer Mensch fuhr sie wieder nach Hause, an ihren Arbeitsplatz und zu ihrer Gemeinde. Nach außen hin sah sie zwar nicht anders aus, doch in ihrem Inneren wusste sie, dass sie ein freierer Mensch war als je zuvor in ihrem Leben.

Als sie Christus kennengelernt hatte, hatte er sie von der Schuld aller Sünde befreit und die Fesseln gelöst, die sie an die Vergangenheit ketteten. Dadurch, dass sie den Mut aufbrachte, ihrem Vater gegenüberzutreten, ihn zu ehren und zu segnen, beseitigte Helen endlich die Fesseln, die Christus gelöst hatte. Als sie an diesem Tag vom Haus ihres Vaters fortging, war sie wirklich frei für das Leben in der Gegenwart, weil sie sich endlich von der Vergangenheit befreien konnte.

Das Gebot, unsere Eltern zu segnen

Was Helen unternommen hatte, als sie ihrem Vater gegen-übertrat, erfordert ungemein großen Mut. Doch sie wusste einen Gott hinter sich, der ihre Ängste verstand und ihr die Kraft schenkte, sie zu überwinden.

Sind es nur die Menschen mit einer qualvollen Vergangenheit, die ihre Eltern segnen müssen? Das ist gewiss nicht der Fall. Tatsächlich weist die Heilige Schrift jedes Kind an, die Eltern zu segnen.

Im Epheserbrief geht Paulus ausführlich darauf ein, was es bedeutet, gesunde Familienbeziehungen zu haben. Im fünften Kapitel gibt er eine wunderbare Beschreibung von Gottes Plan für das Verhältnis von Mann und Frau. Mit einem liebevollen Vater und einer Frau, die ihrem Mann Wertschätzung entgegenbringt, haben Kinder ein wundervolles Zuhause.

Als nächstes folgen Anweisungen an die Kinder. Solange sie unter dem Dach und der Obhut ihrer Eltern sind, sollen sie ihren Eltern gehorsam sein in dem Herrn (Eph. 6,1). Dann gibt er noch eine Anweisung für Kinder jeden Alters: „Ehre Vater und Mutter, das ist das erste Gebot, dem eine Verheißung folgt: damit es dir gut geht und du lange lebst auf Erden" (Eph. 6,2-3).

Was bedeutet es nun, die Eltern zu ehren? Das wird uns klar, wenn wir uns das Wort „ehren" in der Bibel ansehen. Im Hebräischen lautet das Wort für „ehren" *kabed*. Wörtlich bedeutet das „schwer, gewichtig sein, ehren". Selbst heutzutage verbinden wir den Gedanken, gewichtig zu sein, mit der Verehrung für eine Person.

Wenn eine bedeutende Persönlichkeit spricht, sagen die Leute oft, dass seine Worte „viel Gewicht haben". Der Sprecher dieser Worte verdient Ehre und Achtung. Wir erfahren noch mehr darüber, was unter „ehren" zu verstehen ist, wenn wir uns in der Bibel das Gegenteil ansehen.

In Kapitel zehn haben wir entdeckt, dass die wörtliche Bedeutung des Wortes *Fluch (qalal)* ist, „leicht machen, wenig Gewicht haben, wenig achten." Gehen wir zu unserem oben genannten Beispiel zurück, dann könnten wir für Nichtachtung eines Menschen sagen: „Seine Worte haben wenig Gewicht." Der Gegensatz ist geradezu verblüffend!

Wenn Paulus uns sagt, wir sollten unsere Eltern ehren, dann bekundet er damit, dass sie hohe Wertschätzung und Achtung verdienen. In moderner Ausdrucksweise könnten wir sie ein Schwergewicht in unserem Leben nennen! Genau das Gegenteil trifft zu, wenn wir unsere Eltern nicht ehren.

Manche Menschen behandeln ihre Eltern, als seien sie eine Staubschicht auf einer Tischplatte. Staub wiegt fast nichts und kann mit einer Handbewegung weggewischt werden. Staub ist ärgerlich, beleidigt das Auge und verbirgt die wirkliche Schönheit des Tisches. Paulus erklärt uns, dass kein Kind seinen Eltern gegenüber eine solche Haltung einnehmen soll, und zwar aus gutem Grund. Wenn wir unsere Eltern nicht ehren, begehen wir nicht nur ein Unrecht und achten Gott gering, sondern wir bringen uns buchstäblich selbst um unsere Lebensfülle!

Was geschieht, wenn wir unsere Eltern ehren?

Paulus erinnert uns im weiteren Verlauf dieser Stelle des Epheserbriefes daran, dass für all jene, die das Gebot halten und ihre Eltern ehren, eine Verheißung gilt. Ehe wir uns jedoch weiter mit dem Thema befassen, sollten wir uns über die Verheißung Gottes im Klaren sein. Das Erste, was wir im Gedächtnis behalten sollten, ist, dass Gottes Verheißungen immer erfüllt werden. Was Gott verheißt, das lässt er auch eintreten.

Die zweite verblüffende Tatsache, die wir bei solch einer Verheißung erkennen müssen, ist die Bedingungsform. Wenn Sie die Bedingungen der Verheißung erfüllen, dann wird Gott sie in Ihrem Leben einlösen. Gottes Verheißung hat zwei Seiten. Wenn Sie Vater und Mutter ehren, wird Gott seine Verheißung erfüllen. Achten Sie Ihre Eltern aber gering, dann verläuft Ihr Leben abseits von Gottes Verheißung.

Paulus sagt uns, dass in dieser Verheißung zwei Aspekte für diejenigen gelten, die ihre Eltern ehren. Der erste bezieht sich auf unser Verhältnis zu Gott.

„Auf dass es dir gut gehe"

Im neutestamentlichen Griechisch wird dieser Satz in dem winzigen Wörtchen *eu* eingefangen. Im Altgriechischen wurde dieses Wort gebraucht, um jemanden mit den Worten „Gut gemacht! Hervorragend!" zu begrüßen. Wenn Sie Ihre Eltern ehren, dann ist dies gewiss das Erste, was Gott zu Ihnen sagt: „Gut gemacht! Hervorragend!"

Für das Volk Gottes gehörte es dazu, wenn man vor Gott das Rechte tat, auch das zu tun, was vor den Eltern recht war. Im 3. Buch Mose gebietet Mose dem Volk: „Ein jeder fürchte seine Mutter und seinen Vater. Haltet meine Feiertage; ich bin der Herr, euer Gott." Mit der Bedeutung, einen besonderen Feiertag in der Woche einzurichten, um Gott zu ehren, ist das Gebot, die Eltern zu ehren, eng verknüpft.

Jesus ging ebenso davon aus, dass die Haltung gegenüber den Eltern die Einstellung zu Gott widerspiegelt. Wer die Eltern gering achtet, folgt den Strömungen der Zeit, nicht dem Wort Gottes. Hören Sie sich den heftigen Tadel Jesu an die Pharisäer und Schriftgelehrten an, die absichtlich ihre Eltern verachten:

> Warum übertretet ihr denn Gottes Gebot um eurer Satzungen willen? Denn Gott hat geboten: „Du sollst Vater und Mutter ehren" ... Aber ihr lehrt, wer zu Vater und Mutter sagt: Eine Opfergabe soll das sein, was dir eigentlich von mir zusteht, – der braucht seinen Vater nicht zu ehren ... Ihr Heuchler, wie treffend hat Jesaja von euch geweissagt: „Dies Volk ehrt mich mit seinen Lippen, aber ihr Herz ist ferne von mir; vergeblich dienen sie mir."
> (Matth 15,3-8)

Für Jesus konnte Verachtung gegenüber den Eltern niemals damit verbunden werden, vor Gott recht zu tun. Wer Sie nötigt, Ihre Eltern gering zu achten, spricht Worte der Überheblichkeit und Falschheit. Von Ihrem himmlischen Vater hören Sie nur dann ein „Gut gemacht", wenn Sie Ihre Eltern ehren, nicht wenn Sie sie voller Verachtung wie einen Staubfleck behandeln.

Wenn Sie mit Achtung gegenüber Ihren Eltern recht handeln, wirkt sich das nicht nur auf Ihr Verhältnis zu Gott aus, sondern er verheißt, dass dies auch in Ihrem eigenen Leben positive Auswirkungen haben wird!

„Und du lange lebst auf Erden"

Gott verheißt denen, die ihre Eltern ehren, dass sie Leben empfangen! Wie kann dies geschehen? Nun, fragen Sie einmal Ärzte, Berater oder Pastoren. Sie erleben in ihren Sprechzimmern und Büros die Menschen mit zerstörtem Leben, die ihre Eltern gering schätzen und deren Lebenskraft dahinschwindet.

Jeder von Ihnen besitzt nur eine bestimmte seelische und körperliche Energie und es ist an Ihnen, wie Sie sie einsetzen. Ärzte und Forscher entdecken heute immer deutlicher die enge Verbindung, die zwischen unseren Gedanken und unseren körperlichen Reaktionen besteht.

Eine positive Einstellung wird mit positiven physiologischen Veränderungen verknüpft, während eine negative Einstellung für Krankheiten aller Art Tür und Tor öffnen kann. Wenn Menschen es mit Zorn, Bitterkeit oder Überheblichkeit darauf abgesehen haben, ihre Eltern zu hassen oder zu verachten, dann bezahlen sie dafür einen geistlichen, seelischen und physischen Preis.

Die Bibel zeigt uns die starke Verbindung zwischen den Worten, die wir aussprechen, und wie sie uns physisch beeinflussen. In Sprüche 16,24 lesen wir: „Freundliche Reden sind Honigseim, trösten die Seele und erfrischen die Gebeine", und an anderer Stelle weiter unten: „Ein fröhliches Herz tut dem Leibe wohl; aber ein betrübtes Gemüt lässt das Gebein verdorren" (Spr 17,22).

Wenn Sie sich entscheiden, Ihre Eltern zu ehren, dann bringen Sie ihnen hohe Wertschätzung entgegen. Gott sagt, dass eine solche Einstellung Ihr Leben auf der Erde erfüllter werden lässt. Ziehen Sie es aber vor, dass Ihr Leben durch Festhalten an Bitterkeit oder Groll gegenüber Ihren Eltern (Haltung der Geringachtung) vertrocknet, dann vergeuden Sie Ihre Kraft und verkürzen buchstäblich Ihr Leben.

Manche Menschen bringen ihren Eltern über Jahre hinweg nur Geringschätzung entgegen. Wenn das auf Sie zutrifft, dann wird es höchste Zeit, dass Sie damit beginnen, die Dinge zurechtzurücken. Sonst könnten sich die Worte König Davids in Ihrem Leben bewahrheiten: „Denn als ich es wollte verschweigen, verschmachteten meine Gebeine durch mein tägliches Klagen. Denn deine Hand lag Tag und Nacht schwer auf mir, dass mein Saft vertrocknete, wie es im Sommer dürre wird" (Ps 32,3-4).

Die Worte von Paulus haben uns klar vor Augen geführt, dass wir unsere Eltern ehren sollen. Doch wie machen wir das in der Praxis? Wieder einmal befinden wir uns an der Schwelle des Segens.

Wie ehrt man seine Eltern?

Das Buch der Sprüche wurde mit dem Ziel geschrieben, uns die Fähigkeit zur richtigen Lebensführung zu lehren. Wir haben bereits gesehen, dass es ein richtiger Schritt ist, seine Eltern zu ehren, doch wie geschieht das? Man ehrt die Eltern, wenn man wie ein weiser Mensch und nicht wie ein Tor handelt.

Im Buch der Sprüche werden viele verschiedene Typen von Narren erwähnt. Sie sind Menschen, die Gottes Grundsätze für ein richtiges Leben nicht ernst nehmen. Eine lebhafte Beschreibung eines zerstörerischen Narren findet sich gegen Ende des Buches. Lesen wir von der Beschreibung eines wertlosen, verräterischen Menschen und dann gehen Sie zurück und lesen Sie nach, womit die Liste, die ihn charakterisiert, angeführt wird:

> Es gibt eine Art, die ihrem Vater flucht und ihre Mutter nicht segnet; eine Art, die sich rein dünkt, und ist doch von ihrem Schmutz nicht gewaschen; eine Art, die ihre Augen hoch trägt und ihre Augenlider emporhebt; eine Art, die Schwerter als Zähne hat und Messer als Backenzähne und verzehrt die Elenden im Lande und die Armen unter den Leuten. (Spr 30,11-14)

Der hier dargestellte Mensch bereitet denen zu Hause und außerhalb seiner Familie Sorgen und Schmerzen. Wie wir sahen, beraubt er sich durch den Fluch gegen seine Eltern auch selbst des Lebens. Er wird in dieser Textstelle nicht nur getadelt, weil er sie verflucht, sondern auch, weil er sie nicht segnet.

Wenn Sie ein Mensch sein wollen, der seine Eltern ehrt, dann sind Sie auch ein Mensch, der sie segnet. Indem Sie

Ihre Eltern segnen, erweisen Sie ihnen die wahre Ehre und tun, was in den Augen Gottes recht ist, ja Sie verlängern sogar Ihr Leben.

Wir haben schon eingehend über die fünf Elemente des Segens gesprochen. Wir haben gesehen, wie diese für Kinder, Ehepartner, Freunde und die Gemeinde heilsam werden können. Doch von tragender Bedeutung können sie sein, wenn unseren Eltern Segen zuteilwird. Jedes Einzelne kann ein nützliches Instrument sein, die Eltern zu ehren.

Zuallererst brauchen unsere Eltern die *bedeutsame Berührung*. Selbst wenn sie sich damit abmühten, Sie zu umarmen und zu berühren, als Sie noch klein waren, brauchen sie im Alter die Bestätigung, die aus dieser Berührung hervorgeht.

Sie brauchen auch *gesprochene Worte* von ihren Kindern. Es ist doch interessant, dass der Muttertag der Tag mit den meisten Ferngesprächen im ganzen Jahr ist! Für viele Mütter sind dies die einzigen aufmunternden Worte, die sie bis zum nächsten Jahr von ihren Kindern hören. Leider bekommen viele Väter weniger Worte des Lobes zu hören. Man sollte im Kontakt mit den Eltern beständig sein. Sie müssen Ihre Stimme und die gesprochenen Worte des Segens hören, die damit weitergegeben werden.

Häufig denken Eltern mit Schuldgefühlen an die Vergangenheit zurück. Oftmals sind es nicht die vielen positiven Dinge, an die sie sich erinnern, sondern die Zeiten, in denen sie die Beherrschung verloren oder etwas taten, womit sie ihr Kind unbeabsichtigt verletzten. Wenn Sie Ihre Eltern mit Worten segnen, die ihnen eine *hohe Wertschätzung* signalisieren, dann können Sie ihnen eine große Ermutigung sein. Sie brauchen nicht so zu tun, als sei nie ein Unrecht geschehen, aber Sie können ihnen vergeben und sie vor Selbstmitleid bewahren. Sie können beschließen, ihnen hohe Wertschätzung entgegenzubringen und sie zu ehren, weil Ihre Eltern für Sie und für Gott wertvoll sind.

Eltern brauchen Worte, die ihnen *eine besondere Zukunft* vorzeichnen. Warum viele Eltern nur noch auf vergangene Zeiten zurückblicken, liegt wohl daran, dass sie in ihrem Leben keine Zukunft mehr sehen können. Sie können auf nützliche und sinnvolle Aspekte im Leben Ihrer Eltern hinweisen, selbst wenn diese Eigenschaften heute nicht mehr so ausgeprägt sind wie in jüngeren Jahren. Sie können Ihre Eltern auch auf die Bibel verweisen und auf die ermutigende Erkenntnis, dass die Zukunft bei ihrem himmlischen Vater und ihrer geistlichen Familie nicht mit dem Tod zu Ende ist.

Ein letzter Punkt noch: Ermutigung für eine besondere Zukunft erfahren Ihre Eltern vor allem, wenn Sie sie an Ihrer Zukunft teilhaben lassen, einer Zukunft, die wieder mit Ihren Kindern verknüpft ist. Wenn man sich Zeit dafür nimmt, dass Großeltern und Enkel zusammenkommen und gemeinsam etwas unternehmen, dann erweist sich das als hervorragendes Instrument für eine besondere Zukunft Ihrer Eltern. Sagen Sie ihnen, in welcher Weise sie für Ihre Kinder ein Segen sein können und schon immer waren; damit erweisen Sie Ihren Eltern eine höchst wertvolle Ehre.

Unter allen Möglichkeiten, wie man die Eltern segnen kann, ist die echte Verpflichtung, mit den Eltern bis zum Ende ihrer Tage zu gehen, von besonderer Bedeutung. Vor allem beim Tod eines Elternteils braucht der Hinterbliebene ganz besonders Ihre Liebe und Ihr Engagement, die ihm die Gewissheit geben, dass er sich auf seinem Lebensweg auf Sie verlassen kann.

„Aber Sie kennen meine Eltern nicht!"

Wir wissen, dass dieses Kapitel für manche Leser das schwierigste des ganzen Buches ist. Fast könnte man schon jemanden vor sich hin murmeln hören: *„Meine* Eltern segnen? Sie scherzen wohl? Nach allem, was sie mir angetan haben? Nach allem, was ich durchmachen musste? Smalley und Trent haben leicht reden. *Sie kennen meine Eltern nicht!"*

Kann man wirklich *alle* Eltern ehren? Sind nicht manche Väter oder Mütter – Leute wie Helens Vater – zu ihren Kindern so grausam und verletzend, dass sie es nicht verdienen, gesegnet zu werden?

Ich bestreite keinen Augenblick, dass es Eltern gibt, die aus menschlicher Sicht keinen Segen verdienen, denen man eher die kalte Schulter zeigen würde als sie mit herzlichen Worten zu segnen. Sosehr wir uns jedoch eine Ausnahmeklausel wünschen, wir kommen nicht an dem eindeutigen Gebot der Schrift vorbei: „Du sollst deinen Vater und deine Mutter ehren."

Um keine Missverständnisse aufkommen zu lassen: Wenn Sie beschließen, Ihre Eltern zu ehren, dann heißt das nicht, dass Sie Ihrem alkoholkranken Vater erlauben, Ihre Kinder ins Auto zu setzen und mit ihnen durch die Stadt zu kurven. Es bedeutet auch nicht, dass Sie Ihre ständig schimpfende Mutter täglich anrufen, wenn jeder Anruf nur eine Aufforderung zu weiteren Demütigungen ist. Es bedeutet jedoch, dass wir die Entscheidung treffen, sie als wertvolle Menschen anzusehen, und sie trotz ihrer Alkoholsucht und üblen Launen nicht verachten. Denn wir selbst nehmen den meisten Schaden, wenn wir Vater und Mutter verachten.

Das Andenken der Eltern in Ehren halten

Das ganze Kapitel hindurch wurden Sie dazu aufgefordert, Ihre Eltern zu segnen und zu ehren und Frieden mit Ihrer Vergangenheit zu schließen. Allerdings sind die Eltern mancher Leser bereits auch schon verstorben. Wie steht es nun mit ihnen? Was geschieht, wenn Sie nicht mehr von Angesicht zu Angesicht mit Ihren Eltern reden und Ihnen versöhnende Worte sagen können? Wie wäre es zum Beispiel gewesen, wenn Helens Vater gestorben wäre, bevor sie Gelegenheit hatte, mit ihm zu sprechen?

Wenn Sie sich wirklich von einem bereits verstorbenen Elternteil lösen wollen, dann müssen Sie sich mit dem Andenken an diesen Menschen auseinandersetzen. Die Erinnerung an eine tote Mutter oder einen toten Vater kann so lebendig sein wie im wirklichen Leben.

Jeder von uns trägt im Geist die Bilder von geliebten Verstorbenen mit sich, die man sich ins Gedächtnis rufen kann. Für manche, die ihre Eltern innig liebten, ihnen das aber nie gesagt haben, ist die Ehrung ihres Andenkens ein Weg, sie zu segnen. Andere, die mit einer schmerzvollen Vergangenheit ringen, können Befreiung finden, wenn sie mit Gott über ihre ablehnenden Gefühle sprechen, so wie Helen ihre Freiheit im klärenden Gespräch mit ihrem Vater fand.

Wenn Sie sich in einer solchen Situation befinden, will ich hier einige Anregungen geben. Versuchen Sie als Erstes, einen Brief an den Menschen zu schreiben, in dem Sie alles zu Papier bringen, was Sie ihm oder ihr sagen würden, wenn Sie sich gegenübersäßen. Fällt Ihnen das Schreiben schwer, dann nehmen Sie Ihre Stimme auf Band auf. Bedenken Sie immer, dass wir aufgerufen sind, unsere Eltern zu ehren und nicht ihre Erinnerung mit hasserfüllten Worten zu verdunkeln. Sie können schmerzhaft aufrichtig sein und doch nicht mit Worten sündigen.

Frei zu sein als Mensch des Segens heißt, sich ehrlich mit seiner Vergangenheit auseinanderzusetzen. Wenn Ihnen anstelle ihrer physischen Gegenwart nur die Erinnerung bleibt, können Sie Ihre Eltern trotzdem achten und zwischen Gott und Ihrem Andenken an sie die Dinge ins Reine bringen.

Der Segen schließt seinen Kreis

Mit der Ehrung und Wertschätzung unserer Eltern schließen wir den Kreis, wie der Segen in der Heiligen Schrift gesunde menschliche Beziehungen herbeiführen und vertiefen kann. Viele von uns haben daran gedacht, unsere Eltern mit dem Segen zu beschenken. Wenn wir wollen, können wir ihnen auch ein greifbares Geschenk unserer Liebe machen, das sie auf ihrem Lebensweg bei sich tragen können, so wie Don und seine Geschwister es für ihre Eltern taten.

Cindy und ich (John) haben im Laufe der Jahre so manche einfallsreiche Party besucht. Von „rückwirkenden" Dinnereinladungen bis zu „Roaring-Twenties"-Nächten glaubten wir alles erlebt zu haben. Dann flatterte uns eine Einladung ins Haus, die uns aufhorchen ließ. Wir wurden zur Teilnahme an einer Überraschungsparty „Das ist ihr Leben" für ein älteres Ehepaar in unserer Gemeinde gebeten.

Die Party war von den Kindern dieser Familie geplant worden, um ihren Eltern für Jahre liebevoller Fürsorge und Opfer zu danken. Kein Geburtstag stand vor der Tür und die Party war auch nicht mit irgendeinem Jahrestag verbunden. Es war ganz einfach ein Abend, um an Jahre der Verpflichtung für Freunde und Familie zu erinnern und dafür dankbar zu sein.

Am Ende des Abends blieb kein Auge trocken. Dank der Initiative des ältesten Sohnes Steffen hatten die Eltern einen segensreichen Abend von ihren Kindern geschenkt bekommen. Als wir uns im Haus dieses älteren Ehepaares verabschiedeten, konnten wir in ihren Augen ablesen, dass ihr Herz voller Stolz, Dankbarkeit und Liebe war. Die Kinder hatten ihren Eltern einen Abend beschert, der für sie weit mehr bedeutete als irgendein Geschenk aus dem Kaufhaus.

Bitte halten Sie sich nicht an die Vorstellung, „meine Eltern würden es nie zulassen, dass wir so etwas für sie machen". Wenn Steffens Eltern im Voraus gewusst hätten, was da auf sie zukam, hätten sie wahrscheinlich ebenfalls versucht, ihren Kindern diesen Abend auszureden. Doch egal, wie schwierig es für manche Eltern sein kann, sich von ihren Kindern etwas zurückgeben zu lassen, müssen wir Anstrengungen unternehmen, sie zu segnen. Im Anhang dieses Buches finden Sie Ideen, wie man einen besonderen Abend des Segens für geliebte Menschen gestalten kann. Liegt es schon zu lange zurück, seit Sie Ihre Eltern mit Worten des Segens bedachten? Sie brauchen nichts weiter als eine aktive Verpflichtung, ihnen das zurückzugeben, was Gott Ihnen bereits so überreich geschenkt hat.

13. Ein abschließender Segen

Wir hoffen, dass die zahlreichen Entdeckungen über den Segen in der Heiligen Schrift Sie dazu bewogen haben, einen neuen Grund und neue Wege zu finden, Ihre Eltern, Kinder, Ehegatten, Freunde und die Familien in Ihrer Gemeinde zu ehren und zu segnen. Es ist unser Gebet für jeden einzelnen Leser, dass sie ein Leben führen, in dem jedes Element des Segens gegeben und empfangen wird.

Sie wissen nie im Voraus, welch geringer Akt der Liebe und Ermutigung es ist, an den Ihre Kinder, Ehepartner oder Freunde sich einmal erinnern. In Seminaren im ganzen Land und in zahllosen Beratungsstunden mit Paaren und Einzelpersonen stellten wir die Fragen: *„Welcher Weg ist es im Besonderen, von dem Sie wussten, dass Sie dadurch den Segen Ihrer Eltern empfingen?"* Sehen wir uns einmal hundert Antworten auf diese Frage an. An den Antworten lässt sich ablesen, wie viel Einfluss die täglichen kleinen Dinge haben, mit denen Eltern ihre Kinder segnen.

Wie einhundert Familien ihre Kinder mit dem Segen beschenkten

1. Meine Eltern nahmen sich regelmäßig die Zeit, wenn ich mit ihnen sprach, und sahen mir direkt in die Augen.
2. Wir wurden oft spontan in die Arme genommen, egal, ob wir einer Aufgabe oder Pflicht im Haushalt nachgegangen waren.

3. Sie ließen mich meine Seite einer Geschichte erklären.

4. Wir fuhren zusammen als Familie zum Campen. (Diese Antwort fand sich recht häufig).

5. Sie gingen mit jedem von uns einzeln zu einem besonderen Frühstück mit Mama und Papa aus.

6. Mein Vater legte im Gottesdienst den Arm um mich; ich durfte meinen Kopf an seine Schulter lehnen.

7. Ich durfte einen Tag in Papas Büro verbringen und sehen, wo er arbeitete, und die Leute kennenlernen, mit denen er zu tun hatte.

8. Meine Mutter hatte immer Fotos von jedem von uns in ihrer Handtasche.

9. Sie achteten auf den Ton ihrer Stimme, wenn sie sich stritten.

10. Meine Eltern achteten darauf, dass jedes von uns Kindern auf den Familienfotos zu sehen war.

11. Meine Eltern machten regelmäßig einen besonderen Weihnachtsschmuck für jedes Kind, der einen Charakterzug darstellte, mit dem wir uns das Jahr über abgemüht hatten.

12. Sie waren bereit zuzugeben, wenn sie im Unrecht waren, und zu sagen: „Es tut mir leid".

13. Sie veranstalteten für uns eine Mahlzeit „König oder Königin für einen großen Tag", bei dem das betreffende Kind die alleinige Aufmerksamkeit genoss.

14. Als Familie lasen wir regelmäßig Bücher, die davon handelten, welchen Wert wir besitzen, und diskutierten darüber.

15. Ich sah, wie meine Eltern für mich beteten, auch wenn ich das Gefühl hatte, dass ich es eigentlich nicht verdiente.

16. Meine Eltern verfassten eine besondere „Geschichte meiner Geburt", die sie mir jedes Jahr vorlasen.

17. Wir lasen als Familie den 139. Psalm und diskutierten darüber, wie Gott jedes von uns Kindern auf einzigartige und besondere Weise erschaffen hat.

18. Sie kamen zu allen Veranstaltungen meiner Schule.

19. Mein Vater liebte mich, indem er meine Mutter liebte.

20. Sie sagten uns, welche unserer Charakterzüge uns dabei helfen würden, ein guter Ehepartner zu werden, wenn wir erwachsen wären und heirateten.

21. Meine Mutter erzählte uns selbst ausgedachte Gutenachtgeschichten, in denen sie positive Charaktereigenschaften, die wir ihrer Meinung nach besaßen, veranschaulichte.

22. Mein Vater setzte sich für mich ein, als mein Lehrer mich ungerecht behandelte.

23. Meine Mama war immer bereit, mir bei meinen Hausaufgaben zu helfen.

24. Meine Familie half mir bei den Überlegungen, welche Schule ich besuchen sollte.

25. Mein Vater sagte mir immer wieder, gleichgültig, wen ich einmal heirate, er würde für mich, meinen Ehepartner und unsere Kinder lebenslang da sein.

26. Meine Eltern diskutierten offen mit mir und halfen mir, Grenzen im sexuellen Bereich zu ziehen.

27. Meine Mutter und mein Vater fragten uns Kinder bei wichtigen Familienentscheidungen immer nach unserer Meinung.

28. Als mein Vater versetzt werden sollte, nahm er absichtlich eine andere Stelle an, damit ich mein letztes Jahr an der gleichen Schule beenden konnte.

29. Meine Mutter hatte viel Sinn für Humor, aber niemals machte sie uns Kinder zur Zielscheibe ihrer Scherze.

30. Meine Eltern haben nie etwas in meinem Zimmer verändert, ohne mich zu fragen, ob es mir recht sei.

31. Meine Eltern bemühten sich darum, eine Meinungsverschiedenheit mit mir zu lösen, anstatt zu warten, bis sich ein Problem entwickelt hatte.

32. Als ich den Wagen meiner Eltern zu Schrott gefahren hatte, war die erste Reaktion meines Vaters, mich in den Arm zu nehmen und mich weinen zu lassen, anstatt mich anzuschreien.

33. Mein Vater konnte mich auf Fehler hinweisen, ohne voller Emotionen zu sein und ohne mich dabei zu belehren.

34. Meine Eltern hatten Geduld mit mir, als ich mir die Haare grün färbte.

35. Meine Mutter gab sich größte Mühe, Versprechungen zu halten, die sie mir gegeben hatte.

36. Mein Vater fragte mich immer wieder: „Was müsste geschehen, damit dies ein großartiges Jahr für dich wird?", und dann versuchte er, alles dafür zu tun, dass es so wurde.

37. Obwohl mein Vater aktiver Sportler war, zwang er mich nie, rauszugehen und Sport zu treiben, wenn ich keine Lust dazu hatte.

38. Mindestens einmal im Jahr, so um die Zeit meines Geburtstags, holte mich mein Vater von der Schule ab und ging mit mir essen. Dabei sagte er mir immer, dass ich für ihn etwas Besonderes sei.

39. Meine Eltern sagten mir immer wieder, dass ich für meine Freunde ein guter Freund sei.

40. Selbst als ich schon in der Oberschule war, kam mein Vater manchmal abends an mein Bett und sagte mir „Gute Nacht".

41. Meine Mutter betete mit mir bei wichtigen Entscheidungen, die ich treffen musste, oder auch nur, dass ich einen guten Tag in der Schule haben möge.

42. Im Alter von dreizehn Jahren vertraute mir mein Vater seine Lieblingskamera an, als ich von einem Freund und seinem Vater zu einem Ausflug eingeladen war.

43. Wir hielten alle zwei Wochen „Familiensitzungen" ab, auf denen jeder seine Meinung sagen durfte.

44. Wenn es wirklich kalt war und ich früh morgens die Zeitung austragen musste, fuhr mich meine Mutter mit dem Auto.

45. Als mir der Blinddarm herausgenommen wurde, waren meine Eltern vor und nach der Operation bei mir.

46. Manchmal wenn ich von der Schule heimkam, hatte meine Mutter auf dem Küchentresen einen Teller mit Keksen hingestellt mit einem Zettel, dass sie mich lieb hat.

47. Meine Eltern führten mich und einen Freund manchmal zu einem besonderen Essen aus.

48. Als ich einen Lehrer hatte, der mich nicht leiden konnte, verteidigten mich meine Eltern und hielten zu mir.

49. Meine Mutter begann sich für Fußball zu interessieren, nur weil ich Interesse daran hatte.

50. Sie hätten mein Zeug einfach über eine Spedition verschicken können, aber meine Eltern fuhren mit einem Transportanhänger über 2000 Kilometer, als ich zum College ging.

51. Mein Vater gab das Rauchen auf, weil er wusste, wie sehr es meine Mutter und uns Kinder störte.

52. Mein Vater brachte mir bei, sinnvoll mit meinem Geld umzugehen.

53. Obwohl es mir damals nicht passte, halfen die Aufgaben, die mir meine Eltern übertrugen, dabei, Verantwortung zu lernen.

54. Meine Eltern achteten stets darauf, dass ich den Grund erfuhr, wenn sie mir eine Strafpredigt hielten.

55. Mein Vater ließ mich auf einige seiner Geschäftsreisen mitfahren.

56. Ich erkenne jetzt, wie sehr sich meine Mutter abrackerte, um für uns alle zu sorgen.

57. Meine Eltern boten mir ein gutes Beispiel dafür, wie eine christliche Ehe funktionieren sollte.

58. Als ich völlig fertig war, weil mein Freund sich von mir getrennt hatte, nahm sich mein Vater extra Zeit, nur um mir zuzuhören und mich zu trösten.

59. Meine Eltern verhielten sich nie so, als seien sie vollkommen, und sie erwarteten das auch von uns nicht.

60. Nun, da ich erwachsen bin, weiß ich erst zu schätzen, wie mein Vater mich das Gespräch mit ihm lehrte. Dadurch weiß ich, wie ich mit meinem Mann reden soll.

61. Meine Mutter ließ mich stets meinen Standpunkt zu einem Problem vorbringen – auch wenn sie anderer Meinung war. Sie gab mir immer das Gefühl, dass meine Ansicht wichtig sei.

62. Meine Eltern verglichen meine Fähigkeiten nie mit denen meines älteren Bruders oder anderer Kinder

in der Schule, sondern halfen mir, meinen eigenen einzigartigen Wert zu erkennen.

63. Meine Eltern gaben mir gewisse Freiheiten, als ich größer wurde, etwa meine Kleidung selbst auszuwählen.

64. Ich schätzte es sehr, dass sich mein Vater um ein gutes Verhältnis zu mir bemühte, als ich ein Teenager war. Heute erkenne ich, dass das dazu beitrug, mich vor falschen Freunden und Entscheidungen zu schützen.

65. Wenn ich von meiner Mutter einen Rat brauchte, gab sie ihn mir.

66. Ich hatte in der Schule immer das beste Pausenbrot von allen Klassenkameraden.

67. Meine Familie war immer bereit, mich zu unterstützen und mir bei Konflikten mit meinen Freunden zu helfen.

68. Mein Vater ging mit mir, als ich einen Fehlkauf getätigt hatte und eine Jeans zurückgeben musste, die mir eine Verkäuferin aufgeschwatzt hatte.

69. Meine Mutter interessierte sich immer für das, was ich in der Schule machte, doch sie mischte sich nicht ein.

70. Meinem Vater war es immer wichtig, Zeit für uns Kinder zu haben. Dafür kam er manchmal früher aus dem Büro nach Hause.

71. Mein Vater half mir, einen alten Ford Capri zu kaufen, der eine Karambolage hinter sich hatte, und arbeitete gemeinsam mit mir daran, wieder ein prächtiges Auto daraus zu machen.

72. Ich hatte niemals das Gefühl, dass ich erst etwas leis-

ten musste, um die Anerkennung meiner Eltern zu bekommen.

73. Mein Vater arbeitete stundenlang mit mir an meinem Gefährt für das Seifenkistenrennen.

74. Manche Eltern kritisieren ihre Kinder hinter ihrem Rücken, doch ich hörte von den Freunden meiner Eltern immer nur Positives, was meine Eltern über mich geäußert hatten.

75. Meine Mutter las jeden Montagmorgen mit mir die Bibel, bevor ich zur Schule ging.

76. Auch wenn es mir damals nicht passte, aber heute weiß ich, dass meine Eltern es nur gut meinten, als sie darauf bestanden, dass ich abends pünktlich wieder zu Hause war.

77. Als ich mich zum ersten Mal schminkte, machte sich meine Mutter nicht darüber lustig, dass ich endlos lange vor dem Spiegel saß.

78. Obwohl ich in der Oberschule reichlich Übergewicht hatte, gaben mir meine Eltern trotzdem das Gefühl, attraktiv zu sein.

79. Meine Mom übernahm eine Teilzeitarbeit, um mir ein christliches Sommerlager zu finanzieren.

80. Meine Eltern bezahlten mir mehrere Eignungstests, als ich herausfinden wollte, welcher Beruf zu mir passte.

81. Mein Vater belohnte mich regelmäßig für eine ordentlich gemachte Arbeit auf dem Hof damit, dass er mit mir zur Eisdiele ging, wo wir uns beide einen großen Früchtebecher genehmigten.

82. Mein Vater ließ mich an seinen Fehlschlägen ebenso teilhaben wie an seinen Erfolgen.

83. Mein Vater ging mit mir zu sechs verschiedenen Ge-
brauchtwagenhändlern, um mir zu helfen, mein erstes Auto zu kaufen.

84. Meine Eltern achteten immer darauf, dass jedes von
uns Kindern ihren Freunden vorgestellt wurde, wenn
sie zu uns ins Haus kamen.

85. Meine Eltern haben mich nie in der Öffentlichkeit bei
meinem „Spitznamen" gerufen.

86. Meine Mama hat mir immer nach dem Cheerleader-
training die Beine massiert.

87. Mein Vater wies anderen gegenüber immer auf meine guten Tischmanieren hin.

88. Meine Mutter sah immer darauf, dass ich das not-
wendige Handwerkszeug für eine bestimmte Aufgabe parat hatte (Farbstifte, Lineal und so weiter).

89. Wenn mein Vater geschäftlich unterwegs war, hinterließ er immer eine besondere Nachricht auf unserem Kopfkissen.

90. Meine Eltern beteiligten immer die ganze Familie an
der Planung der Familienferien.

91. Mein Vater führte mich und meine Schwestern jeweils an unserem sechzehnten Geburtstag zu einer
ganz besonderen Veranstaltung aus.

92. Meine Eltern gingen immer mit, wenn ich ein Kla-
viervorspiel hatte.

93. Mein Vater übte mit mir Körbe werfen, wenn er von
der Arbeit nach Hause kam.

94. Als wir klein waren, veranstaltete meine Mutter am
Geburtstag immer eine Schatzsuche für uns.

95. Jeden Samstagmorgen stand mein Vater als Erster
auf und machte für uns alle Pfannkuchen mit Speck.

96. Wir gingen nach dem Gottesdienst immer mit der ganzen Familie essen und besprachen, was wir in der Sonntagsschule gelernt hatten.

97. Mein Vater sprach immer mit jedem Kind einzeln, wenn er von einer längeren Dienstreise nach Hause kam.

98. Beim Tischgebet hielten wir uns alle an den Händen. Nach dem Essen drückten wir dreimal die Hand der Person, die neben uns saß; das galt für die drei Worte „Ich liebe dich".

99. Meine Mutter machte immer extra langsam, wenn ich ihr beim Kochen half, damit wir mit unserer Arbeit gleichzeitig fertig wurden.

100. Obwohl ich ihn nie zuvor hatte weinen sehen, weinte mein Vater bei meiner Trauung, weil er mich vermissen würde.

Es klingt wie eine Ansammlung von Kleinigkeiten. Doch all dies hinterließ im Herzen dieser Menschen einen dauerhaften Eindruck. Tatsächlich war jede dieser Handlungen die Entscheidung eines Vaters oder einer Mutter, einem Kind ein Element des Segens zu schenken – ein Segen, der selbst jetzt, viele Jahre später, in Erinnerung bleibt.

Wir hätten auch noch eine Liste über „Hundert Möglichkeiten, den Ehepartner, Freunde oder die Gemeindefamilie zu segnen", aufnehmen können, aber wir sind sicher, dass Sie den springenden Punkt begriffen haben. Wenn wir Menschen, die wir lieben, segnen, kann dies ihr Leben mit Mut erfüllen und bereichern. Auch für den, der den Segen gibt, wirkt er wahre Wunder. Wir haben die Kinder von einhundert Familien betrachtet, die ihren Kindern die Elemente des Segens schenkten. Unser Gebet ist, dass Ihre Familie die Nummer einhundertundeins werden möge.

Eine persönliche Botschaft

Nun, da wir das Buch und unsere Betrachtung des Segens abschließen, hoffen wir, dass Sie ermutigt und motiviert sind, ein Mensch des Segens zu sein. Aber bevor wir uns von Ihnen verabschieden, wollen wir Sie noch mit Aarons Worten aus dem Alten Testament aus 4. Mose 6,24-26 segnen. Möge Gott Ihnen verleihen, ein mächtiger Brunnen des Segens zu werden, und mögen diese Worte in Ihrem Leben immer zutreffen:

Der Herr segne dich und behüte dich;
der Herr lasse sein Angesicht leuchten über dir
und sei dir gnädig;
der Herr erhebe sein Angesicht über dich
und gebe dir Frieden.

Gary Smalley / John Trent

Es lässt sich leicht über den Segen reden oder lesen, doch die praktische Umsetzung ist unabdingbar. Deshalb möchten wir Ihnen vier Anregungen geben für „einen Segensabend", den Sie für Ihre Lieben veranstalten können.

Wir bringen Vorschläge, die wir entweder selbst ausprobiert haben oder von denen uns bekannt ist, dass sie sich bei anderen Paaren oder Gruppen als erfolgreich erwiesen haben. Der beste Weg für die Anwendung in der Praxis ist, wenn Sie die vorgeschlagenen Gedanken aufnehmen und ihre eigene spezielle Note hinzufügen.

Lassen Sie Ihrer Fantasie freien Lauf und gestalten Sie es so, wie es zu Ihnen passt. Bedenken Sie vor allem immer, dass Sie kostbare Zeit für Tausende Dinge im Alltag verschwenden können, aber nicht eine einzige Minute ist vergeudet, die Sie für den Segen für Ihre Lieben aufwenden, ist vergeudet.

Ein Segensabend mit Ihren Kindern

Ziel:
Ihre Kinder sollen in einer besonderen Umgebung und auf einzigartige Weise erfahren und erleben, dass Sie sie lieb haben.

Grundgedanke:
Gleichgültig, ob dieser Abend einmal oder mehrmals im Jahr abgehalten wird, sollte jedes Kind der Familie eine Zeit

haben, in der es die Elemente des Segens von seinen Eltern (oder einem alleinerziehenden Elternteil) erfährt.

Mögliches Programm:
Wir kennen mehrere Leute, die ihre Zeit des Segens mit einer Geburtstagsfeier verknüpfen. Auch hier gilt, dass Sie alle Freiheit haben, diese Anregungen zu variieren, damit Sie Ihr spezielles, in seiner Art einmaliges Kind segnen.

1. Sagen Sie Ihrem Kind (Ihren Kindern) schon einige Tage im Voraus, dass dieser Abend geplant ist. Für Kinder ist die Vorfreude auf ein Ereignis schon der halbe Spaß. Vor allen Dingen, wenn dabei eine besondere Zeit für sie selbst vorgesehen ist!

2. Fragen Sie Ihr Kind vorher nach besonderen Wünschen für das Essen. Machen Sie sich gefasst auf Pommes frites mit Ketchup und Mohrenköpfen als Nachtisch. Vergessen Sie nicht, dass das Ihre Chance ist, sie zu ehren. Das bedeutet nicht, dass Sie nicht doch irgendein Gemüse oder sonst etwas Vollwertiges mit „einschmuggeln" können, aber es sollte eine Mahlzeit sein, die Ihr Kind als passend für den „König" oder die „Königin" in Ihrer Familie hält.

3. Beginnen Sie damit, sich beim Tischgebet an den Händen zu fassen. Bedeutsame Berührung oder Umarmung sollte zu dieser Zeit des Segnens gehören.

4. Sie können Ihre Kinder in mehrfacher Weise mit einer gesprochenen Botschaft segnen, ihnen Wertschätzung entgegenbringen und ihnen das Bild einer großartigen Zukunft verheißen. Hier einiges, was Sie nach dem Essen probieren können:

- Stellen Sie eine Powerpointprästentation oder ein Fotoalbum zusammen, das jedes Jahr im Leben des Kindes zeigt, das Sie festgehalten haben.
- Vater und Mutter können fünf bis zehn Dinge aufzählen, die ihnen bei diesem Kind im vergangenen Jahr besonders aufgefallen sind. (Versuchen Sie, Charaktereigenschaften wie auch Leistungen herauszusuchen.)
- Die Eltern könnten auch ein Wort darüber sagen, wie diese Charakterzüge dem Sohn oder der Tochter in späteren Jahren helfen werden, ein gottesfürchtiger, hilfsbereiter oder liebevoller Mensch zu sein.
- Wählen Sie einen alltäglichen Gegenstand und benutzen Sie ihn als Bild, um Ihrem Kind ein Lob auszusprechen oder auf eine Begabung hinzuweisen, die Gott in der Zukunft gebrauchen kann. Ein Vater verwendete einen Schwamm, um eine Darstellung von seinem Sohn zu geben. „Henry", sagte er, „in diesem Jahr hast du mich an einen Schwamm erinnert. Du hast deine Lektionen in der Sonntagsschule wie ein Schwamm aufgesaugt und dann dicke Tropfen der Liebe über deinen kleinen Brüdern und dein Schwesterchen, über deine Mutter und mich herausgedrückt."
- Beschenken Sie Ihr Kind mit einer selbst gefertigten Gabe. Es ist hier nicht die Zeit für ein verfrühtes Weihnachtsgeschenk. Achten Sie darauf, dass es etwas ist, was Ihre Handschrift trägt. Eine Mutter schenkte ihrer Tochter eine wunderschöne Wolldecke, an der sie monatelang gearbeitet hatte und die ihre Tochter dann mit ins Studium nahm.

– Manche Eltern schreiben gerne eine „Geschichte der Geburt ihres Kindes" und lesen sie dem Kind vor. Diese Geschichte berichtet von den besonderen Ereignissen in den neun Monaten vor der Geburt, von der wilden Jagd ins Krankenhaus und der unbeschreiblichen Freude, als sie das Kleine zum ersten Mal erblickten. Es ist ein Segen für Kinder, wenn sie wissen, dass sie geplant und erwartet wurden (gleichgültig, ob sie nach unserer Zeitplanung kamen oder nicht).

5. Nehmen Sie sich die Zeit, um Ihr Kind formell zu segnen und für es zu beten. (Schauen Sie auf jeden Fall in Anhang B nach, wo mehrere Beispiele für einen biblischen Segen enthalten sind, die Sie vielleicht verwenden wollen.)

– Singen Sie zusammen ein schönes Lied als Übergang von den Fotos oder einer lustigen Geschichte.

– Kinder (und viele Erwachsene) sind von Kerzen fasziniert. Das Anzünden von Kerzen ist ein wichtiger Teil beim Segnen von Kindern in orthodoxen jüdischen Familien. Vielleicht möchten Sie das auch ausprobieren. Das ist zudem eine gute Methode, die anderen Kinder der Familie mit einzubeziehen.

– Gemeinsam das Abendmahl mit älteren Kindern einzunehmen, sofern Ihre Konfession das erlaubt, ist von besonderer Bedeutung. Dies könnte auch eine Zeit sein, um Vergebung zu erbitten, wenn wir jemanden in der Familie gekränkt haben, und uns gemeinsam auf den Becher des Segens zu konzentrieren, den die Liebe Christi für uns darstellt.

– Notieren Sie sich ein paar kurze Sätze zum Vorlesen, in denen Sie Ihre Liebe und Anerkennung für Ihr Kind zum Ausdruck bringen. Dies wäre auch die passende Gelegenheit, dem Kind die Hand auf die Schulter oder den Kopf zu legen, um es zu segnen. Ob als Gebet oder mit geöffneten Augen können Ihre Worte etwa so gefasst sein wie der einfache Segen weiter unten. Hier ist ein Beispiel eines Segens für einen Jungen (Schlagen Sie in Anhang B nach weiteren Beispielen auf der Grundlage von Schriftstellen nach.)

„Herr, wir danken dir für unseren Sohn. Wir bitten dich, dass du die Quelle seiner Freude und der Brunnen seines Lebens seiest. Hilf uns als Eltern, dass wir ihn so lieben, wie du das von uns haben willst. Wir danken dir, dass er bereits jetzt zu der einzigartigen Persönlichkeit heranwächst, so wie du ihn gedacht hast. Herr, wir wissen, dass er für dich etwas Besonderes ist, und heute Abend möge er erkennen, wie wertvoll er jetzt und immer für uns ist. Möge er all das werden, was du für ihn vorhast, und wir sind darin geehrt, dass wir seine Eltern sind. Segne uns nun auch, denn wir beten im Namen Jesu."

Schlussbemerkung:

Es sei nochmals darauf hingewiesen, dass dies nur einige Anregungen sind, wie Sie einen Abend des Segens für Ihre Kinder gestalten können. Manche Kinder mögen vielleicht den Abend mit irgendeiner besonderen Aktivität der Familie beenden, andere wollen einfach ein Gespräch führen oder herzlich in den Arm genommen werden. Wie Sie den

Abend auch durchführen, in jedem Falle kann er eine ganz besondere und bedeutungsvolle Zeit für Sie und Ihre Kinder sein.

Ein Segensabend mit Ihrem Ehepartner

Ziel:
Eine bedeutsame Zeit festzulegen, um Ihren Partner mit allen Elementen des Segens zu beschenken.

Grundgedanke:
Planen Sie einen Abend für Ihren Ehepartner, den er oder sie nie vergisst und der Ihre Liebe und hohe Wertschätzung zum Ausdruck bringt. Der Abend kann in einigen Bereichen die gleichen Gestaltungselemente haben, die den Kindern den Segen offenbaren sollten. Für den Partner kann diese Zeit in verschiedenerlei Hinsicht ganz persönlich gestaltet werden.

Mögliches Programm:
Der Hochzeitstag ist immer eine gute Gelegenheit, einen Segensabend zu gestalten. Doch erfüllt jeder Abend fern vom Telefon und ohne die Kinder diesen Zweck.

1. Wenn Sie das Geld dafür haben, ziehen Sie vielleicht in Erwägung, für eine Nacht in ein Hotel zu gehen. Viele nette Hotels und Erholungsorte bieten besondere Wochenendarrangements. Wenn Sie sparen müssen, dann wäre es zu überlegen, mit guten Freunden für eine Nacht das Haus zu tauschen – wobei die dann

als Babysitter auf Ihre Kinder aufpassen – und sich darauf zu einigen, dass Sie zu einem späteren Zeitpunkt Ihren Freunden das gleiche ermöglichen. Dieser Haustausch senkt die Kosten und schenkt Ihnen dennoch die Privatsphäre, um sich voll aufeinander zu konzentrieren.

2. Wie bei den Zeiten des Segens in der Heiligen Schrift ist auch in diesem Fall eine Mahlzeit ein ausgezeichneter Anfang. Vergessen Sie nicht, das Lieblingsgericht Ihres Ehepartners dabei zu berücksichtigen. Selbst wenn Sie einen Gutschein für ein Steak-Dinner haben, sollten Sie doch auf den Wunsch Ihres Partners eingehen, wenn er oder sie lieber Fisch essen möchte.

3. Sie können Ihrem Ehepartner Ihre Verpflichtung für die Ehe bestätigen, indem Sie einige besonders liebenswerte Eigenschaften Ihres Mannes oder Ihrer Frau hervorheben. Hier einige praktische Methoden:

   – Schreiben Sie eine „Geschichte unserer Ehe", in der Sie einiges von der Spannung und Aufregung Ihrer Werbung und die einzelnen Gründe, warum Sie geheiratet haben, zu Papier bringen. Falls Ihnen das Schreiben nicht liegt, versuchen Sie einige Ihrer Lieblingserinnerungen aufzunehmen. Am Anfang haben Sie vielleicht gewisse Hemmungen, ins Mikrofon zu sprechen, doch halten Sie damit für Ihren Ehepartner einige Dinge fest, die Sie besonders an ihm schätzen.

   – Gemeinsame Fotos von besonderen Anlässen können sehr beglückend sein. Bilder bringen Erinnerungen und Erinnerungen bringen Gefühle zurück. Wenn man einfach einige Bilder von glücklich verbrachten Zeiten anschaut, dann kann dies zur positiven Stimmung des Abends beitragen.

- Wählen Sie einen oder mehrere Gegenstände des alltäglichen Lebens für ein Bild aus, mit dem Sie Ihrem Partner Dinge mitteilen können, die Sie besonders schätzen. Ein Ehemann benutzte einmal eine Flasche „Tipp-ex"-Korrekturflüssigkeit als Bild für ein Lob an seine Frau. „Liebling", meinte er, „du erinnerst mich an dieses Fläschchen ‚Tipp-ex'. Jedes Mal, wenn ich einen Fehler mache oder etwas tue, was dich kränkt, deckst du meine Fehler mit deiner Liebe zu. Jeden Tag mit dir beginne ich mit einem sauberen weißen Blatt Papier." Unterschätzen Sie nicht die Macht solcher Bilder! Wie wir schon zuvor betont haben, können sie einen bleibenden positiven Eindruck bei Ihrem Ehepartner hinterlassen.
Ein Weg, Ihrem Ehegatten eine besondere Zukunft zu weisen, ist zum Beispiel, wenn Sie Ihr ursprüngliches Hochzeitsgelöbnis wieder hervorholen und es neu aufsagen. Anhang B gibt Ihnen einige gute Ideen, die Sie beim Segnen Ihres Ehepartners verwenden können.

- Wenn Ihre Konfession es erlaubt, dann ist die Teilnahme am Abendmahl, bei der Sie Ihr Leben von Neuem Ihrem Partner widmen, ein schöner, bedeutungsvoller Teil eines segensreichen Abends.

- Notieren Sie zehn Gründe, warum Sie unter all den Jungen und Mädchen auf der Welt Ihren Ehegatten wieder zum Lebensgefährten wählen würden.

- Nehmen Sie sich ausgiebig Zeit für ein gemeinsames Gebet, danken Sie Gott füreinander und bitten

Sie ihn, Ihre Liebe so frisch und jung wie den Frühling zu bewahren.

4. Nachdem Sie all die Mühe unternommen haben, über das Wochenende wegzufahren, kann die bedeutsame Berührung als Ehepaar nach einem besonderen Abend, an dem Sie Worte der Liebe und gegenseitigen Verpflichtung gewechselt haben, eine ganz neue Bedeutung erhalten.

Ein Abend für Kinder, um ihre Eltern zu segnen

Ziel:
Kinder, die nun erwachsen sind, nehmen sich Zeit für eine besondere Gelegenheit, um ihren Eltern Segen zu schenken.

Grundgedanke:
Viele Eltern sind damit vertraut, ihre Kinder zu segnen, doch sie sind vielleicht nicht daran gewöhnt, wiederum selbst den Segen zu erhalten. An diesem Abend haben Kinder die Gelegenheit, Worte der Liebe und Anerkennung, die sie selbst empfangen haben, zurückzugeben als Ausdruck der Ehrung ihrer Eltern.

Wenn ein Elternteil verstorben ist oder Ihre Eltern geschieden sind, dann verzichten Sie deshalb nicht auf einen solchen Abend, weil er bei dem anderen Elternteil allzu viele Erinnerungen wachrufen könnte. Wir brauchen zwar viel Fingerspitzengefühl, doch wir können trotzdem das Andenken eines verstorbenen Elternteils ehren und dem Hinterbliebenen Worte der Liebe und Aufmunterung schenken. Sind Ihre Eltern geschieden, dann können Sie mit dem anderen Elternteil zu einem anderen Zeitpunkt eine Zeit des Segens verbringen.

Mögliches Programm:
Sie könnten zum Ende von Kapitel 13 zurückblättern und nachsehen, wie Don und seine Geschwister einen besonderen Abend des Segens für ihre Eltern planten. Kein Elternpaar ist wie das andere und für manche kann es schwierig sein, von den Kindern die Worte der Liebe zu empfangen. Doch immer wieder haben wir davon gehört, dass verwirrte und verlegene Eltern sich an den Worten ihrer Kinder erwärmten und sie für den Rest ihres Lebens wie einen Schatz hüteten.

Bitte beachten Sie:
Enkelkinder stehen zu den Großeltern in einem ganz besonderen Verhältnis, doch an diesem einen Abend sollte man sie mit einem Babysitter zu Hause lassen. Kinder sind etwas Wunderbares und Beglückendes, doch sie können auch sehr ablenken. Die Kinder sollten ihre besondere Zeit des Segens erhalten. Dieser Abend jedoch sollte eine Gelegenheit sein, bei der sich Ihre ganze Aufmerksamkeit auf die Eltern richtet.

1. Versuchen Sie, wenn möglich, sämtliche Geschwister für diese Zeit des Segens zusammenzubringen. Wenn jemand aus irgendeinem Grund nicht kommen kann, dann bringen Sie ihn dazu, einige Worte des Segens aufzunehmen und den Eltern zukommen zu lassen. Warum die Aufnahme? Das Anhören der Stimme ist ein Weg, diesen Menschen direkt zu sich ins Zimmer zu holen.

2. Was wäre ein Abend des Segens ohne ein besonderes Abendessen! Auch Eltern essen gerne – vor allem, wenn Sie einige ihrer Lieblingsspeisen zubereiten. Untersagen Sie ihnen aber strikt, beim Abspülen zu helfen.

3. Alte Familienfotos können eine schöne Hilfe sein, um sich an fröhliche gemeinsame Zeiten als Familie zu erinnern. Aber treffen Sie eine kleine Auswahl an Fotos.

4. Jedes Kind kann dann über fünf positive Charaktereigenschaften berichten, die seine Eltern in seinem Leben gefördert haben. Erzählen Sie davon, wie Gott Ihre Eltern gebraucht hat, um aus Ihnen den Menschen zu machen, der Sie heute sind.

5. Selbst gemachte Geschenke oder ein besonderes Porträt der Kinder können ein ganz spezielles Geschenk für Ihre Eltern an einem solchen Abend sein.

6. Seien Sie erfinderisch und suchen Sie nach Gegenständen, die Sie als Bild für die Liebe Ihrer Eltern verwenden können.

7. Eine Zeit für ein Gebet, bei dem sich alle Hand in Hand um die Eltern versammeln, kann den Abend in einer Weise beschließen, der allen im Gedächtnis bleibt. Erwarten Sie nicht, dass dieser Abend ohne tiefe Emotionen verläuft. Wir können einander unsere Liebe unter Lachen mitteilen, aber es kann auch heilsam sein, wenn wir gemeinsam weinen. Das soll nicht heißen, dass man Gefühlsausbrüche herbeizwingen soll, aber Weinen und Lachen darf man nicht von vornherein an einem solchen Abend ausschließen.

Schlussbemerkungen:

Viele Menschen warten zu lange damit, bis sie ihren Eltern Worte des Segens sagen, oder sie wissen einfach nicht, wie sie das machen sollen. Die oben genannten Vorschläge sollen Ihnen helfen, Ihre Eltern mit einem Abend des Segens zu ehren. Sie müssen Ihnen nicht einen All-Inclusive-Urlaub auf den Kanarischen Inseln als Ausdruck Ihrer Liebe schenken. Das beste Geschenk, das Sie ihnen machen können, ist, ihnen Ihre Liebe und Wertschätzung entgegenzubringen.

Ein Segensabend mit Ihrer geistlichen Familie

Sie meinen, es sei schon zu lange her, seit Sie bei einem gemeinsamen Eintopfessen der Gemeinde waren? Hier die Anregung für einen besonderen Abend mit Ihrer Gemeindefamilie, der Ihnen helfen kann, neue Menschen kennenzulernen, die zu ehren, die dem Herrn in besonderer Weise dienen, und mehr darüber zu erfahren, wie Gott in allem geehrt wird!

Ziel:

Planung eines Abends, an dem unsere geistliche Familie sich zusammenfinden kann, um einander und zugleich Gott die Ehre zu geben.

Grundgedanke:

Laden Sie Familien aus der Gemeinde zu einem beliebigen Dinner ein. Im Mittelpunkt des Abends soll das Thema „Segen" stehen.

Mögliches Programm:

Sprechen Sie darüber, wie Sie Freude erleben und dabei etwas Schönes tun. Ein Abend mit den Menschen aus Ihrer Gemeinde ist viel bedeutungsvoller und segensreicher, als sich allein seine Lieblingssendung anzuschauen.

1. Bitten Sie jede der Familien, ein Hauptgericht für sich selbst mitzubringen und außerdem ein weiteres Gericht, das alle gemeinsam teilen und das über die Herkunft der betreffenden Familie etwas verrät. Eine gemeinsame Mahlzeit bietet eine großartige Gelegenheit, mehr über den Hintergrund der Gemeindemitglieder zu erfahren.

2. Sozusagen als Eintrittskarte sollte jeder Erwachsene einen Bibelvers bereithalten, der sich in seinem Leben als Segen erwiesen hat. Vor dem Tischgebet oder zu einem späteren Zeitpunkt kann der Pastor oder das durch das Programm führende Gemeindemitglied auf den Tisch klopfen und jemanden bitten, den Lieblingsvers vorzutragen. Eine andere Möglichkeit ist, dass jeder einen Vers des anderen errät; auf diese Weise lernt man sich besser kennen, und die Beteiligten erfahren dadurch eine Ermutigung.

3. Den an dem Abend teilnehmenden Kindern und Eltern schenken Sie einen Segen, indem Sie dafür sorgen, dass jemand auf die Kleinen aufpasst, wenn der ernsthaftere Teil des Abends beginnt. Nach der Mahlzeit wäre der richtige Zeitpunkt, die Kleinen in ein anderes Zimmer zu bringen und sie mit einem Film oder Spielen zu beschäftigen.

4. In der Heiligen Schrift wird uns gesagt, dass wir den

Herrn preisen sollen. Welch besseren Anlass gäbe es, als dies mit unserer Gemeindefamilie und Freunden zu tun? Hier einige Anregungen, wie das im Laufe des Abendprogramms umgesetzt werden könnte:

- Singen Sie Lieder, die Gottes Segen für uns und unseren Lobpreis für ihn zum Thema haben.
- Es wird uns gesagt, dass wir Gottes heiligen Namen ehren sollen. Bitten Sie den Pastor oder ein geeignetes Gemeindemitglied, kurz etwas über die Namen Gottes in der Heiligen Schrift zu sagen und wie jeder Name uns von Neuem Grund gibt, ihn zu loben.
- Das Abendmahl ist eine der wichtigsten Formen, dem umfassenden Segen Gottes in der Opferung seines Sohnes für unsere Sünden unmittelbar nahezukommen. Selbst die Schrift sagt uns, dass das Abendmahl ein „Segen" ist. Im 1. Korintherbrief lesen wir im 10. Kapitel, Vers 16: „Der Segenskelch, über dem wir den Segen sprechen, ist der nicht die Gemeinschaft mit dem Blut Christi?" Bei der Vorbereitung für das Abendmahl kann ein Gemeindemitglied, das ein anderes in irgendeiner Weise gekränkt hat, dazu ermutigt werden, zu dem anderen hinzugehen, ihn um Vergebung zu bitten und die Dinge wieder ins Reine zu bringen.
- In manchen Gemeinden kann eine Fußwaschung die Möglichkeit bieten, die Knie vor den Brüdern und Schwestern in Christus zu beugen und so vor ihnen Demut zu zeigen.
- In einer Gemeinde gab es vorn im Raum ein großes, weißes Poster. Auf jedem Tisch lagen Bleistifte, Papier und Reißzwecken. Nach einer kurzen

Botschaft über die Treue Gottes im Segen für die Gemeinde während der letzten Jahre bat der Pastor die Teilnehmer, ein Beispiel dafür aufzuschreiben, wie Gott sie im vergangenen Jahr gesegnet hatte. Dann konnte jeder, der wollte, vortreten und vorlesen oder berichten, wie Gott ihn gesegnet hatte, und sein Blatt an das Poster anheften. Am Ende des Abends hingen Dutzende von Zeugnissen über Gottes gnädigen Segen an dem Poster.

– Bei dieser Gelegenheit können auch andere Gemeindemitglieder dafür gesegnet werden, dass sie eine Arbeit gut erfüllen oder einfach, dass sie sich als guter Freund oder als ein Vorbild im Glauben erwiesen. Sie können die Teilnehmer auch darum bitten, ein Bild zu gebrauchen, das Eigenschaften veranschaulicht, die sie bei einem anderen Gemeindemitglied besonders schätzen.

– Zum Abschluss der Segenszeremonie halten Sie sich an den Händen und singen ein Schlusslied oder eine Danksagung. Die ersten Christen begrüßten einander mit einer frommen Umarmung und einem Kuss und so sollten wir wenigstens in der Lage sein, uns zum Ende dieser Zeit des Segens an den Händen zu fassen.

Können Sie sich vorstellen, was geschieht, wenn Eltern, Ehegatten, erwachsene Kinder und sogar ganze Gemeinden diese Abende des Segens praktizieren würden? Das Leben so vieler Menschen würde sich dermaßen zum Besseren wenden, dass wir unsere Beratungstätigkeit in Ehe- und Familienfragen glattweg einstellen könnten. Wie glücklich wären wir darüber! Wir hoffen, dass wenigstens einer der oben beschriebenen Abende des Segens als Modell dienen kann, um eigene Ideen des Segens zu verwirklichen.

„Wie gesegnet wirst du, _____, sein, weil du nicht wandelst im Rat der Gottlosen noch trittst auf den Weg der Sünder noch sitzt, wo die Spötter sitzen. Als deine Eltern sehen wir, dass du Lust hast am Gesetz des Herrn und sinnst über seinem Gesetz Tag und Nacht! Möge Gott es schenken, dass du wie ein Baum bist, gepflanzt an den Wasserbächen, der seine Frucht bringt zu seiner Zeit, und möge dein Leben nicht verwelken, und was du tust, das gerate wohl!" (Ps 1)

„O Herr, möge _____ immer in deiner Liebe bleiben. Möge er/sie in deiner heiligen Gegenwart wohnen, in Rechtschaffenheit wandeln und tun, was recht ist. Möge er/sie die Wahrheit reden von Herzen und mit seiner/ihrer Zunge nicht verleumden und dem Nächsten nichts Arges tun und den Nachbarn nicht schmähen." (Ps 15,1-3)

„Möge _____ die Verworfenen für nichts achten, aber die Gottesfürchtigen ehren. Möge er/sie seinen/ihren Eid halten, auch wenn es ihm/ihr schadet, möge er/sie sich nicht das Unglück der Freunde zunutze machen noch Geschenke wider den Unschuldigen annehmen. Du, Herr, hast verheißen, dass _____ nimmermehr wanken wird." (Ps 15,4-5)

„O Herr, möge _____ zur Erkenntnis deiner Weisheit und Unterweisung kommen. Möge er/sie die Worte des Verständnisses unterscheiden, die Unterweisung mit Klugheit, Rechtschaffenheit, Gerechtigkeit und Unparteilichkeit empfangen. Du, Herr, mögest ihm/ihr Klugheit, Erkenntnis und Besonnenheit verleihen, dass er/sie höre und wachse im Lernen und stets weisen Rat suche. Möge er/sie zur Erkenntnis der höchsten deiner Unterweisungen gelangen, dich von ganzem Herzen zu lieben und zu ehren. Dann wird er/sie zum Anfang der Erkenntnis kommen." (Spr 1)

„Herr, möge _____ sich auf dich verlassen von ganzem Herzen und sich nicht auf seinen/ihren Verstand verlassen, sondern auf allen seinen/ihren Wegen an dich gedenken. Du hast ihm/ihr verheißen, ihn/sie recht zu führen."
(Spr 3,5-6)

„Gib, Herr, dass _____ sich nicht für weise halten möge, sondern dich fürchte und vom Bösen weiche.
    Du hast verheißen, dass du dann seinen/ihren Leib heilst und seine/ihre Gebeine erquickest." (Spr 3,7-8)

„Herr, möge _____ nie den Willen aufgeben, sich vom falschen Weg abzuwenden. Du hast verheißen, deinen Geist über ihn/sie strömen zu lassen und ihm/ihr deine Worte kundzutun! Wenn er/sie sich nicht zu deinen Wegen kehrt, so hast du auch verheißen, nicht auf sein/ihr Rufen zu hören oder seine/ihre Hand in der Not zu ergreifen.

Möge _____ nie deinen Rat missachten oder sich von deinem Rat und deiner Zurechtweisung abwenden." (Spr 1,23-25)

„Mein Sohn/meine Tochter, wenn du annimmst und glaubst, was Gott sagt, seine Gebote behältst, aufmerksam auf seine Weisheit hörst, dein Herz der Einsicht zuneigst, nach Vernunft rufst, deine Stimme nach Einsicht erhebst, ihn mehr suchst als Silber und verborgene Schätze, dann wirst du, _____ die Erkenntnis Gottes finden. Gott wird dir Weisheit und Erkenntnis geben, und du wirst Einsicht empfangen, weil Gott für dich die Weisheit bereithält, denn du hast ihn über alle Dinge gesucht.

Er wird dein Schutz und Schild sein und dich beschirmen auf deinen Wegen." (Spr 2,1-8)

„O Herr, gib, dass _____ deine Weisung nicht vergisst. Lass ihn/sie deine Gebote halten. Dann wirst du, Herr, _____ langes Leben und gute Jahre und Frieden bringen.

Gnade und Treue mögen ihn/sie nie verlassen. Eifere, hänge deine Gebote an seinen/ihren Hals und schreibe sie auf die Tafel seines/ihres Herzens.

Dann wirst du, Herr, ihm/ihr Freundlichkeit und Wohlgefallen bei dir und den Menschen schenken." (Spr 3,14)

Mehr zum Thema

Gary Chapman
Die fünf Sprachen der Liebe
Wie Kommunikation in der Ehe gelingt
ISBN 978-3-86122-621-5
256 Seiten, Paperback

Es gibt nichts Schöneres als zu lieben und geliebt zu werden. Doch wie kann es gelingen, dass der andere sich tatsächlich dauerhaft geliebt fühlt und unsere Liebesbekundungen ihn mitten ins Herz treffen?
Gary Chapman ist dem Geheimnis einer erfüllten Liebesbeziehung auf die Spur gekommen: Es geht nicht darum, irgendetwas Liebevolles für den anderen zu tun, sondern das richtige. Denn es gibt fünf verschiedene Sprachen der Liebe – und jeder von uns hat eine Muttersprache ...

Der Bestseller von Gary Chapman in der illustrierten Ausgabe – durchgehend vierfarbig. Ergänzte, überarbeitete Neuauflage mit Liebessprachentest.

Gary Chapman
**Die fünf Sprachen der Liebe
für Wenigleser**
ISBN 978-3-86827-347-2
64 Seiten, gebunden

Immer wieder schicken Sie kleine Liebesbeweise auf die Reise und nie kommt einer so richtig bei Ihrem Partner an? Kann gut sein – viele Wege führen nach Rom, doch nur fünf zum Herzen des anderen. Hinein schafft es schließlich nur noch einer.
Welcher könnte das in Ihrem Fall sein?
Für alle, die kompakte Informationen schätzen, wird jede der fünf Liebessprachen kurz vorgestellt und durch eine Fülle origineller Cartoons hundertprozentig unverwechselbar gemacht. (Wäre ja auch zu schade, wenn man die Zeit für ein Candlelight-Dinner opfert und sie eigentlich schon mit einem Küsschen zufrieden gewesen wäre ...)

Gary Chapman, Ross Campbell
Die 5 Sprachen der Liebe für Kinder
Wie Kinder Liebe ausdrücken
und empfangen
ISBN 978-3-86827-437-0
224 Seiten, Paperback

Ihre ganze Liebe gilt Ihren Kindern. Aber sind Sie sich sicher, dass Ihre Kinder das auch spüren? Denn – was versteht Ihr Kind überhaupt unter Liebe? Lernen Sie mit diesem Bestseller die Muttersprache der Liebe, die Ihr Kind spricht, und es wird die Geborgenheit erfahren, die es zu einem liebesfähigen Menschen heranwachsen lässt. Lernen Sie, es wirklich zu verstehen – weil ein gesundes Familienklima so wichtig ist!

Gary Chapman
**Die 5 Sprachen der Liebe für Kinder
– kompakt**
ISBN 978-3-86827-614-5
64 Seiten, gebunden

Ihre ganze Liebe gilt Ihren Kindern. Aber sind Sie sich sicher, dass Ihre Kinder das auch spüren? Denn – was versteht Ihr Kind überhaupt unter Liebe?
Lernen Sie mit diesem Ratgeber die Muttersprache der Liebe, die Ihr Kind spricht. Lernen Sie, es wirklich zu verstehen – weil ein gesundes Familienklima so wichtig ist!
Für alle, die kompakte Informationen schätzen, wird jede der fünf Liebessprachen kurz vorgestellt und durch eine Fülle origineller Cartoons hundertprozentig unverwechselbar gemacht.

Gary Chapman
**Die fünf Sprachen der Liebe
für Teenager**
ISBN 978-3-86122-488-4
255 Seiten, Paperback

Ihr Teenager braucht das Wissen, geliebt zu sein – mehr noch als ein Erwachsener! Dabei ist es gar nicht so leicht, unseren Kindern Liebe zu vermitteln, denn jeder Mensch verbindet andere Gedanken und Gefühle mit diesem Begriff.

Was also sind die Worte, die das Herz Ihres Teenies öffnen? Es gibt einen Schlüssel zu dieser Tür! Finden Sie ihn und lernen Sie, Ihre Liebe so auszudrücken, dass Ihr Teenager sie auch versteht. Entschlüsseln Sie die Sprache der Liebe, die Ihr Teenager spricht und lernen Sie, diese Sprache zu sprechen.

Verstehen Sie, warum Heranwachsende anders geliebt sein wollen als die jüngeren Kinder. Entdecken Sie den Grund dafür, warum manche Teenager sich daneben benehmen und lernen Sie, wie man damit umgeht.

Stillen Sie das elementare Bedürfnis Ihres heranwachsenden Kindes nach Liebe, indem Sie die Fünf Sprachen der Liebe lernen.

Ein wichtiges Buch auch für alle Mitarbeiter in Jugendarbeit und -seelsorge sowie Lehrer.

Gary Chapman
Gespräche der Liebe für Familien
ISBN 978-3-86122-609-3
110 Seiten, Wire-O-Bindung

Grundlage für eine gesunde Familie ist das offene und ver-
tiefende Gespräch. Der beste Einstieg dafür sind Fragen –
bei den Mahlzeiten, am Abend, kurz vor dem Schlafenge-
hen, während einer längeren Autofahrt, in den Ferien usw.
Gary Chapmans originelle Gedankenanstöße bringen den
familiären Austausch mit buchstäblich spielerischer Leich-
tigkeit richtig in Schwung.

Gary Chapman
Gespräche der Liebe für Paare
ISBN 978-3-86122-608-6
110 Seiten, Wire-O-Bindung

Was fasziniert Sie an Ihrem Partner, an Ihrer Partnerin, was inspiriert Sie?

Einhundert und eine Frage öffnen neue Horizonte und führen ins Gespräch – über Erfahrungen, Erinnerungen, Hoffnungen, Sehnsüchte und Träume. Vielleicht auch in die Tiefen des Charakters und manch anderes Geheimnis …

Gary Chapman
Noch mehr Gespräche der Liebe für Paare
ISBN 978-3-86122-674-1
110 Seiten, Wire-O-Bindung

Der Erfolg des ersten Aufstellbuches zeigt: Fragen sind nachgefragt!

Gut dass „Die fünf Sprachen der Liebe" genug Stoff bieten für weitere 101 Themen, die das Ehegespräch wieder in Gang bringen – am Esstisch, nach Feierabend oder beim Sonntagsspaziergang.

Diese Art von Gesprächen haben einen doppelten Vorteil für Ehepaare: Nicht nur die dicken Telefonrechnungen aus den Tagen Ihrer ersten Liebe fallen weg, sondern Sie werden neu lernen, den Partner zu „erkennen", zu verstehen und von Herzen zu lieben.

Gary Chapman, Jennifer Thomas
Die fünf Sprachen des Verzeihens
Die Kunst, wieder zueinander zu finden
ISBN 978-3-86827-134-8
224 Seiten, Paperback

„Wie oft soll ich denn noch sagen, dass es mir leidtut?"

Jeder macht mal einen Fehler. Doch manchmal reicht ein
„Tschuldigung" als Reaktion nicht aus. Unsere Beziehungen werden umso stabiler, je konsequenter wir bereit sind,
um Vergebung zu ringen.
Fünf verschiedene Sprachen stehen uns dafür zur Verfügung – heilende Worte und praktische Taten, die neue Brü-
cken schlagen in das verwundete Herz unseres Gegenübers.
Doch wie kommt meine Entschuldigung beim anderen
auch wirklich an? Indem ich mein Bedauern ausdrücke,
Schuld eingestehe, Wiedergutmachung anbiete, Besserung
gelobe oder Vergebung erbitte? Entdecken und sagen Sie
den Satz, auf den der andere so sehr wartet.
Mithilfe dieses Buches wird sich Ihr Wortschatz rapide erweitern!

Martin Grabe
Lebenskunst Vergebung
Befreiender Umgang mit Verletzungen
ISBN 978-3-86122-962-9
192 Seiten, gebunden

Kaum etwas kann befreiender sein als richtig verstandene Vergebung. Wer von anderen Menschen verletzt wird, gerät leicht in einen Kreislauf negativer Gedanken hinein. Das kann ihm auf Dauer größeren Schaden zufügen als das eigentliche Unrecht.

Dieses Buch zeigt ganz praktisch, wie es einem Betroffenen gelingt, mit Verletzungen umzugehen und sie loszulassen. Die geschilderten Wege der Vergebung haben sich in Psychotherapie und Seelsorge vielfach bewährt.

Ein Handbuch für Betroffene, Therapeuten und Seelsorger.